KB124579

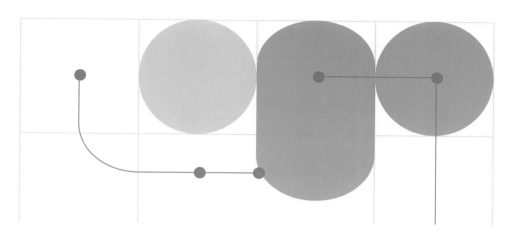

[중등교사의 심리적 소진 회복을 위한

집단상담 프로그램]

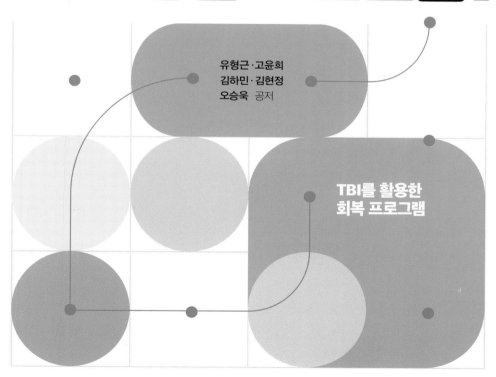

유형근 · 고윤희
김하민 · 김현정
오승욱 공저

TBI를 활용한
회복 프로그램

학지사

머리말

"교사가 행복해야 학생도 행복하다"라는 말이 있다. 이는 교사가 행복하지 않으면 아무리 전문성이 높다고 할지라도 그것이 충분히 발휘되지 못하며, 이는 곧바로 학생에게 부정적인 영향을 미친다는 것을 강조한 말이다. 그런데 요즘의 상황을 보면 행복감이 떨어지고 심리적 소진을 호소하는 교사의 비율이 점차 높아지고 있어 우려스러운 것이 현실이다.

최근 우리 사회와 교육 환경의 급격한 변화는 교사들에게 새롭고 다양한 역할을 요구하면서 그들의 역할 수행을 어렵게 하고 있다. 대표적인 변화 중에서 눈에 띄는 변화는 가정의 기능이 약화되면서 그 기능이 학교로 이전되고 있다는 점이다. 학생들의 급식 문제, 방과 후 교육 문제, 야간 및 주말 돌봄 문제 등이 대표적인 사례이다. 이와 더불어 교육감 직선제 등이 실시되면서 선거권을 가지고 있는 학부모의 입김이 점차 강화되어 학생 교육에 대한 학부모의 책임을 강조하는 정책 입안에 소극적으로 임하게 되고, 그 결과 학부모가 감당해야 할 책임마저 고스란히 교사들에게 전가되고 있다. 또한 학생들의 인권이 강조되면서 그들의 목소리도 함께 커짐에 따라 교사들은 과거에 비해 학생 지도와 관련된 동일 업무를 처리하는 데 있어서 훨씬 더 많은 시간과 노력을 들일 뿐 아니라, 그 과정에서 많은 갈등을 경험하고 과도한 부담을 갖게 되었다.

이러한 변화는 고스란히 교사들의 업무 부담 증가로 직결되었고 교사들은 점차 많은 스트레스를 받게 되었지만, 정작 그들이 이러한 스트레스를 풀고 휴식을 취할 수 있는 시간은 갈수록 줄어들고 있다. 직무를 수행하면서 받는 스트레스들이 해소되지 않고 지속적으로 누적되면 결국 교육활동 침해 사건이 빈발하고, 교사는 심리적으로 소진되며 신체적으로도 여러 가지 질병을 얻게 된다. 이러한 상황이 개선되지 않고 지속되면 교사의 교육 역량이 저하되어 결국 학생 교육에도 악영향을 미치게 된다.

그동안 교사의 심리적 소진 문제에 대하여 이론적으로는 많이 연구되었으나, 실제적으로 이에 대해 정확하게 진단하고 그 결과에 근거하여 교사들의 심리적 소진을 개선하기 위한 맞춤식 프로그램의 개발과 적용 등에 관련한 연구와 노력은 많이 이루어지지 않았던 것이 현실이다. 심리적 소진의 개선과 회복을 조력하기 위한 프로그램의 개발과 적용을 위해서는 참여자들의 선별 및 적극적인 참여가 꼭 필요한데, 심리적 소진을 경험하는 교사들의 특성상 자신의 신상이 드러날 수 있는 프로그램에 적극적으로 참여하는 것을 꺼리는 경향이 강하여 이러한 노력들을 더욱 난감하게 만들었다.

이러한 상황에서 학지사 심리검사연구소인 '인싸이트'의 지원과 '한국교원대학교 심리적 소진 연구팀'의 적극적인 노력으로 교사 개개인의 소진 수준을 객관적인 검사를 통하여 정확하게 측정하고, 그 결과에 근거하여 소진의 주요 원인을 파악한 후, 소진의 원인에 부합하는 맞춤식 프로그램을 구안 및 적용하여 효과를 검증한 프로그램(TBI)을 개발하였다. 이로써 교사 개개인의 소진에 대한 one-stop 서비스를 제공할 수 있는 기반을 마련하게 되었다. 특히 초등교사와 중등교사는 처한 직무환경이 다르고, 그들이 받는 스트레스에도 차이가 있음을 고려하여 초등교사용 프로그램과 중등교사용 프로그램을 분리하여 개발함으로써 프로그램의 효과를 제고할 수 있도록 하였다. 이러한 프로그램을 개발하는 데에서 그치지 않고 책으로 펴냄으로써 보다 많은 교사가 프로그램을 활용하여 심리적 소진에서 회복할 수 있기를 희망해 본다.

이 책은 총 3부 11장으로 구성되어 있다. 제1부는 교사 심리적 소진의 이해에 관해 다룬다. 제1장에서는 심리적 소진의 정의에 대해 기술하였고, 제2장에서는 심리적 소진의 특징을 소개하였으며, 제3장에서는 심리적 소진의 측정 도구에 대하여 소개하였다. 제2부는 교사 심리적 소진 검사의 이해를 다룬다. 제4장에서는 TBI의 특징을, 제5장에서는 TBI의 구성과 내용을 다루며, 제6장에서는 TBI의 실시 방법을 소개하였고, 제7장에서는 TBI 결과와 영역별 개입 프로그램과의 관련성을 다루었다. 제3부는 중등교사의 심리적 소진 회복을 위한 프로그램의 실제를 다룬다. 제8장에서는 학생 및 학부모와의 대인관계능력 향상 프로그램을, 제9장에서는 동료교사 및 관리자와의 대인관계능력 향상 프로그램을, 제10장에서는 생활지도 역량 향상 프로그램을, 제11장에서는 긍정심리자본 향상 프로그램을 각각 소개하였다. 이 책의 부족하고 미흡한 부분은 앞으로 독자들의 관심 어린 충고와 가르침을 바탕으로 지속적으로 개선해 나가고자 한다.

끝으로, 이 책의 출판을 적극적으로 지원해 주신 학지사 김진환 사장님, 출판을 위해 많은 협조와 수고를 아끼지 않으신 편집부 김찬미 선생님께 깊은 감사를 드린다. 특히 어려울 때마다 묵묵히 힘이 되어 준 가족에게도 그동안 표현하지 못했던 고마움을 전한다.

2023년 9월
저자 일동

차례

제1부 교사 심리적 소진의 이해

제1장 심리적 소진의 정의 ······ 12

> ### 제1장
> # 심리적 소진의 정의

　좋은 학교를 만들기 위해서는 교육 현장에서 앞장서서 교육활동을 주도하고 교육의 질을 결정하는 교사의 역할이 중요하다. 교육학자 Whitaker(2015)는 "교직이 어려운 이유는 단 하루도 빠짐없이 중요하기 때문이다."라고 말하며 교사가 아주 놀라운 직업이라고 이야기한 바 있다. 또한 교육의 질을 결정하는 것은 프로그램이 아니라 사람이라는 믿음을 잃지 않아야 한다고 하였다. 하지만 과도한 업무와 수업 부담, 학생과 학부모 및 지역사회의 가치관 변화와 각종 교권 침해, 교사 다면평가에 대한 심리적 부담감이 교사의 스트레스를 가중시키고 있다(조환이, 윤선아, 2017). 이러한 연속적인 스트레스는 개인의 심각한 정서변화, 낙담, 의심과 같은 정서로 이어져서 직업적 위기 상황, 즉 심리적 소진으로 나타나게 된다(김주영, 2010; 김효정, 2018; 정보용, 2018).

　교사가 심리적 소진을 경험하게 되면 학생을 가르치는 데 노력을 덜 기울이고, 학생들과의 접촉을 피하는 등 학생을 대하는 태도에 부정적인 영향을 미칠 수 있으며, 타인의 조언을 받아들이지 않고 인내심을 상실하게 되어 교직생활에 대한 부정적인 견해와 업무 소홀의 경향을 보인다(한광현, 2008). 따라서 교사의 심리적 소진을 자세히 살펴 그 원인을 분석하고, 극복 방안을 마련하는 것이 중요하다고 할 수 있다. 이 장에서는 교사의 심리적 소진을 살피기에 앞서 좀 더 일반적인 의미에서 논의되는 심리적 소진의 개념과 특징을 알아보고자 한다.

1. 심리적 소진의 개념

'소진'은 점점 줄어들어 다 없어짐을 뜻한다. 사람에게는 체력적으로나 정신적으로 에너지가 고갈되었다는 의미로 사용된다. 소진은 육체적 측면과 심리적 측면으로 나눌 수 있으며, 이 책에서는 정신 또는 마음이 지쳐서 도움이 필요한 상태인 심리적 측면의 소진을 다루고자 한다. 한국표준질병사인분류(KCD-8)에서는 심리적 소진을 건강 상태 및 보건 서비스 접촉에 영향을 주는 요인으로, 생활관리의 어려움에 관련된 문제라고 분류하고 있다. 심리적 소진은 직무와 관련된 상황에서 스트레스를 오랫동안 받으면서 정신적·신체적 자원이 고갈됨을 느끼고, 이에 따라 에너지의 불균형이 초래되는 현상이다. 적절한 수준의 스트레스는 개인의 능력을 향상시키고 목표를 성취하였을 때 만족감을 주지만, 지속된 압박감과 심리적 부담은 다양한 형태의 심리적 소진으로 이어질 수 있다. 이러한 심리적 소진은 정신적으로나 심리적으로 병리 상태에 있는 사람들에게 나타나는 것이 아니라 정상적인 일반인들에게 직무와 관련되어 나타난다는 특징이 있다.

'심리적 소진(burn-out)'이라는 용어는 1970년대에 지역정신보건센터에서 일했던 미국의 정신분석의학자 Freudenberger가 처음 사용한 것으로 알려져 있다. Freudenberger(1974)는 자신뿐만 아니라 동료 치료자들이 특별한 이유 없이 의욕이 없어지고 내담자들에게 냉담해지는 현상을 발견하였다. 그는 이러한 정서적·신체적인 탈진 현상을 설명하기 위해 심리적 소진이라는 용어를 사용하게 되었다. 이후 심리적 소진의 다양한 개념적 정의가 이루어졌으나, 심리적 소진을 설명할 때 Freudenberger(1974)가 규정한 '자신의 업무를 열정적으로 수행하였으나 본인이 기대한 성과나 보람을 얻지 못하고 오히려 자신의 업무에 회의감이나 좌절감을 겪는 상태'라는 개념적 정의가 가장 널리 사용되고 있다.

심리적 소진이라는 개념이 널리 사용됨에 따라 이를 스트레스, 우울과 혼동하여 이해하는 경우가 있다. 먼저 스트레스와 심리적 소진은 모두 지루함, 의욕 저하, 피곤, 지친 느낌 등의 정의를 가지지만 둘은 완전히 다른 구성개념이다. 스트레스는 누구나 경험할 수 있는 것이지만, 심리적 소진은 자신의 직무에 열정적이며 높은 목적과 기대를 가진 사람, 자신의 일에서 삶의 의미를 이끌어 내고자 하는 사람에게만 제한적으로 나타난다(윤아랑, 정남운, 2011). 스트레스는 개인이 가지는 자원을 초과하거나 개인의 안녕을 위협한다고 평가되는 상황에서 개인과 환경 간의 특정한 관계를 일컫는다(Lazarus & Folkman, 1984). 주로 스트레스 대처 방식이 심리적 소진과 밀접한 관계를 맺고 있어서 직무에서 오는 스트레스가 결국 심리적 소진으로 발전되는 경향이 강하다(김보람, 박영숙, 2012; 김혜숙, 최은영, 김성민, 2011; Khamisa et al., 2015). 업무상 스트레스가 지나치게 쌓였음에도 불구하고 이에 적절하게 대처하지 못한 결과로 나타나는 위기가 심리적 소진이라고 할 수 있다(Maslach et al., 1996). 심리적 소진이 스트레스의 하위 현상일 수는 있으나 심리적 소진과 스트레스는 각각 별개의 촉발 원인과 결과를 지니고 있다(Pines, 2005). 심리적 소진의 근본적 원인은 개인이 하는 일이 중요하다는 믿음이 사라진 채 자신의 일이 무의미하다고 생각하면서 무력감과 무망감을 느끼기 시작하기 때문이라고 알려져 있다. 또한 심리적 소진은 직무 만족감의 부족, 이직 희망, 신체적 및 정서적 증상, 지각된 수행 수준 등의 결과 변인도 스트레스보다 관련이 높다.

심리적 소진이라는 개념이 도입된 이래로 우울과 소진이 과연 다른 증상인가에 대한 의문이 제기되기도 하였다. 심리적 소진의 많은 불쾌 증상인 피로감, 거리두기, 감소된 열정 등은 우울 증상에서도 전형적으로 나타난다(Bakker et al., 2000). 우울은 누구나 일생 동안 경험할 수 있는 일반적인 현상으로 슬픈 감정이나 침울한 기분이 특징이다. 우울은 마음이 슬프고 답답하며, 근심이나 걱정이 있어서 명랑하지 못하고 마음과 몸이 모두 침울한 상태로 정의된다. 우울은 개인이 적절히 대처하기 어려운 개인적인 관계 또는 직장 맥락 등 다양한 맥락에서 일어날 수 있는 일상적인 반응으로 맥락과 상관없이 발생할 수 있다. 반면에 심리적 소진은 타인을 조력하는 직업에 종사하는 전문가들에게서 나타나는 특정한 종류의 직업적 스트레스로서 조력자와 수요자 간의 요구적이며 감정적으로 과부하된 관계의 결과로 나타난다(Beck et al., 1988). 우울은 직무를 수행하는 과정에서 부정적인 생각과 행동을 하게 하고(김철희, 2017), 직무에서 관계하는 대상을 부정적으로 인식하고 냉소적인 태도를 취하도록 하여 목표를 포기하게 할 수 있다(민하영, 2010). 결국 우울로 인해 업무를 통한 유능감이나 성취감을 얻지 못하게 되어 심리적 소진에 이르게 될 수 있다. 우울이 심리적 소진에 이르게 하기도 하며, 심리적 소진이 우울의 선행인자로 작용하기도 하는 등 두 개념은 서로 밀접하게 관련되어 있다. 그러나 심리적 소진은 직장에서의 수행 능력에 영향을 주며, 타인에게 도움을 주는 대상자들이 경험하는 신체적·정서적 자원의 고갈을 의미하는 것으로 의욕 상실 및 기능 장애를 초래한다는 특징으로 구분된다(최혜영, 1994; Cherniss, 1980).

2. 심리적 소진의 특징

Maslach과 Jackson(1981)은 심리적 소진 상태에서 나타날 수 있는 특징을 정서적 고갈, 비인간화, 개인적 성취감 결여의 세 가지 하위 차원으로 분류하였다.

1) 정서적 고갈

정서적 고갈(emotional exhaustion)은 정서적으로 지쳐서 그들이 더 이상 심리적 수준에서는 아무것도 할 수 없다고 느끼게 되는 상태이다. 정서적 고갈로 인해 경험하는 부정적인 감정으로 인해 더 이상 일에 전념할 수 없으며, 자신의 의지만으로는 문제를 해결할 수 없게 된다(강진아, 2010). 자신의 일에 사명감을 가지고 성실히 임하지만 과중한 압박감과 스스로 감당하기 어려운 부담감이 지속되면 정신적으로 무력해지는 상태를 보인다.

2) 비인간화

비인간화(depersonalization)는 타인에 대해 냉소적이고 부정적인 태도를 갖는 것으로, 감정이 증폭됨에 따라 문제에 대한 책임을 타인에게 전가시키며 자기 자신에 대해서도 비판적인 태도를 고수하고 강화하는 것이다. 비인간화는 대인관계에서 자주 발생한다. 직무와 관련하여 만나는 사람들에 대해 부정적으로 생각하고 반응하기도 하며, 무감각한 반응을 보이거나 과도하게 거리감을 두는 태도로 나타나기도 한다(강진아, 2010). 자신의 일에 대한 냉소적인 태도는 심각한 경우에는 업무에 대한 거부로 이어질 수 있다.

3) 개인적 성취감 결여

개인적 성취감 결여(lack of personal accomplishment)는 자기 자신, 또는 직무수행에 있어서 자신의 성취에 대해 불만을 갖는 것이며, 스스로를 불행하다고 느끼고 타인을 돕는 일에서 실패했다고 믿는 경향성을 말한다. 개인적 성취감 결여는 자기 평가에서 자주 나타나게 되며, 우울증, 사기 저하, 좌절감, 자존감 저하 등과 함께 나타날 수 있다(김병섭, 1990). 자신이 쓸모없는 사람이 된 것 같은 부정적인 감정은 자존감에도 치명적인 영향을 미칠 수 있다.

3. 심리적 소진의 진행 과정 및 결과

심리적 소진은 갑작스럽게 일어나는 것이 아니라 '열성-침체-좌절-무관심'이라는 일련의 과정을 거쳐 나타나게 된다. 첫째, 열성(enthusiasm) 단계에는 자신의 일에 대해 꿈과 열정이 있지만 가끔씩 현실적이지 못한 기대를 가지고 상당한 시간과 열정을 투자해 어려운 과제를 수행하며 모험과 만족감을 느끼는 단계이다. 둘째, 침체(stagnation) 단계는 자신이 하는 일에 대해 흥미를 느끼지 않게 되는 단계이다. 셋째, 좌절(frustration) 단계에서는 자신의 노력에 비해 성과가 적다고 느끼며 업무를 회피하거나 신체·심리적인 문제를 겪게 된다. 넷째, 무관심(apathy) 단계에서는 스트레스가 극한이 되어 업무에 무관심하게 되는 단계이다(김호선, 2017; 한선아, 2013).

Maslach(1998)은 역할의 과부화와 지나친 개인 간 상호작용이 정서적 고갈의 원인이 되며, 이러한 과정을 거치면서 비인간화와 개인적 성취감 결여가 일어난다고 하였다. Maslach 등(2001)이 정리한 소진의 결과를 좀 더 구체적으로 살펴보면 첫째, 직무수행상의 결과로 소진된 사람은 결근, 이직 등의 직무철수를 보인다. 직무에서 낮은 생산성과 비효율성을 나타내고, 결국 직무만족이 감소되어 직장에 덜 헌신적이 된다는 것이다. 둘째, 건강상의 결과로서 소진은 불안, 우울, 자존감 저하 등과 같이 정신건강상의 부정적 결과를 촉진시키는 등 직무 관련 신경쇠약의 정신의학적 프로파일과도 관련이 있다(윤아랑, 정남운, 2011에서 재인용).

Brock과 Grady(2000)는 만성적 피로감, 사회적 위축, 감정적 고립, 자기 비난, 자존심 결여, 우울감, 절망감 등을 소진의 과정이 시작되는 전조 증상으로 제시한 바 있다. 심리적 소진의 과정을 설명하는 Leiter와 Maslach(1988)의 모델에서 발전한 Leiter(1990)의 수정된 모델을 시각적으로 설명하면 [그림 1-1]과 같다. 이 모델은 심리적 소진의 세 가지 하위 차원인 정서적 고갈, 비인간화, 개인적 성취감을 환경적 맥락의 상호작용으로 설명한다. 과도한 업무량과 업무 과정에서의 대인 갈등은 정서적 고갈을 심화시키게 된다. 그 결과 대인관계 속에서 느낄 수 있는 인간적인 모습과 업무에서 느끼는 성취감에 부정적인 영향을 미친다. 사회적 맥락, 조직 자원의 제공, 동료들과 서비스 수혜자 사이의 개인적 갈등, 그리고 감정적인 요구의 압박이 심리적 소진의 과정에 존재하는 것으로 보았다. 이러한 관점에서 볼 때 시간의 연속성은 심리적 소진의 중요한 개념이라고 할 수 있다. 다시 말해 사람들은 갑자기 지치지 않으며, 어떤 사람들은 높은 수준의 피로와 성취감의 감소 또한 시간의 연속성을 갖고 진행되는 것이다. 업무 환경의 지속적인 상호작용의 결과로 전문적인 효율성이 높아질 수도 있고, 심리적 소진으로 이어질 수도 있다.

심리적 소진은 다양한 결과로 나타날 수 있다. 첫째, 사회적으로 주어진 역할에 대한 가치가 감소되고, 이로 인하여 개인은 더욱 심각하게 소외될 수 있다. 자신을 직무

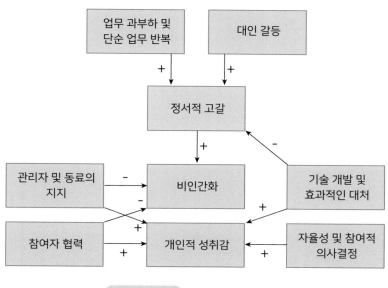

그림 1-1 소진의 과정 모델

출처: Leiter (1993).

와 완전히 동일시하는 사람은 직무상 요구되는 역할과 기대에 맞추어 자신이 실제로 느끼는 감정마저 포장하기도 한다. 이때 소모되는 능동적인 노력은 심리적 자원을 고갈되게 만들어 심리적 소진을 유발한다. 심리적 소진은 직무와 관련된 상황에서 자신의 개인적 요구를 멀리한 채 사회적으로 기대되는 역할에 과도하게 집중하게 하여 심리적 에너지의 불균형을 초래하고, 결과적으로 정신적인 체념을 하게 한다(정연홍, 2016).

둘째, 신체적 고갈 증상이 나타나기도 한다. 심리적 소진이 나타나 그 정도가 심해지면 긴장, 초조, 과로로 이어질 수 있으며, 신체의 건강도 악화된다. 신체의 건강 악화로 인해 수면장애, 두통, 식욕 상실, 신경증, 복통 등의 증상이 발생하며, 흡연, 약물, 알코올 남용과 같이 물질을 오남용하는 행동적인 문제도 나타날 수 있다(정연홍, 2016).

셋째, 정신증적 증상이 나타나기도 한다. 심리적 소진이 나타나면 기운 없음, 지루함, 환멸, 낙담, 혼란스러움의 느낌이 나타나며, 분노, 불안, 신경과민, 우울, 권태, 냉소 등의 정신증적 증상으로 이어질 수 있다. 정서적인 측면에서 고갈은 심리적 안정감이 감소되는 상태이며, 심리적 안정감이 감소되면 정체성에도 영향을 미칠 수 있다. 심리적으로 소진된 사람은 자신의 인생을 스스로 통제할 수 없다고 생각하여 개인적인 능력과 자존감에 회의감을 가지기도 한다(정연홍, 2016).

제2장

교사 심리적 소진의 특징

　심리적 소진이라는 포괄적인 개념이 존재하기는 하나 그것만으로는 교사의 심리적 소진을 온전히 설명할 수 없다. 겉으로 드러나는 상태는 언뜻 비슷해 보일지라도 속을 들여다보면 분명한 차이가 있다. 집요하게 차이를 살피는 일은 특정한 개념을 보다 공고히 이해하는 데 중요한 역할을 한다. 따라서 일반적인 심리적 소진과 다른 점이 무엇인지 분명히 하고, 차이가 어디서 오는지 여러 요인을 검토하는 일은 교사 심리적 소진을 이해하는 데 큰 도움이 될 것이다.

　학교라는 공간에서 학생을 대상으로 교육 서비스를 제공한다는 공통점이 있지만, 초등교사와 중등교사의 심리적 소진에는 차이가 있다. 사격에서는 아주 세밀한 조준의 차이가 과녁에 이르러서는 큰 차이로 확장된다. 중등교사와 달리 초등교사의 심리적 소진은 어떤 특징이 있는지 보다 구체적으로 살펴야 하는 이유도 그와 같다. 작은 차이일지라도 대상만의 독특한 맥락을 살필 때 과녁이라는 목적에 정확하게 이를 수 있을 것이다. 이에 교사 심리적 소진의 개념을 살핀 이후에 심리적으로 소진된 초등학교 교사는 어떤 특징을 가지는지 상세히 밝히고자 한다.

1. 교사 심리적 소진의 개념

Freudenberger(1974)에 의해 '심리적 소진(burn-out)'이라는 개념이 최초로 정립된 이후로 관련된 연구는 주로 사람을 직접 상대하는 직무에 종사하는 개인을 대상으로 이루어져 왔다. 교사 역시 사람을 주로 상대할 뿐만 아니라 직무특성상 자신의 통제를 초과하는 상황에 반복적으로 노출되고, 그에 관한 자신의 통제 결핍을 지각하게 되어 심리적 소진을 경험할 가능성이 높기 때문에 주요한 연구 대상에 줄곧 포함되어 왔다. 대표적으로 Maslach과 Jackson(1981), Seidman과 Zager(1987) 등을 꼽을 수 있는데, 이들은 각각 교사를 위한 Maslach 소진 검사(Maslach Burnout Inventory-Educators Survey: MBI-ES), 교사 소진 검사(Teacher Burnout Scale: TBS) 등을 개발하여 교사 심리적 소진의 개념을 다루었다. 국내에서는 2000년대 이후에 관련 연구가 큰 폭으로 증가하면서 교사 심리적 소진의 개념을 본격적으로 다루기 시작하였다.

〈표 2-1〉에서 정리한 것과 같이 여러 연구자가 밝힌 교사 심리적 소진의 개념을 살펴보면, 공통적으로 교사 심리적 소진도 결국 직무 스트레스를 극복하지 못하면서 발생하는 결과적인 상태임을 강조한다. 과도한 직무 스트레스에 노출되면서 부정적인 자아개념과 태도를 형성하여 심리적·신체적 탈진 상태에 이르고, 결과적으로 교수활동을 비롯한 전반적인 업무와 동료 교사 및 학생에게 부정적인 영향을 미치는 것이다. 또한 교사의 심리적 소진은 강점을 갖고 성공한 사람에게서 시작되는 것으로, 능력이 없고 가르치는 일에 소홀한 교사들에게서 나타나기보다는 교사로서 소명의식을 가지고 자신의 능력을 열성적으로 발휘하는 교사에게서 주로 나타난다(정연홍, 2016).

이런 점에서만 보면 일반 직종에서의 심리적 소진과 교사의 심리적 소진에서 특별한 차이를 찾기 어렵다. 그러나 교사의 심리적 소진을 단지 직무 스트레스와의 관계로만 이해하는 것은 부족하다. 교사가 일반 서비스 직종에서와 마찬가지로 사람을 상대로 한다는 특성을 갖지만 일반 서비스직종과는 다르게 교사는 주도적인 입장에서 역할을 수행해야 하며, 특히 교육전문가로서 가치를 실현하는 일을 하는 등 고도의 정신적인 노동을 하는 역할 특성을 지닌다. 따라서 교사의 심리적 소진을 제대로 이해하기 위해서는 스트레스 등과 같이 부정적인 감정에 압도되어 정상적인 기능을 하지 못한다는 차원을 넘어 교육에 열정과 사명감을 가지고 헌신하였지만, 이에 따르는 긍정적

📚 표 2-1   교사 심리적 소진의 개념

연구자	학교급	교사 심리적 소진
김연옥 (2012)	유아	유아 교사가 직무와 관련된 스트레스를 효과적으로 대처하지 못하는 상황이 반복된 결과로 나타나는 정서적·신체적·정신적인 탈진 상태
송미경·양난미 (2015)	초등	초등학교 교사들이 보이는 신체적·관계적 탈진과 개인적 능력 및 열정에 대한 회의, 불안을 경험하는 상태를 말하는 것으로, 교사로서의 직무와 관련된 스트레스에 효과적으로 대처하지 못하는 상황이 반복된 결과
홍우림 (2015)	초등	교사 개인 특성이나 학교 조직 특성으로 인해서 나타나는 정신적·정서적·신체적인 고갈 상태
정연홍 (2016)	초·중등	직무와 관련된 상황에서 스트레스를 오랫동안 받으며 정신적·신체적 자원이 고갈됨을 느끼고, 이에 따라 에너지 불균형이 나타나는 것이며, 결과적으로 자신, 대인관계, 직무 그 자체에 대해 부정적인 행동 특성을 나타내는 것

인 피드백이 부재하여 나타나는 좌절감, 무가치감 등과 같은 부적 정서로 이해하는 게 타당할 것이다. 더군다나 심리적으로 소진된 교사는 교직 자체에 회의를 갖는데, 이때 의미 상실의 대상은 단지 직무에만 한정되지 않고 자기 자신에게로 향하는 경우가 많아서 스스로 가치 없는 존재로 여기게 될 수 있다.

앞선 내용을 정리하면, 교사는 학생들을 교육하고 성장을 돕는 과정에서 그들에게 도움이 되고자 하는 의욕을 보이지만, 자신의 목표를 실현할 기회를 갖지 못하거나 기대했던 성취를 이루지 못하면서 더 이상 교육에 헌신할 이유와 목적을 잃어버리게 되어 심리적 소진을 경험하게 된다. 이러한 교사의 심리적 소진은 학생을 가르치는 자신의 직무에 대해 실패감, 능력 상실감을 경험하는 것이며, 학생에 관한 일을 귀찮게 생각하거나 아예 교직을 떠나려는 생각을 하게 되는 것으로 정의할 수 있다.

2. 심리적으로 소진된 중등교사의 특징

중등교사의 심리적 소진의 특징을 이해하기 위해서는 중등학교의 교육 대상인 중등학생과 중등교사의 근무 환경을 살펴볼 필요가 있다. 이러한 요소를 고려할 때 중등교사의 심리적 소진의 특징은 다음과 같이 이해할 수 있다.

첫째, 중등교사의 교육 대상인 중등학교 학생들은 청소년기에 해당한다. 청소년기에 접어들면서 중등학생들은 아직 발달 중인 전두엽 기능으로 인해 감정조절의 어려움, 공격성, 충동성 등의 특성을 보인다(조성진, 2017). 이들에게는 또래에 의해 인정받고 수용되는 것이 중요하기 때문에 교사와 부모의 권위에 쉽게 도전한다는 특징이 있으며 아직 성숙하지 못한 미숙한 사회적 대처기술로 인해 잦은 시비와 말다툼, 공격 행동을 보이고 비행, 폭력, 범죄 등의 반사회적 행동양식을 보이는 경우도 있다(김경중 외, 2003). 또한 발달 과정에 따라 점차 자의식이 강해지고 자기중심적 사고를 하게 되면서 자신의 관념과 가치가 가장 중요하다고 여긴다(조성진, 2017). 이러한 발달적 특성으로 인해 중등학생은 초등학생보다 죽음과 같은 추상적 개념에 대해 더욱 큰 관심을 가지게 되어, 중등학교에서는 자살이나 자해 등 자기 파괴적 행동, 우울이나 불안과 같은 내현화 문제를 지닌 학생들을 비교적 흔하게 볼 수 있다(조성진, 2017). 이와 같은 혼란을 경험하는 청소년을 교육하는 위치에 있는 중등교사는 학생들의 건전한 성장과 발달을 위해 최선을 다해야 한다는 소명감을 바탕으로 다수의 학생에 대한 보편적인 생활지도를 해야 할 뿐만 아니라 심각한 수준의 심리적 어려움을 경험하고 있는 일부 학생들과는 개인적이고 친밀한 대인관계를 바탕으로 세심한 지도를 해야만 하는 상황에 처해 있다. 중등교사는 학교 현장에서 지도하기 어려운 학생들과 마주하면서 자신에게 대드는 학생들에게 상처받고 교사의 지도에 따라 즉각적으로 변해 주지 않는 학생들을 보며 실망감과 배신감을 느끼기도 하며, 자신이 지도하는 학생이 자살할지도 모른다는 두려움을 느끼는 등 강한 심리적 부담과 부정적인 정서를 경험하게 된다. 하지만 오랫동안 이를 적절히 표현하거나 해소하지 못하게 되면 끝내 정서적으로 고갈되어 심리적으로 소진될 가능성이 있다.

둘째, 중등교사는 동료교사와 긴밀하게 협력해야 하는 환경에서 근무한다는 특징이 있다. 초등교사는 담임교사가 대부분의 교과 수업을 진행하고 생활지도를 전적으로 책임지기 때문에 학생들과 비교적 고정적인 관계를 맺게 되지만, 중등교사는 여러 학급을 순회하며 다양한 집단의 학생과 관계를 맺으면서 한 학급에 대한 교과 지도와 생활지도를 여러 교사가 함께 담당한다. 이러한 이유로 중등교사들이 학생들을 지도할 때에는 교사들끼리 기준이나 방향성에 관한 충분한 논의를 하는 것이 필요하고, 학교내 모든 교사의 협조체제를 확립하는 것이 필수적이다. 그러나 저마다 다른 교육철학을 가지고 있는 동료교사와 통일된 기준 및 지도 방향을 확립하는 것은 쉬운 일이 아니며, 그 과정에서 필연적으로 갈등이 발생한다. 결국 중등교사라면 누구나 받아들일 수 있는 보편적인 내용만 합의될 뿐이다. 이처럼 여러 교사가 같은 학생들을 똑같이 지도하는 것은 불가능하므로 중등교사들이 학생들을 지도하는 일에 있어 지속해서 협력하는 것은 몹시 어려운 일이다. 특히 자신의 전공 교과가 있는 중등교사들은 서로의 교육활동에 대한 경계를 명확하게 유지한다는 특징이 있어(박영숙 외, 2012; 이혜영, 2006), 자신의 교육활동에 간섭받는 것을 싫어하고 다른 교사의 교육활동에 관여하지 않는 것을 불문율로 삼고 있다. 이러한 교직 문화 속에서 중등교사들은 자신의 수업 시간에 일어난 학생들의 불성실한 태도 및 부적절한 행동으로 인한 문제를 해결하는 것은 교사 개인의 역량이라고 생각하기 때문에 다른 교사들과 함께 학생 지도 상황에 발생한 부정적 경험이나 문제 발생의 원인에 관해 완전히 개방적인 태도로 공유하는 것에 익숙하지 않다. 또한 특정 교사의 지도 방식이 많은 학생에게 효과적이지 않더라도 일부 학생들에게는 효과적일 수 있으므로 학생 지도에 있어 절대적인 방법이 없다는 생각에 교사들의 경계는 더욱 공고해진다. 이와 같은 이유로 중등교사들은 크고 작은 학생 지도에 대한 인식의 차이로 인해 동료교사와 갈등을 경험하고 있는데(김숙경, 2010), 그럼에도 불구하고 계속해서 같은 아이들을 함께 지도해야 하는 어려운 상황에 처해 있다. 이러한 중등학교의 근무 환경에서는 함께 근무하는 중등교사들이 서로의 교육활동에 대해 적극적으로 지지해 주기가 어색하고, 굉장히 조심스럽다. 그 결과 중등교사들은 '내가 학생들에 대해 생활지도를 잘 하고 있는 것이 맞나?' '저 선생님의 지도 방식과 나의 지도 방식이 다른데, 이렇게 해도 되는 걸까?' '옆자리 선생님이나 교장, 교감 선생님은 아까 내가 학생을 지도한 것에 대해 어떻게 생각하실까?' 등의 생각을 하게 되기 쉽다. 이처럼 자신의 교육활동에 관해 충분히 긍정적인 피드백을 받지 못하고 스스로 직무에 대한 확신을 갖지 못하는 상황이 지속되면 직무를 성공적으로 수행하고 있다는 인정을 받지 못한 것으로 인해 심리적 소진의 발현 가능성이 증가할 수 있으며 심리적 소진의 강도 또한 증가할 수 있다.

셋째, 중등교사는 자신의 교과에 대한 전문성을 가지고 있지만 학교 현장의 다양한 요구로 인해 다소 수동적인 업무 태도를 보인다. 많은 중등교사는 자신의 전공 교과에 대한 전문성을 위해 교직 입문 후에도 부단한 연구와 노력을 하지만(김경미, 2004), 중등학교 현장은 입시 위주의 문화가 짙다는 특징이 있다. 이로 인해 중등교사들은 자신의 교과에 대한 전문성을 창의적이고 자유로운 방식으로 발휘하기보다는 정해진 교육정책의 틀 안에서 업무를 수행하도록 요구받고 있으며, 특정 기준에 따른 우수한 수업을 하는 것 외에도 학생들의 생활지도를 철저히 하여 사고를 방지하는 것, 동료교사와 관리자 및 학생과 학부모와 좋은 관계를 유지하는 것과 같은 다양한 요구에 모두 부응해야 하는 위치에 놓여 있다(김은주, 2017). 그 결과 많은 중등교사는 자신이 처음에 교직에 입문했을 때 교육 현장에서 실현하고자 했던 가치를 추구하기보다 문제가 발생하지 않는 방향으로 모든 업무를 처리하는 것을 선호하게 된다. 가령, 수행평가를 시행하면서 학생들의 점수 차를 크게 하지 않을 수 있도록 하여 민원을 미리 방지하는 것을 우선시하고 학생들이 사고를 일으키거나 다투는 것을 예방하는 것을 학교의 최우선 과제로 삼아 학생 지도에 있어서 학생들을 통제하는 쪽에 무게를 두게 되는 경우가 많다. 이와 같은 업무 처리 방식을 선호하는 문화로 인해 중등교사들은 각자의 교육활동에 있어서 그 본질적 의미를 실현하려 하기보다는 조직이 추구하는 안전한 방식으로 업무를 수행하는 것에 점점 익숙해지게 된다. 지나치게 많은 요구와 책임에 압도되어 어쩔 수 없이 방어적이고 수동적인 태도로 업무를 처리하게 되는 중등교사는 자신이 하는 일에 대한 가치를 찾기 어려우며 업무 상황에서 보람을 느끼기 어렵고, 나아가 정서적으로 억제되기가 쉽다. 중등교사가 이처럼 기계적으로 일한다는 느낌만을 강하고 지속해서 받게 된다면 스스로 교직에 대한 의미를 찾지 못하게 될 수 있으며 결과적으로 심리적 소진 상태에 이르게 될 가능성이 있다.

넷째, 중등교사들은 초등교사들에 비해 학교에서 학생들과 상호작용하는 시간이 길어 업무 시간 활용에 어려움을 겪는 경우가 많다(정바울, 2014). 초등교사와 중등교사의 기본 근무 시간은 같지만 일반적인 교육과정의 특성상 중등학교 학생들은 초등학생들보다 학교에서 생활하는 시간이 더 길다. 학생들이 학교에 있는 동안 교사는 임장지도의 의무가 있으므로 중등학교 교사는 학생 지도에 더 많은 시간을 쏟게 된다. 학교마다 다소간의 차이는 있지만 교사의 퇴근 시간이 오후 4시 30분일 때 중학교 저학년은 3시 이후, 고학년은 4시 이후가 되어서야 하교하는 경우가 많고 고등학생은 방과 후 수업이나 야간 자율 학습 등으로 인해 교사보다 더 늦은 시간까지 학교에 남아 있는 경우도 있다. 이처럼 중등교사는 근무 시간 중 학생들과 함께하는 절대적인 시간이 길기에 집중력을 필요로 하는 문서 작업 등 행정 업무를 처리할 때 학생들의 하교 시간 이후와 퇴근 시간 이전의 짧은 시간에 집중적으로 몰아서 하거나, 근무 시간 외에 처리하는 경우가 많다. 중등교사들은 초등교사에 비해 상대적으로 학생들과 오랜 시간 동안 지속해서 상호작용을 하면서 스트레스에 노출될 가능성이 크기 때문에 이를 안전한 방법으로 충분히 해소하는 것이 필요하며, 계속해서 교직에 즐거운 마음으로 종사할 수 있도록 긍정적인 마음을 가지는 것이 필요하다. 심리적 소진은 업무 중에 사람들과 상호작용을 많이 하는 직업군에 종사하는 사람들이 경험하는 것으로, 만성적 스트레스를 회복하지 못할 때 겪게 되는 부정적 결과라는 점에서 중등교사들이 지속해서 스트레스를 해소하지 못하거나 그것을 적절히 다룰 수 있도록 대처하지 못하게 된다면 심리적 소진 상태에 이를 위험이 있다고 볼 수 있다.

지금까지 살펴본 중등교사의 심리적 소진의 특징을 정리하면 [그림 2-1]과 같다.

중등교사의 환경적 맥락	발생 가능한 문제	결과
청소년을 교육대상으로 함	학생의 반사회적 행동, 내현화 문제에 지속적 노출	정서적 고갈
동료교사와의 협력 필요	동료교사와의 갈등이 필연적으로 발생	직무수행에 대한 불확신
학교 현장의 다양한 요구	수동적인 업무 태도	교직에 대한 의미 상실
업무시간 활용 어려움	학생과 오랜 시간 동안 지속적인 상호작용	만성적 스트레스

그림 2-1　심리적으로 소진된 중등교사의 특징

제3장

심리적 소진의 측정 도구

　　심리적 소진 정도에 따른 심리치료 및 상담 프로그램의 요구 측정을 위해 국내외에서 다양하게 활용되고 있는 심리적 소진의 측정 도구에 대해 알아보고자 한다. 먼저 교사 심리적 소진의 측정을 위해 사용되고 있는 Maslach과 Jackson(1981)의 Maslach 소진 검사(Maslach Burnout Inventory: MBI)는 서비스직 종사자들의 심리적 소진을 측정하기 위해 고안되어 강도와 빈도의 두 점수를 수집하여 특정하기 위해 제작되었으나 교직의 특성은 반영되지 않았다(김장섭, 2004; 이봉주, 2017). 이후 교사의 심리적 소진 측정을 위해 TBS, Farber(1982)의 교사 태도 검사(Teacher Attitude Survey: TAS), Jones(1980)의 건강전문직 종사자를 위한 소진 검사(Staff Burnout Scale for Health Professionals: SBS-HP), 유아교사 소진척도, 초등교사 소진척도 등이 제작되었으나 행정적 지원과 지도성 요인이 다루어지지 않았거나 우리나라 교직 문화의 특성을 반영하지 못하고 있다는 점에서 한계점을 가지고 있다(정연홍, 2016). 이 장에서는 심리적 소진의 측정 도구의 종류와 특징 및 한계점을 다루고자 한다.

1. 국내의 심리적 소진의 측정 도구

심리적 소진을 측정하기 위해 국내에서 개발된 측정 도구로는 김연옥(2012)의 유아교사 소진 척도와 송미경과 양난미(2015)의 초등교사 소진 측정 도구가 있다.

김연옥(2012)의 유아교사 소진 척도는 유치원 및 어린이집에서 학급의 담임으로 역할을 수행하는 교사를 대상으로 하며, 교사 무능감, 직업적 회의, 직무환경 불만족, 신체적·정서적 고갈의 4개 하위 요인으로 구성되어 있고, 직무환경적 불만족과 신체화 증상을 문항에 포함하여 18개의 문항으로 개발되었다. 김연옥은 외국에서 개발되어 번안된 심리적 소진 측정 도구인 MBI가 우리나라 유아교사의 심리적 소진을 충분히 담아내지 못하고 있다고 지적하였으며, 유아들의 발달과 유아교사들의 경험을 반영하여 유아교사 소진 척도를 제작했다. 유아교사들이 겪는 정서적 측면에서의 어려움을 반영하며, 우리나라 유아교육 환경 및 사회적 문화를 반영하고자 개발된 측정 도구이다. 척도의 문항 응답 방식은 Likert 5점 척도이며, 점수가 높을수록 심리적 소진이 높은 것을 의미한다.

송미경과 양난미(2015)는 초등교사 소진 측정을 위해 문헌 연구와 경험적 접근을 토대로 미래에 대한 불안, 관계 불만족, 신체화 증상의 3개 하위 요인을 가지며, Likert 6점 척도, 12개의 문항으로 구성된 초등교사 소진 측정 도구를 제작했다. 특히 MBI의 한계로 지적되는 신체화 증상이 포함되지 않은 점에 주목하여 초등학교 교사 소진 측정 도구에 신체화 증상을 포함했다. 즉, 송미경과 양난미는 심리적 소진을 보이는 초등교사가 신체적·관계적 탈진, 개인적 능력과 열정에 대한 회의와 불안을 느낀다고 본 것이다. 또한 우리나라 교육 현장의 특성과 사회 문화적 특성을 반영하기 위해 개방형 설문지와 같은 경험적 접근을 사용하였다. 이 측정 도구에서는 대인관계 영역에서 나타나는 심리적 소진을 별도의 영역으로 구분하면서 학생을 비롯하여 사람들에 대한 냉담과 무관심, 그리고 애착이 사라지는 것을 의미하는 관계 불만족을 하위 영역에 포함하여 심리적 소진의 결과가 대인관계 영역에서 어떻게 나타날 수 있는지 보여 주고 있다.

그 밖에 교사를 대상으로 심리적 소진을 측정하기 위해 일반적으로 MBI를 번안하여 사용하거나 MBI를 교육 현장에 맞게 수정한 MBI-ES를 한국형으로 타당화한 도구(정송, 노언경, 2020)를 들 수 있다.

2. 국외의 심리적 소진의 측정 도구

국외의 심리적 소진 측정을 위해 사용되는 척도로는 MBI, TBS, TAS, SBS-HP 등이 있다.

이러한 여러 측정 도구 중 빈번하게 사용되는 MBI는 정서적 고갈, 비인간화, 개인적 성취감 결여의 3개 하위 요인을 가지며, Likert 7점 척도, 22개 문항으로 구성되어 있다. 정서적 고갈은 정신적인 피로감을 의미하며, 비인간화는 타인에 대해 부정적인 태도 및 냉소적인 태도를 말하고, 개인적 성취감 결여는 직무에 대한 부정적인 태도의 형성과 성취감 상실을 의미한다. MBI는 구성개념의 고유한 특성으로 인해 점수를 합하거나 전체 평균 점수를 사용하지 않고 구성개념 단위로 사용할 것을 권장하고 있다. 즉, 각 하위 점수별 상중하 수준의 절단 기준점을 따르며, 그 자체로 소진의 여부를 측정하기보다는 소진의 수준이 어느 정도 연속선상에 있는지 보여 준다. MBI가 심리적 소진 측정에 있어서 빈번하게 사용되고 있지만(이영만, 2013), 신체 증상과 직무환경에 대한 고려가 부족하다는 한계와 일반 직종의 종사자 및 서비스직종 종사자들을 대상으로 하는 것이어서 교사들에게 특화된 소진 척도는 아니다.

다음으로 TBS는 미국 공립학교 초·중등 교사를 대상으로 개발된 것으로, 교직을 핵심 내용으로 하여 교사 심리적 소진 측정을 위해 개발되었다. 하위 요인으로 교직 만족, 직무스트레스 대처, 행정적 지원의 지각, 학생을 대하는 태도 등 네 가지 요인으로 총 21개의 문항으로 이루어져 있으며, 각 항목별 점수가 높을수록 심리적 소진의 정도가 높은 것을 의미한다. 〈교직 만족〉은 직업으로서의 교직이 만족스럽지 못하다고 느끼는 정도이며, 〈직무 스트레스〉에 대한 대처는 직무와 관련된 스트레스로 인하여 무감동, 우울 및 기타 부정적인 스트레스 징후를 나타내는 정도이다. 〈행정적 지원에 대한 지각〉 정도는 직무상의 고충에 대해 행정적 지원의 적절한 개입과 도움을 받지 못하고 있다고 믿는 정도이고, 〈학생에 대한 태도〉는 교사가 학생들의 학업 태도나 예절에 대해 부정적으로 보는 정도이다. TBS는 심리적 교사의 소진 원인을 밝힐 수 있는 하위 요인으로 구성되어 있으며, 교직 사회의 핵심 내용이 반영되어 있다. 즉, 교사 심리적 소진의 원인을 개인의 심리적 특성에만 한정 짓지 않고, 사회적 환경과 직무환경적인 특성을 반영하였기에 교사의 심리적 소진 증상과 함께 심리적 소진의 원인을 규명하는 데 사용할 수 있다.

이외에 TAS는 MBI를 수정하여 제작한 것으로, 다양한 인적 서비스 전문가들의 심리적 소진을 평가할 수 있는 측정 도구이다. Likert 7점 척도의 25개 문항으로 구성되어 있으며, 하위 요인으로 전문적 직무, 교사의 전문적인 특성으로 구성되어 있다. 또한 건강전문직 종사자의 심리적 소진 측정 도구인 SBS-HP는 심리적, 대인관계 긴장, 내담자와의 비전문적 관계, 일에서의 불만족, 신체적 질병 및 스트레스로 구성되어 있으며, 심리적으로 소진된 전문가들은 업무, 임상 감독, 승진 기회, 직장 동료 등에 대한 불만이 높음을 검증하였다.

3. 기존 심리적 소진 측정 도구 한계 및 개선방향

심리적 소진 측정에서 가장 보편적으로 사용되는 도구는 MBI이다. MBI는 대인 서비스를 하는 일반 직종과 학생의 학업 소진, 교사의 심리적 소진 등 다양한 분야에 사용되고 있다. 심리적 소진의 증상으로 신체적 고갈을 중요하게 다루며, 심리적 소진에 영향을 미치는 요인으로 직무환경을 강조하고 있다. 다만 MBI에서는 심리적 소진을 겪는 대상자들의 신체적 질환이나 직무환경적 요인을 특정하지 않고 있다. 따라서 이러한 한계에 대한 개선 방향으로 신체화 증상과 직무환경적 요인을 반영한 문항을 포함시킬 필요가 있다는 의견이 있다(정연홍, 2016). MBI는 심리적 소진의 원인보다는 증상이나 결과에 초점을 맞춘 척도로서 많은 연구에서 교사 심리적 소진 척도로 적절하지 않다는 지적이 있어 왔다. 또한 하위 요인 중 비인간화는 유교적 문화가 강조되고, 서양에 비해 집단주의 성향을 보이는 우리나라에서는 존재한다고 보기 어렵다는 의견이 있다. 더불어 교직의 특성이나 직무환경적 특성인 행정적 지원과 지도성, 학생 지도 측면의 내용을 포함하지 않고 있는 것이 한계점이다.

TBS는 MBI가 대인관계 서비스를 주요 업무로 하는 종사자들의 심리적 소진 측정 도구로 주로 사용되고 있어 교사에게 특화된 것이 아니라는 점과 문항 내용이 학생 지도 및 행정적 지원 측면 내용을 포함하고 있지 않은 점을 한계로 지적하며 개발되었다.

하지만 우리나라에서 TBS가 사용된 연구는 고등학교 교사의 심리적 소진 경험에 대한 김장섭(2004) 외에는 찾아보기 어려우며, 지금까지 국내 교사를 대상으로 도구의 타당화 작업을 거치지 못했다. 또한 번안 과정에서 과학적이고 체계적인 신뢰도 및 타당도의 검증 과정 없이 단순 번역을 거쳐 사용하는 것은 자칫 도구 사용에 있어 오류를 범할 우려가 있다는 한계가 있다.

국내에서 개발된 유아교사 소진 척도(김연옥, 2012)는 유아들의 발달 특성에서 비롯된 유아교사만의 독특한 경험과 직무환경을 반영하여 개발된 도구로서 유아를 교육 대상으로 삼지 않는 일반 교사를 대상으로 유아교사 소진 척도를 적용하기에는 제한적일 수 있다.

초등교사 소진 척도(송미경, 양난미, 2015)는 12개 문항의 단축형 척도로 사용이 쉽다는 이점이 있으나 표집이 제한적으로 이루어졌고, 교육 현장에 맞춰 충족시키고자 하였던 직무환경, 행정적 지원 및 지도성은 포함하지 못하였다는 한계가 있다. 또한 이 척도는 초등교사만을 대상으로 초점화한 척도임을 밝히면서 업무 여건이나 교직 환경 등이 다른 중등교사를 제외하였음을 분명히 하고 있으므로 중등교사를 포함하여 일반 교사 전체를 대상으로 사용하기에는 제한적일 수 있다.

이상으로 살펴본 기존의 심리적 소진 척도의 한계를 정리하면 국외에서 개발된 척도는 번안 과정에서 우리나라의 교직 문화와 정서에 맞지 않는 경우가 있으며, 국내에서 한국 문화의 특수성과 교직 문화를 반영하여 개발된 교사 심리적 소진 척도는 유아교사와 초등교사로 한정되어 있다. 또한 MBI와 마찬가지로 행정적 지원과 지도성 요인, 학생이나 학부모 요인, 신체적 요인 등이 포함되지 않은 측정 도구라는 점에서 제한점을 가진다. 따라서 우리나라 교직 사회의 특성과 환경을 반영하고 개인의 심리적 소진 수준이 어느 수준에 있는지 비교하여 해석할 수 있으며, 실제 교사의 심리적 소진 문제 예방과 개선을 위해 활용할 수 있는 측정 도구를 활용할 필요가 있다. 정연홍과 유형근(2016)이 개발한 교사 심리적 소진 검사(Teacher Burnout Inventory: TBI)는 전국 단위 표집을 통해 우리나라 교직 문화의 특징과 교사의 정서를 반영하여 과학적 절차를 거쳐 개발한 신뢰도와 타당도가 검증된 교사 심리적 소진 측정 도구이다. 우리나라 교직 환경의 특성, 직무 여건, 교사의 정서를 반영하여 제작되었고, 특히 우리나라 교사의 심리적 소진의 특성으로 강조되어 왔던 정서적 고갈 측면을 잘 반영하고 있다. 하위 요인으로는 교권에 대한 위기감, 교직 회의감, 무능감, 좌절감, 행정 업무 부담감으로 구성되어 있으며, 이러한 하위 척도는 서로 개별화된 영역이어서 영역별로 심리적 소진 수준 파악이 가능하며, 전체 점수로 심리적 소진의 정도를 파악할 수 있다.

국내에서 개발된 측정 도구인 TBI를 활용하여 교사의 심리적 소진 수준을 파악하고자 한다면 심리검사연구소 인싸이트(https://inpsyt.co.kr)에서 제공하는 측정 도구로 검사를 진행할 수 있다.

해당 사이트에서 'TBI 교사 심리적 소진 검사'를 검색하여 검사지 또는 온라인 코드를 구입하면 검사를 받을 수 있다. 검사 후 결과는 전체 점수와 하위 영역별로 심리적 소진 정도를 구분하여 T점수와 백분위의 구체적인 수치로 작성한 프로파일이 제공된다.

그림 3-1   TBI 제공 사이트

심리적 소진 척도 프로파일

척도	원점수	T점수	백분위	등급
심리적 소진	81	66.66	95.33	8

단위: T점수

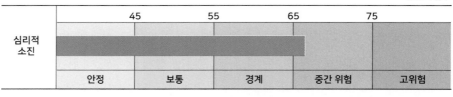

심리적 소진	45	55	65	75
	안정	보통	경계	중간 위험	고위험

님의 심리적 소진은 ___중간 위험___ 수준입니다.

심리적 소진 정도가 상당히 높으며 무력함을 느끼고 업무 수행의 결손으로 이어질 가능성이 높은 상태로 전문가의 도움이 필요합니다.

하위 척도 결과 프로파일

단위: T점수

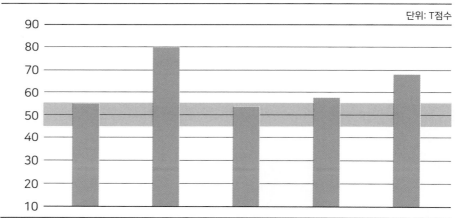

	교권에 대한 위기감	무능감	좌절감	행정 업무 부담감	교직 회의감
원점수	16	18	13	14	20
T점수	55.57	80.17	53.97	58.06	68.61
백분위	75.17	100	72.26	82.55	97.32

그림 3-2 TBI 결과 예시

제 2 부

TBI의 이해

제4장

TBI의 특징

1. TBI의 특징

TBI는 우리나라 교사들의 심리적 소진을 측정하기 위하여 초·중등 교사의 현장 경험을 반영하여 개발된 도구로서 초·중·고등학교에서 교사들이 경험하는 심리적 소진의 상태를 측정한다. 즉, 아동과 청소년을 대상으로 교과 지도, 생활지도의 교육활동과 그에 따른 행정 업무를 담당하는 교사들이 자신의 직무를 수행하는 과정에서 겪게 되는 심리적 어려움의 정도를 측정하기 위한 도구이다. 교사의 심리적 소진은 다섯 가지의 하위 요인으로 구성되는데, '교권에 대한 위기감' '무능감' '좌절감' '행정 업무 부담감' '교직 회의감'이다. 이 다섯 가지 하위 척도는 서로 개별화된 영역이어서 영역별 점수에 따라 활용할 수 있으며 전체 점수로 심리적 소진의 정도를 추정할 수 있다. 총점에 대하여 T점수 45 미만은 안정 수준, 45 이상~55 미만은 보통 수준, 55 이상~65 미만은 경계 수준에 해당하며, 65 이상~75 미만은 중간 위험 수준, 75 이상의 경우에는 고위험의 심리적 소진을 의미한다. TBI는 규준 참조 검사이므로 결과 점수로 교사의 심리적 소진 정도를 측정하고, 심리적 소진의 형태를 구분하여 개인의 심리적 소진 정도가 어느 위치에 있는지 상대적인 정보를 제공함으로써 효과적인 개입을 통해 어려움을 극복할 수 있도록 돕는 기초 자료로 활용할 수 있다.

TBI는 정서적 측면이 강조된 도구로서 지금까지 대면(face-to-face) 서비스를 제공하는 직종의 심리적 소진을 주로 측정하기 위해 사용하였던 도구인 MBI와 비교하면 하위 영역 중 정서적 고갈 영역과 높은 연관성을 보인다. 우리나라 초등교사들이 정서적 고갈을 가장 많이 느낀다는 연구 결과를 비롯하여 우리나라 교사를 대상으로 한 심리적 소진 연구에서 정서적 고갈과 관련한 영역이 구체적으로 강조되며, MBI의 세 가지 영역 중 비인간화나 개인적 성취감 결여와 함께 중요하게 다루어질 필요가 있다는 결과를 제시하고 있다. 이는 미국의 교사를 대상으로 한 연구에서 심리적 소진 영역 중 개인적 성취감 결여가 높게 나타난 결과와 차이를 보이는 것이어서 우리나라 교직의 특성 및 교사의 정서와는 차이가 있음을 확인할 수 있다. 이에 따른 TBI와 MBI의 차이는 〈표 4-1〉과 같다.

표 4-1 TBI와 MBI의 차이

	TBI	MBI
하위 영역	교권에 대한 위기감, 무능감, 좌절감, 행정 업무 부담감, 교직 회의감	정서적 고갈, 비인간화, 개인적 성취감 결여
대상	초·중등 교사	일반 서비스직종
문항 구성의 특징	정서적 고갈에 따른 신체화 증상 포함	신체화 증상 제외
	우리나라 교직의 특성을 반영한 문항 개발	국외에서 개발된 척도로, 우리나라의 문화 특성과 다름
	교사의 심리적 소진에 주요한 영향을 미치는 직무환경적 요인 및 행정 업무 포함	직무환경적 요인 및 행정 업무 제외
검사 결과 제시	전체 집단규준 및 학교급별 집단규준과 비교하여 수검자의 상대적 위치 정보 제공 (안정, 보통, 경계, 중간 위험, 고위험)	전체 점수를 계산한 뒤 상중하로 구분

우리나라와 외국의 교직 문화는 차이가 있으므로 국외에서 개발된 측정 도구를 이용하여 우리나라 교사들의 심리적 소진을 설명하는 것은 한계가 있다. 일례로 우리나라 교사들은 공식적인 지위, 계층적 서열관계에 관심이 많고 인정 지향적인 성향을 보인다. 또한 공식 절차를 명확히 규정하고 표준화 및 관습화된 업무 처리 방법을 세심하게 정해 놓고 따르는 편이다(김지은, 2006). 이처럼 우리나라의 학교조직 문화는 인

정 지향적이고 공식 절차와 규정 및 지위 계층을 강조하는 보존적 문화의 성격을 가지고 있어서 외국에서 효율성을 강조하는 합리적인 태도를 지향하는 것과는 차이가 있을 수 있다. 따라서 외국의 도구로는 우리나라 교사들의 심리적 소진을 충분히 담아내기가 어렵다는 것을 짐작할 수 있다. 이처럼 TBI는 우리나라 학교 현장의 특성과 교사들이 처한 상황을 반영하는 측정 도구의 개발이 필요하다는 인식에서 시작되었다. 이는 보다 구체적이고 실제적인 척도를 개발하는 것이 교사의 심리적 소진을 완화시키고 예방할 수 있는 출발점이 될 것이라는 여러 연구자(박대준, 최수찬, 2015; 이영만, 2013; 조민아 외, 2010; 조환이, 윤선아, 2014)의 제안과 그 맥을 같이한다.

개인의 직무수행은 조직 문화와 관련되고, 각각의 조직은 고유한 문화적 특징을 갖는다. 이에 우리나라의 교직 문화를 살펴보면 학생을 교육하는 과정에서 부딪히는 문제가 점점 복잡해지면서 자신의 전문적 역량을 발휘해야 할 교실이 교사에게 고통스러운 공간이 되고, 학생들과의 관계에서 위축되며 무기력해지는 경험을 하게 되는 일이 발생하고 있다. 사회는 이러한 교사들을 무능하고 무력한 존재로 여기고 비판 또는 비난의 소리를 높이지만 교사들은 정작 자신들이 겪고 있는 상태를 개선하거나 치유할 방법을 찾지 못하고 있다. 오히려 어려움을 겪는 상황을 애써 버티어 내거나 고통을 개인적인 문제로 감수하며 교육 현장에서 역할을 수행하는 책임감을 발휘하려고 한다. 결과적으로 이들은 피로, 무력감, 불안, 좌절, 의욕 상실을 경험하며 교권을 침해당하는 상황에까지 노출되면서 육체적·정신적인 부담을 겪고 있다. 그뿐만 아니라 교직에 대한 보람을 잃고 교사로서 해야 할 역할을 지속하는 것에 회의적인 태도를 보이기도 한다. 이러한 교사들의 어려움은 개인에게 한정되는 것이 아니라 결국 교육의 질 차원으로 이어진다는 문제를 낳는다.

학생, 동료 교직원을 비롯하여 학부모와 학교 행정가를 직접 만나 상대하는 것은 교사의 주된 업무 방법이자 내용이어서 교사들은 수시로 자신의 감정을 조절하며 의사소통을 한다. 그러면서도 한편으로는 사회적으로 모범을 보여야 한다는 인식을 의식하여 교사들이 실제로 드러내는 감정 상태는 내면의 솔직한 상태라기보다는 자신의 불편한 감정을 숨기며 변형된 경우가 많다. 성장기의 미성숙한 학생들이 집단으로 모여 있는 공간에서 학생들, 그리고 관련된 다양한 사람과 감정적으로 밀도 있는 접촉을 하면서도 교사로서 요구되는 품위를 고려할 수밖에 없는 것이다. 이러한 감정노동에서 오는 분노, 우울, 자존감 상실과 같은 문제는 교사에게서도 나타날 수밖에 없다. 우리나라 교사들은 이런 문제들이 수업, 생활지도 등 교육활동에 부정적인 영향을 미치고 있다고 느끼면서도 대처나 해결 방법을 찾지 못한 채 직무수행 과정에서 지치고 잘 회복하지 못하는 일을 반복하고 있다. 학교를 떠나지 않고서는 근본적으로 문제가 되는 환경에서 벗어나기 어려우며, 문제가 되는 요소들이 해소되지 않는 한 교사들의 심리적으로 건강하지 않은 상태가 지속되므로 결과적으로 에너지가 다 타 버려 고갈된 상태인 심리적 소진이 진행될 수 있다.

학교교육에서 차지하는 교사의 역할 비중, 학생에 대한 교사의 영향력과 교사의 사기가 저하되고 교직이라는 직업에 대한 전반적인 회의감이 높아지고 있는 것을 생각해 볼 때, 교사들이 경험하는 심리적 소진은 학교교육이 처한 위기 문제로 중요하게 다루어져야 한다. [그림 4-1]에서 볼 수 있듯이, 2022년 제41회 스승의 날 기념 한국교원단체총연합회의 교원 인식 설문조사에 따르면 응답한 전체 인원 8,431명 중 6,635명이 교직에 대한 사기가 떨어졌다고 답하였으며, 이는 전체 응답 인원 중 79%에 달하는 것으로 확인할 수 있다. 이처럼 교사의 교직에 대한 사기가 매우 떨어져 있으므로 학생에 대한 교육의 질을 보장하고 교사에 대한 근무 환경을 개선하기 위해서는 교사의 심리적 소진을 이해하고 이를 예방하기 위한 노력이 우선될 필요가 있다.

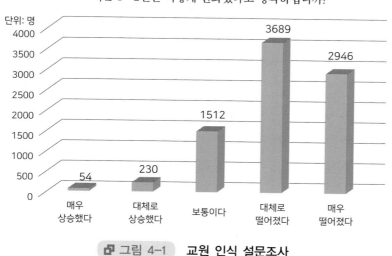

그림 4-1 교원 인식 설문조사

출처: 한국교원단체총연합회(2022).

　　TBI는 우리나라 초·중등교사를 대상으로 심리적 소진을 측정할 수 있도록 타당도와 신뢰도가 확보된 도구로서 개발되었다는 데 의의가 있으며, 교직에만 해당하는 환경인 교과 지도 및 생활지도 상황에서의 정서적 어려움을 드러내고 있어 교사들의 고유한 직무환경을 뚜렷하게 반영하였음을 확인할 수 있다. 즉, MBI에서 '수업으로 인해 소진되었다고 느낀다.' '업무로 인해 좌절감을 느낀다.'와 같은 문항이 정서적 피로를 나타내는 정서적 고갈 영역으로 분류되고 있지만, TBI에서는 직무를 구체적으로 구분하여 수업 및 생활지도와 같은 상황에서 교사들이 학생과의 관계에서 겪을 수 있는 감정적인 피로 상태를 나타낸 문항으로 더 현장감 있게 구성되었다고 할 수 있다. 우리나라 교사의 심리적 소진의 특성으로 강조되어 왔던 정서적 고갈 측면을 잘 반영하는 것으로 볼 수 있으며, 그 내용은 구체적으로 세분화되어 각각 독립된 다섯 가지 영역의 심리적 소진의 특성을 나타낸다.

　　TBI는 실용적 측면에서 교원정책 및 교사 지원 시스템 개발에 의미 있는 시사점을 주는데, 구체적인 내용은 다음과 같다.

　　첫째, 심리적 소진을 겪고 있는 교사를 대상으로 상담을 진행하기 전에 심리적 소진의 정도를 파악하기 위한 표준화 검사로 활용할 수 있다. 지금까지는 교사의 심리적 소진을 측정하는 도구로 MBI를 주로 사용하였다. 그러나 우리나라 연구에서 MBI의 요인 구조가 원척도와 차이를 보여 MBI 문항은 우리나라 교직 상황을 충분히 반영하지 못하거나 제한적이라는 한계가 제시되었다. 대안적 도구로 스트레스 척도, 우울척도 등 유사한 상태를 측정하기 위한 도구를 주관적으로 선택하여 사용하기도 하지만 이는 교사의 심리적 소진 상태를 뚜렷하게 드러낸다고 보기 어렵다. 이러한 실정에서 TBI는 우리나라 교사를 대상으로 심리적 소진의 수준을 측정하고 상담이 필요한 대상자를 선정하는 데 활용할 수 있다.

　　둘째, TBI는 교사의 심리적 소진의 예방과 회복을 위하여 실시하고 있는 다양한 상담 프로그램의 효과성을 검증하는 척도로 활용할 수 있다. 프로그램의 사전 및 사후 검사와 추수검사를 통해 프로그램의 효과성을 검증할 수 있다. 또한 TBI에서 제시하는 다섯 가지 요인을 토대로 예방 및 개입 프로그램 개발의 방향성을 설정할 수 있다.

　　셋째, 심리적 소진을 겪고 있는 교사를 상담하는 상담인력의 교육 및 연수를 구성할 때 활용할 수 있다. 교육의 효과는 가시적인 결과뿐 아니라 잠재적인 측면까지 포함하므로 교사를 대상으로 상담 서비스를 제공할 때 이러한 직무특성을 고려해야 한다.

　　TBI의 요인과 세부 사항은 교사에게 필요한 지원을 마련하고 상담적 도움을 제공하기 위한 상담인력 교육 및 연수 내용을 수립하는 토대로 활용할 수 있다.

　　종합해 보면 TBI는 교사의 심리적 소진 회복을 위한 정책 방안, 소진의 예방 및 회복을 위한 연수 프로그램 등의 영역에서 교사의 심리적 소진 수준에 대한 기초 자료를 제공함으로써 유용하게 활용될 수 있다.

제5장

TBI의 구성과 내용

TBI는 심리적으로 소진된 교사가 보이는 특성을 바탕으로 교사의 심리적 소진을 대인관계 영역과 직무 영역 및 개인 영역으로 구분하고 있다. 대인관계 영역에서 심리적으로 소진된 교사는 교권에 대한 위기감을 경험하고, 직무 영역에서 심리적으로 소진된 교사는 무능감과 좌절감 및 행정 업무 부담감을 느끼게 되며, 개인 영역에서 심리적으로 소진된 교사는 교직에 대한 회의감을 갖게 된다. 이 장에서는 각 영역에서 소진된 교사가 보이는 특성인 교권에 대한 위기감, 무능감, 좌절감, 행정 업무 부담감 및 교직 회의감에 대해 살펴보고자 한다.

1. 교권에 대한 위기감

교권에 대한 위기감은 교사로서의 권위가 위협받는 것에 대한 불안과 교권 침해 피해에 대한 불안을 말한다(정연홍, 유형근, 2016).

교사들은 가르치는 일을 하면서 단순히 학생을 지도하는 차원의 업무만을 담당하지는 않는다. 교사들은 가르치는 일과 생활지도, 행정 업무 등 다양한 업무를 담당한다.

또한 우리나라에서는 교사들에게 시대의 가치관을 담아내고 모범이 되며 도덕적인 사람일 것을 요구하기도 하고, 실제로 대부분의 교사는 학교에서 요구하는 다양한 역할을 수행하기 위해 최선을 다한다. 그러나 최근에는 평소 교사들이 하는 역할과 교육의 의미가 평가절하 되는 일이 종종 발생하고 있다. 이는 교권 침해라는 형태로 나타나기도 하며, 교사를 단순히 학습을 돕거나 지식을 제공하는 역할을 하는 직업인으로 가치를 낮춰 평가하는 분위기로 나타나기도 한다. 이로 인해 교사들은 교사로서의 권위가 흔들린다는 느낌을 받으며 불안한 감정인 위기감을 경험하게 된다.

　교권이 침해당하는 경험을 한 교사는 큰 위기감을 경험할 수 있다. 또다시 그런 피해가 생기지 않을까 걱정하고 두려워하며 위축될 수 있다. 또한 직접적으로 교권 침해의 피해를 당하지 않았지만 이를 간접적으로 경험한 교사도 교사로서의 권위가 흔들리는 느낌을 받을 수 있고 불안감을 느낄 수 있다. 그래서 교권 침해를 직접적으로 경험하지 않더라도 교사들은 '혹시 나도 저런 일을 당할 수 있지 않을까?' 하는 불안감으로 인한 위기감을 경험할 수 있다. 위기감은 자신이 교육해야 하는 대상으로부터 무시당하는 느낌과 그 관계에서 아무것도 할 수 없다는 좌절, 절망으로 이어지며, 자신감이 결여되고 반복적인 패배감을 느끼면서 학습된 무기력, 관계의 피폐함 등의 결과로 이어질 수 있다(정연홍, 유형근, 2020).

2. 무능감

무능감은 자신의 능력에 대한 믿음인 효능감이 낮아진 상태로, 자기 능력을 충분히 발휘하지 못하며 교사로서의 직무를 제대로 수행하지 못하는 상태를 반영한 것이다 (정연홍, 유형근, 2016).

교사의 심리적 소진의 영역 중에서 직무 영역인 교과 지도와 생활지도에서 소진된 교사는 평소에 자신이 자기 능력을 잘 발휘하지 못하고 있다고 느끼며, 자기 능력이 부족하다고 여기는 무능감을 경험할 수 있다. 무능감을 경험하는 교사는 교육이라는 장기적이고 궁극적인 변화를 추구하기보다는 눈앞에 드러나는 단기적인 결과에 연연하게 된다. 즉, 가르치는 일 자체에서 가시적인 성과를 만들어야 한다는 압박을 경험하게 된다(정연홍, 2016). 그러나 교육을 통해 가시적인 변화가 나타나는 데에는 많은 시간이 필요하다. 결국 무능감을 느끼는 교사는 교육을 해야 하는 학생들이 두렵고 수업을 하는 공간과 그 과정에서 두려움을 느끼며 자신의 능력을 의심하게 된다. 뿐만 아니라 무능감은 오랜 기간 반복적으로 직무 스트레스에 노출되면서 실제 업무 수행 능력이 떨어져 있고, 무력감을 느끼는 상태로도 이해할 수 있다.

무능감을 느끼는 교사는 교사로서 학생의 성장과 발달을 돕는 일에 실패했다고 믿는 경향을 보이고 교육의 의미와 결과에 대해 냉소적인 반응을 나타낸다(정연홍, 유형근, 2020). 결국 교육의 직접적인 대상인 학생을 비롯해 타인의 시선에 민감해지고 외부 평가에 연연하며 눈치를 살피면서 낮은 수행과 실패를 반복하게 되는 것이다.

3. 좌절감

좌절감 또한 무능감과 마찬가지로 교사의 직무 영역 중 교과 지도와 생활지도에서 소진된 교사가 경험하는 감정으로, 가르치는 일에서 긍지와 보람을 얻지 못하면서 교사로서의 정체성을 잃은 상태이다(정연홍, 유형근, 2020).

좌절감은 감정과 관심의 상실, 신뢰감의 상실, 정신적 상실감을 포함하는 것으로, 교사라는 직업을 갖고 일을 하고는 있으나 성취감이 결여된 상태로 이해할 수 있다. 따라서 좌절감을 경험하는 교사들은 스스로를 가치 없는 존재로 여기며, 자기 자신에 대해서 비판적인 태도를 고수하게 된다. 또한 문제에 대한 책임은 타인에게 전가하면서도 자기 자신에 대해서는 비관적이기 때문에 부정적인 감정에 사로잡히게 되며, 때로는 공격적인 모습을 보이기도 한다. 결국 좌절감을 경험하는 교사들은 수업하는 것이 버겁고 힘들어서 학교에 출근하기 싫어하며, 자신이 하는 일에 의미를 찾기 어려워하고, 피로감이 쌓이게 된다. 심리적으로 소진된 교사는 수업을 준비하고 진행하는 과정에서 무력감을 경험하며, 생활지도에서도 그 어려움이 자기 능력을 넘어선다고 느끼면서 좌절감에 빠질 수 있다(권재원, 2017; 정연홍, 유형근, 2016).

4. 행정 업무 부담감

행정 업무 부담감은 수업 이외에 추가적으로 수행하게 되는 행정 업무를 부정적으로 지각하는 주관적 인식 정도를 나타내는 것이다(정연홍, 유형근, 2020).

행정 업무 부담감은 교사의 직무 영역 중 행정 업무에 관한 것으로, 다양한 업무를 처리해야 하는 상황에 대해 부정적인 정서를 경험하며, 쉴 새 없이 떨어지는 공문과 행정 업무에서 피곤함을 경험하는 것을 의미한다(김은주, 2017; 정연홍, 유형근, 2016).

행정 업무 부담감을 경험하는 교사는 본의 아니게 쫓기고 있다는 심리적 압박감을 갖게 되면서 작은 자극에도 예민하고 과도하게 반응하게 되며, 스트레스 상황이 과도하다고 느끼면서 짜증이나 분노 등의 부정적인 감정을 경험하고, 일을 하면서도 성공적으로 수행했다는 성취감이나 만족감을 얻지 못한다. 또한 행정 업무도 꼭 필요하다는 사실을 받아들이기 어려워하며, 행정 업무가 부당하게 요구되는 부수적이고 불필요한 업무라고 여기고 예민하게 받아들이게 된다. 따라서 평소라면 할 수 있었을 일에도 부담을 느끼고, 부당하다고 느끼며, 외부의 탓을 하게 되는 것이다.

5. 교직 회의감

　교직 회의감은 심리적 소진으로 인해 직무나 자기 자신에 대한 무기력을 넘어서서 교직 전반에 대해 회의감을 갖게 되는 상태이다(정연홍, 유형근, 2020). 교직 회의감은 교사의 심리적 소진의 영역 중 개인 영역에서 발생하는 것으로, 무가치감과 직무에 대한 실패감 및 부정적인 감정을 경험하여 심리적 안정감이 감소된 상태라고 볼 수 있다.

　교직 회의감을 경험하는 교사는 자신의 업무와 관련해 점차 환멸을 느끼면서 개인에 대한 이상이나 에너지를 상실하고 교직 자체에 대한 목적을 상실하게 된다. 교직 회의감을 느끼는 교사는 처음 교사가 되면서 교직에 대해 가져왔던 희망과 부푼 꿈은 점차 사라지고 교직이라는 직업에 대해 환멸과 회의감을 경험하게 된다. 즉, 아무리 열심히 일을 해도 성취나 인정, 감사와 같은 보상이 없다고 느끼며 교직과 학교 조직에 대한 의욕을 잃고 직무에 대한 열의가 낮아질 수 있다. 결국 교사는 교사로서 자신의 목표를 실현시킬 기회를 갖지 못하거나 기대했던 성취를 이루지 못하게 되면서 더 이상 교육에 헌신할 목적과 이유를 잃어버리고 아예 교직을 떠나야겠다는 생각을 하게 되는 것이다.

제6장
TBI 실시 방법

우리나라 교직환경의 특성과 교사의 정서가 반영된 교사의 심리적 소진 측정 도구인 TBI를 통해 교사들이 겪는 심리적 소진의 정도를 측정하고 해석할 필요가 있다. TBI는 교사의 심리적 소진 정도를 측정하고, 심리적 소진의 형태를 구분하여 교사들의 어려움을 해소하고, 현장 전문가로서 역량을 발휘할 수 있도록 결과에 따라 적절한 도움을 제공할 수 있다. 이 장에서는 TBI의 실시 방법에 대해 자세히 살펴보고자 한다.

1. TBI의 대상

TBI의 대상은 초·중·고등학교에 재직하고 있는 교사이다. 학생의 교과 지도와 생활지도, 행정 업무를 주된 직무로 하는 초·중·고등학교의 교사로 한정하며 보건교사, 사서교사, 영양교사, 전문상담교사 등 학생을 지도하는 업무 이외에 업무적 특수성을 지닌 교사는 검사 대상에 해당하지 않는다. 또한 특수학교 교사 및 유치원 교사와 같이 돌봄과 관련한 발달적 특성을 가진 학생을 대상으로 하는 경우에는 일반 교사와 근무 환경 및 역할에서 차이가 있다고 볼 수 있다. 따라서 TBI는 대상자의 특수성을 고려해야 하는 교사 직무의 구체적인 특성이 내포되지 않았음을 염두에 두어야 한다.

2. TBI의 문항 및 실시

TBI는 자기보고식 형태로 검사 대상자가 스스로 문항을 읽고 응답하는 방식으로 이루어져 있다. 검사 문항은 교사 개인의 내면 상태를 드러내는 것이므로 검사의 목적과 활용에 대한 설명과 함께 응답자의 응답 내용과 검사 결과에 대한 비밀보장을 분명히 하여 사생활 보호가 이루어져야 한다. 피검자는 TBI에 제시된 문항을 읽고 동의하는 정도를 판단하여 응답한다. 검사자는 피검자가 모든 문항을 빠뜨리지 않고 작성하여야 하며, 오랫동안 생각하지 않고 진술문을 읽은 후에 떠오르는 감정에 따라 응답하도록 안내한다. 질문에 대한 응답은 본인의 최근 상태를 기준으로 하여 현재 자신의 소진 정도를 확인할 수 있도록 한다. 검사의 모든 문항에 응답하는 데 소요되는 시간은 10분 이내이다(정연홍, 2020).

3. TBI의 채점

TBI는 다섯 가지 영역 25개의 문항으로 구성되어 있다. 각 문항에 대한 응답은 '매우 그렇다' '그렇다' '보통이다' '그렇지 않다' '전혀 그렇지 않다'의 5점 Likert 척도로 되어 있다. 평정한 내용은 '전혀 그렇지 않다'를 1점으로 시작하여 '매우 그렇다'를 5점으로 하여 채점한다. 전체 점수의 범위는 22점에서 110점이며, 점수가 높을수록 심리적 소진 수준이 심한 정도를 나타낸다.

한편, 본 검사는 자기보고식으로 평가하기 때문에 응답자가 문항을 제대로 읽지 않고 표기하는 등 모든 문항에 성실하게 응답하였는지 확인하기가 어렵다. 피검자 스스로 정확하게 응답했는가를 피검자가 점검하는 문항으로서 25번 문항에 "이 검사의 모든 질문에 솔직하고 정확하게 응답하려고 하였다."는 진술문이 제시되어 있다. 또한 23번, 24번 문항은 본 문항과 짝을 이루는 역문항이다. 역문항과 짝을 이루는 문항을 비교하여 별도로 채점하며, 이를 통해 검사에 성실하게 응답하였는지 응답하지 않았

느지를 확인할 수 있다(정연홍, 2020).

4. TBI 점수의 의미

점수가 상대적으로 얼마나 높은지, 낮은지에 대한 기준은 평균은 50이고 표준편차는 10인 T점수를 사용하였다. 총점에 대하여 T점수 45 미만은 안정 수준, 45 이상~55 미만은 보통 수준, 55 이상~65 미만은 경계 수준에 해당하며 65 이상~75 미만은 중간 위험 수준, 75 이상의 경우에는 고위험 수준의 심리적 소진을 의미한다. 학교 급별 기준은 다음과 같다(정연홍, 2020).

표 6-1 학교급별 기준 점수   (단위: 점)

구분	T점수	전체	학교급별 점수		
			초등학교	중학교	고등학교
고위험 수준	75 이상	89~110	92~110	92~110	93~110
중간 위험 수준	65 이상~75 미만	75~88	77~91	78~91	79~92
경계 수준	55 이상~65 미만	61~74	62~76	64~77	66~78
보통 수준	45 이상~55 미만	47~60	48~61	50~63	52~65
안정 수준	45 미만	22~46	22~47	22~49	22~51

출처: 정연홍(2020).

① 고위험 수준

심리적 소진이 심각한 상태로 직무와 관련된 스트레스에서 회복하지 못하여 업무 수행 능력이 떨어지고 부정적인 정서 상태와 행동의 변화를 보일 수 있으므로 치유를 위한 적극적인 개입이 필요하다.

② 중간 위험 수준

심리적 소진 정도가 상당히 높으며 무력함을 느끼고 업무 수행의 결손으로 이어질 가능성이 높은 상태로 전문가의 도움이 필요하다.

③ 경계 수준

위험 수준에 비해 심리적 소진 정도가 경미한 정도이지만 보통 이상의 어려움을 겪고 있는 상태로 불안감을 느끼고 의욕이 떨어질 수 있다. 심리적 소진 상태임을 인식하고 스스로 조절하는 노력이 필요하며, 정도가 심각해질 수 있으므로 주의가 필요하다.

④ 보통 수준

현재 심리적 소진을 겪을 가능성이 적으며 직무수행 과정에서 곤란을 느끼지 않는다. 정신적 건강을 유지하기 위한 자기 관리가 지속되어야 한다.

⑤ 안정 수준

현재 심리적 소진을 겪지 않고 안정적이다. 교사로서 받는 스트레스를 비롯한 내적 어려움에 대해 잘 대처하며 균형을 유지하는 적응적인 상태이다. 다양한 상황에 대처하고 문제를 극복하는 과정에서 자신에게 긍정적인 영향을 주는 요인을 확인하고 관심을 갖는 일이 중요하다.

TBI는 규준 참조 검사이므로 개인의 심리적 소진 정도가 어느 위치에 있다는 상대적인 정보를 제공하지만 해당 점수 자체의 의미를 파악하는 데 어려움이 있다. 따라서 추가로 경계가 되는 기준 점수(cut-off score)를 제시하였다. 기준 점수 이상일 때 심리적 소진 정도가 심각한 수준으로 이해하고 상담 등의 개입이 필요한 대상자에게 적극

📚 표 6-2   TBI의 기준 점수   (단위: 점)

		전체	초등학교 교사	중학교 교사	고등학교 교사
총점		82	84	85	86
하위 영역	교권에 대한 위기감	22	22	22	22
	무능감	15	15	15	15
	좌절감	18	18	18	18
	행정 업무 부담감	19	19	18	19
	교직 회의감	21	20	21	21

출처: 정연홍(2020).

적인 도움을 제공하는 것이 필요하다. 기준 점수는 평균 점수에 2 표준편차를 더하여 산출하였다.

예를 들어, 초등교사의 TBI 총점이 85점이라면 총점의 기준 점수는 84점 이상이므로 치료적 개입이 필요한 상태에 있는 것으로 볼 수 있다. 또한 하위 영역의 점수를 살펴보아 무능감 점수가 기준 점수 15 이상에 해당한다면 심리적 소진에서도 특히 무능감 측면을 개선하는 방향으로 개입할 수 있다.

심리적 소진으로 나타나는 증상은 누구에게나 동일하지는 않다. 그러나 일정한 단계를 거쳐 진행되며, 직무와 역할에 대해 열의를 상실하고 현실로부터 거리를 유지하는 태도를 보인다. 또한 심리적으로 소진을 경험하는 교사들은 결과적으로 의욕과 원동력을 갖지 못한 채 자신의 직무와 자신을 중요하게 여기지 않게 되며 이러한 정신적 · 정서적 고갈은 신체적인 증상으로도 발현될 수 있다. 또한 정서적 고갈의 내용은 구체적으로 세분화되어 독립된 영역으로 존재할 수 있으므로 교사 자신의 정서적 소진 상태를 이해하고 이에 따른 적절한 관리가 필요하다(정연홍, 2016).

제7장
TBI 결과와 영역별 개입 프로그램

　TBI는 교사의 심리적 소진의 예방과 회복을 위하여 실시하는 다양한 상담 프로그램의 효과성을 검증하는 척도로 활용할 수 있다. 교사의 심리적 소진은 다양한 하위 영역으로 구성되어 있어 전체적으로 심리적 소진 수준이 같은 집단이라고 할지라도 각 하위 영역이 차지하는 비율적 특성에 따라 개입 방안에 차이가 필요하다.

　TBI는 전반적인 심리적 소진의 상태를 확인하고 개인 영역, 대인관계 영역, 직무 영역에서 비롯한 교사 심리적 소진의 원인을 다섯 가지 영역으로 분류한다. 교사 개인의 심리적 소진과 밀접한 영역을 교직 회의감, 교권에 대한 위기감, 무능감, 좌절감, 행정 업무 부담감으로 세분화하여 제시한다. 즉, TBI 결과는 심리적 소진 예방 및 치유 프로그램에서 초점을 맞춰야 할 부분을 제안하고 있으며, 사전 및 사후 검사와 추수검사를 통해 프로그램의 효과성 검증 척도로 효과적이라고 할 수 있다. 이 장에서는 TBI 결과와 그에 따른 영역별 개입 프로그램에 대해 살펴보고자 한다.

1. TBI 결과

TBI 결과로 심리적 소진 척도 프로파일에서 심리적 소진 정도를 확인할 수 있다. 피검자의 심리적 소진에 대한 원점수, T점수, 백분위, 등급이 표시되어 심리적 소진 상태를 점수로 나타낸다. 초등학교, 중학교, 고등학교 학교급별 기준 점수에 따라 심리적 소진을 안정, 보통, 경계, 중간 위험, 고위험으로 구분하고 심리적 소진의 수준을 막대 그래프로 표현하여 한눈에 알 수 있다.

김지영(가명) 선생님의 TBI 결과 예시([그림 7-1] 참조)를 살펴보면 원점수 81, T점수 66.66, 백분위 95.33, 등급 8로 나타났다. 김지영 선생님은 T점수가 66.66으로 65점 이상이기 때문에 '김지영 님의 심리적 소진은 중간 위험 수준입니다.'로 점수의 상대적 위치를 확인할 수 있다. T점수 결과에 따라 '안정'과 '보통' 수준에 해당하는 경우에는 심리적 소진을 겪고 있지 않거나 겪을 가능성이 적으며, 직무 과정에서 겪는 어려움을 잘 대처해 나가고 있는 것으로 본다. 따라서 검사를 해석할 때 스트레스 상황을 잘 대처해 나감으로써 심리적 소진으로 이어지지 않도록 지속적인 자기 관리를 제안한다. '경계'와 '중간 위험' 수준일 경우에는 심리적 소진 상태가 진행 중이거나 상당한 수준

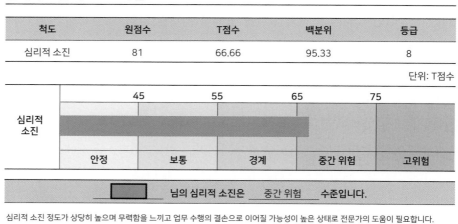

심리적 소진 척도 프로파일

척도	원점수	T점수	백분위	등급
심리적 소진	81	66.66	95.33	8

단위: T점수

		45	55	65	75
심리적 소진	안정	보통	경계	중간 위험	고위험

_____ 님의 심리적 소진은 ___중간 위험___ 수준입니다.

심리적 소진 정도가 상당히 높으며 무력함을 느끼고 업무 수행의 결손으로 이어질 가능성이 높은 상태로 전문가의 도움이 필요합니다.

그림 7-1 TBI 결과 예시

의 무력감을 느끼고 있다고 판단한다. 이 경우에는 교직생활에서 여러 어려움을 경험하고 있는 상태로 불안감과 무력감이 업무 수행의 결손으로 이어질 가능성이 있어 전문가의 도움이 필요하다고 여긴다. '고위험' 수준의 경우에는 스트레스 회복이 어려우며 부정적인 정서 상태로 행동의 변화를 보일 수 있어 치유를 위한 적극적 개입을 권장한다. 따라서 '경계' 이상 수준의 경우에는 집단상담을 통해 안전한 환경에서 역동적인 상호관계를 경험하고 바람직한 문제해결 과정을 경험할 수 있도록 하여 정서적 안정 및 성숙의 기회를 경험할 것을 제안한다. 특히 '고위험' 이상 수준의 경우에는 개별 면담을 통해 심리적 소진 상태에 따라 개인상담으로 이어질 수 있도록 주의를 기울일 필요가 있다.

2. 영역별 교사의 심리적 소진

다음으로 TBI 하위 척도 결과 프로파일을 통해 검사에서 제시하는 다섯 가지 요인(교직 회의감, 교권에 대한 위기감, 무능감, 좌절감, 행정 업무 부담감)을 토대로 교사 개인의 심리적 소진 상태를 세분화할 수 있다. 우리나라 교직 사회의 문화적 특징을 기반으로 교사들이 실제로 경험하는 심리적 소진을 반영한 정연홍(2016)의 연구에 따라 교사의 심리적 소진을 촉발하는 영역을 개인 영역, 대인관계 영역, 직무 영역으로 구분할 때 각 영역과 연결되는 하위 척도의 수준에 따라 심리적 개입의 방향을 결정할 수 있게 된다. 또한 교사의 심리적 소진을 유발하는 요인은 개인의 특성에 따라 다를 수 있으며, 때로는 여러 요인이 복합적으로 영향을 끼칠 수 있음을 염두에 둔다.

각 영역별로 살펴보면, 첫째, '개인 영역'은 교사들이 심리적 소진으로 인하여 만성피로와 같은 신체화 증상 및 질병을 경험하는 것과 부정적인 감정, 직무에 대한 실패감, 정서적 고갈과 같은 심리적 안정감의 감소로 구분할 수 있다. 가르치는 일에 대한 보람과 흥미를 느끼지 못하게 되고, 교직에 대해 처음 가졌던 이상과 목적, 에너지를 잃게 되어 생계 수단으로 교직을 이어 가거나 교직을 떠나고자 하는 마음을 갖게 되는 것으로 '심리적 안정감'이 감소하면서 개인 영역의 심리적 소진이 촉발된다. 이는 교직 전반에 대한 '교직 회의감'이 높을 때 해당하는 것으로 볼 수 있다. '교직 회의감'은 심리적 소진의 결과 직무나 자신에 대한 무기력뿐만 아니라 교직 전반에 대해 회의감을 경험하는 것으로 이해할 수 있다. 교직 회의감은 개인 영역에서 심리적 안정감이 감소하는 것이며, 무가치화와 직무에 대한 실패감 및 부정적인 감정을 경험하는 것을 말한다(정연홍, 유형근, 2016). 심리적으로 소진된 교사는 직무에 대한 열의가 낮아지고, 낮은 직무 만족감을 보이며, 그로 인해 교직 자체에 대한 회의감으로 이어질 가능성이 크다(이정영, 2012; 정연홍, 유형근, 2016). 즉, 교직 회의감은 교사가 심리적으로 소진되어 자신의 개인적인 능력과 자존감에 회의가 생기며, 그 결과 심리적 안정감이 감소된 상태로 볼 수 있다(정연홍, 유형근, 2016). 교사의 심리적 소진에 영향을 미치는 다양한 변인에 관한 연구에서는 이를 개인적 요인과 조직적 요인으로 분류하기도 하는데(조환이, 윤선아, 2014; Jackson et al., 1986), 교사의 심리적 소진에서 개인 영역에 해당하는 교직회의감은 희망, 자기효능감, 낙관성, 탄력성 등 개인의 내적 자원에 해당하는 긍정심리자본과 연관성이 크다(박민아, 2021). 이처럼 개인의 심리적 안정감 감소와 밀접한 '교직 회의감'은 교사의 정체성과도 연관을 갖는다(Farber, 1991). 특히 교직은 교육적 가치의 실현이라는 교사의 사명감이 중요한 부분을 차지하고 있는 직종임을 상기할 때 교직 회의감 영역은 교사들에게 신념과 직무에 의미를 부여하는 영역이라고 할 수 있다. 따라서 '교직 회의감' 영역에서 기준 점수(원점수 21, T점수 70) 이상의 경우에는 '긍정심리자본 향상' 프로그램을 통해 교사의 심리적 소진 보호 요인을 개발함으로써 심리적 안정감 회복에 도움을 줄 수 있다.

둘째, '대인관계 영역'은 학생 및 학부모와의 관계, 동료 교사 및 학교 관리자와의 관계, 기타 사회적 관계를 포함한다. 심리적으로 소진된 교사는 각 대상과의 관계에서 다음과 같은 특성을 보이는데, 학생과의 관계에서는 정서적으로 지쳐서 아무것도 해 줄 수 없다고 느끼면서 학생에게 냉소적이고 냉담한 태도를 취하는 행동 특성을 지닌다. 학부모와의 관계에서는 그들이 교사의 교육활동에 지나치게 간섭한다고 인식하여 의기소침해지고 무기력감을 느끼며 교직에 대한 부당한 사회적 시선과 요구에 대해 부담감을 느끼게 된다. 동료 교사와의 관계에서는 협력적인 관계를 유지하지 못하고 동료는 자신에게 피로감을 주는 대상이라고 여기게 된다. 학교 관리자와의 관계에서는 불만족과 갈등을 경험하고, 자신의 일을 수행하는 데 어려움을 가지는 상태로 이어지게 된다. 이러한 갈등 상황은 교사로서의 권위 및 교권 침해로 이어질 수 있다는 불안감을 가져오며 '교권에 대한 위기감'으로 이어지게 된다. '교권에 대한 위기감'은 교사의 심리적 소진을 설명하는 중요한 요인이다. 교권은 교사로서 교육을 할 권리만이 아니라 권위와 생활 보장까지 포괄하는 광범위한 개념으로서 Kyriacou(2001)가 다른 사람에 의한 평가, 열악한 업무 조건이 교사에게 심각한 스트레스 요인이 된다고 설명한 것과 같은 맥락에서 이해할 수 있다. '교권에 대한 위기감'은 '대인관계'를 기본으로 하는 교사의 직무특성상 교권 침해 및 교권 붕괴 위기 문제가 심각하게 제기되는 환경에서 교사들이 느끼는 어려움이 크다는 것을 반영한다. 때로는 학부모와의 관계에서 교권 침해를 경험하기도 하는데, 일부 학부모의 이기적이고 무례한 행동이 교사의 학교생활을 어렵게 하는 요인으로 지적된다(구본용, 김영미, 2014). 그러나 학부모의 태도를 교사가 어떻게 지각하느냐에 따라 교사의 개인적 효능감이 달라진다(임성택 외, 2012)는 연구 결과에 근거할 때, 교사 개인의 소진 취약성에 따라 심리적 소진이 유발될 수 있다는 것을 확인할 수 있다. 학부모와의 관계뿐만 아니라 학생, 동료 교사 및 관리자와의 관계도 교직생활에서 중요한 대인관계대상이 된다. 주목할 만한 점은 자신이 직접 교권 침해를 당한 것은 아니지만 동료 교사의 교권 침해를 간접적으로 경험한 것으로도 교권 침해의 대처나 해결 방안에 대해 무력감을 느끼는 것으로 나타난다는 것이다(경기도교육연구원, 2014). '교권에 대한 위기감'은 비단 교권 침해를 입은 교사에게만 한정할 수 없으며, 교권 침해를 당할지 모른다는 두려움을 갖거나 걱정하는 상태까지 포함된 것으로 이해할 수 있다. 따라서 '교권에 대한 위기감' 영역에서 기준 점수(원점수 22, T점수 70) 이상의 경우에는 대인관계능력을 향상함으로써 위기감을 극복하는 방향으로 개입할 수 있다. 교사의 다양한 대인관계 구성원을 '학생 및 학부모'와 '동료 교사 및 관리자(교장, 교감, 부장교사 등)'로 구성하여 교사의 교육 서비스를 기대하는 대상과 협력관계에서 업무를 수행하는 대상으로 구분하여 교사가 심리적 소진을 겪고 있는 대인관계에 해당하는 맞춤식 프로그램에 참여할 것을 권장한다.

셋째, '직무 영역'은 교과 지도, 생활지도, 행정 업무 내용으로 구성된다. 교과 지도 측면에서는 수업하는 것을 과도하게 부담스러워하고 수업을 준비하고 진행하는 과정에서 자신의 능력이나 열정, 목적의식이 사라졌다고 느끼면서 부정적인 태도를 보이게 된다. 특히 학생의 다양한 문제행동에 대해 대처하는 것을 어려워하고, 생활지도에 있어 교사 자신의 능력 범위를 넘어선다고 판단하여 생활지도에 한계를 느끼면서 심한 좌절감에 빠지기도 한다. 행정 업무 부담에 관해서는 직무환경에 불만족하며 과도하고 불합리한 행정 업무로 인하여 스트레스를 받고 있으나 극복하지 못할 것이라고 느끼는 무기력 상태를 보인다. '생활지도 역량'이 충분히 발휘되지 못할 경우에 '무능감' '좌절감' '행정 업무 부담감'으로 이어지므로 이를 긍정적으로 회복할 수 있도록 상담적 개입이 필요하다. 하위 영역인 '무능감'과 '좌절감'은 교사의 교육활동과 직접적으로 관련된 영역이다. '무능감'은 자신의 능력에 대한 효능감과 관련된 것으로 전문적 성장의 차원에서 설명할 수 있다. 교사 효능감은 자신의 수행 능력에 대한 믿음뿐 아니라 교육활동에 대한 확신을 갖게 하여 교육의 질을 좌우하는 중요한 요인이 되는 것으로 알려져 있는데(Brouwers & Tomic, 2000), 정연홍(2016)의 연구에서도 효능감이 낮아진 상태인 무능감이 교사의 심리적 소진에서 중요한 요인임이 드러났다. 교사가 자신의 능력을 부정적으로 판단함으로써 직무를 열정적으로 수행했음에도 불구하고 심리적 소진을 겪게 되면서 자신의 능력을 충분히 발휘하지 못하게 되어 결국 직무수행에 어려움을 경험하는 상태로 이어진다. 이처럼 자신감이 떨어진 상태에서는 직무 스트레스를 더 많이 느끼게 되며, 심리적 소진을 악화시키는 결과로 이어진다(강문실, 송병식, 2008; 조성연, 2005). '좌절감' 하위 영역 또한 교사 스스로 가르치는 일에서 긍지와 보람을 얻지 못하는 상태로, 교사들이 심리적으로 소진되어 부정적인 감정 상태가 형성되면 스스로 교사로서의 전문적 역량을 부정적으로 평가하여 수업과 생활지도에서 역할을 제대로 수행할 수 없는 상태에 이르게 한다. 좌절감의 회복을 돕기 위하여 교

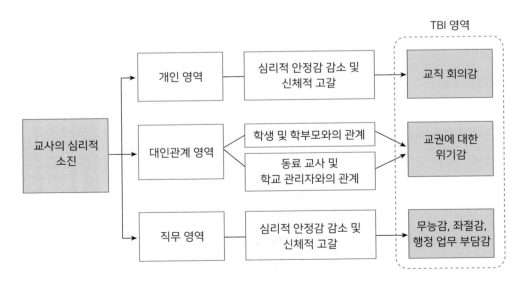

그림 7-2 교사의 심리적 소진 구성 요소와 TBI 영역

출처: 홍우림(2015).

사가 적응 유연한 태도로 도전적인 상황에 긍정적으로 반응하며, 다양한 교육적 노력을 시도하여 직업적 성취감과 만족감에 기여할 수 있도록 해야 한다. 따라서 '무능감' 영역에서 기준 점수(원점수 15, T점수 70) 이상이거나 '좌절감' 영역에서 기준 점수(원점수 18, T점수 70)의 경우에는 '생활지도 역량 향상'을 위한 상담 프로그램에 참여할 것을 권장한다. 단, '행정 업무 부담감' 영역은 심리적으로 소진되었을 때 수업 이외에 추가로 수행하게 되는 행정 업무에 대한 부담을 의미하는 것으로, 전반적인 심리적 소진 극복을 통해 주관적 인식의 변화가 중요하다(홍우림, 2015).

3. 영역별 개입 프로그램

심리적 소진의 영역 극복 및 회복을 위한 '교권에 대한 위기감' '무능감' '좌절감' '행정 업무 부담감' '교직 회의감'은 TBI에서 새롭게 제시되는 것으로, 우리나라 교직 사회의 특징이 강조된 분석틀을 가진다. 각 영역은 교사의 심리적 소진을 촉발하는 요인을 기준으로 하고 있기 때문에 TBI의 하위 영역의 개별 점수를 살펴보고 '경계(T점수 65 이상)'에 해당하는 영역이 있다면 교사의 심리적 소진 극복을 위한 프로그램을 맞춤식으로 제안할 수 있다. 이해를 돕기 위해 [그림 7-3]을 제시하였다. 먼저 TBI 검사 총점 프로파일이 경계(T점수 65) 이상으로 상담적 개입이 필요한지를 판단한다. 첫 번째 물음에서 T점수가 65 미만으로 '보통' 수준 및 '안정' 수준인 경우에는 일반적으로 심리적 소진으로 보지 않는다. 그러나 T점수가 65 이상으로 '경계' '중간 위험' '고위험'에 해당하는 경우에는 상담적 개입이 필요하다. 이때 하위 영역별 점수를 살펴보고 개인별로 맞춤식 상담 프로그램을 선택할 수 있도록 한다. '교직 회의감'이 '경계' 수준 이상인 경우에는 심리적 안정감 감소로 촉발되었기 때문에 긍정심리자본 향상 프로그램을 제안할 수 있다. '교권에 대한 위기감'이 '경계' 수준 이상인 경우에는 학생 및 학부모와의 대인관계의 어려움인지, 동료 교사 및 관리자와의 대인관계에서의 어려움인지를 판단하여 해당하는 대인관계능력 향상 프로그램을 제안한다. 다음으로 '무능감' 혹은 '좌절감' 영역이 '경계' 수준 이상인 경우에는 생활지도에 대한 어려움에서 비롯된 것으로 보아 생활지도 역량 향상을 위한 집단상담을 제시한다.

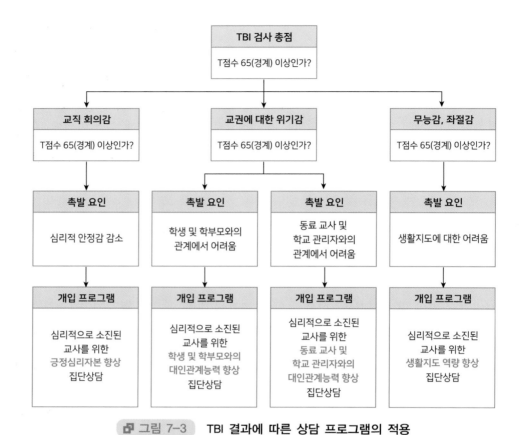

🔗 그림 7-3   **TBI 결과에 따른 상담 프로그램의 적용**

    실제 TBI의 하위 척도 결과 프로파일에 적용하여 살펴보면 다음과 같다. [그림 7-4]
에서 김지영(가명) 선생님은 '무능감'에서 가장 높은 점수를 나타내고 있다. 특히 '무능
감'영역은 T점수 80.17로 고위험(75 이상)에 해당하므로 '무능감' 감소를 위한 '생활지도
역량 향상 프로그램'을 통해 교직에 대한 자신감과 교사 효능감의 회복이 요구된다. 다
음으로 높게 나타난 영역은 '교직 회의감'이다. T점수 68.61로 중간 위험(65 이상 ~ 75 미
만)에 해당하므로 상담 프로그램이 권장된다. 따라서 김지영(가명) 선생님은 가장 높은
영역인 '무능감'에 해당하는 '생활지도 역량 향상 프로그램' 이후 '긍정심리자본 향상 프
로그램'에 추가로 참여할 것을 추천한다.

하위 척도 결과 프로파일

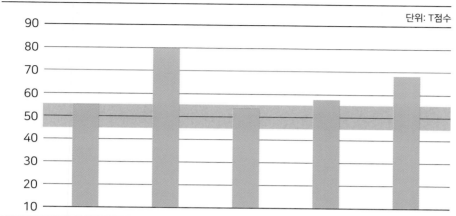

단위: T점수

	교권에 대한 위기감	무능감	좌절감	행정 업무 부담감	교직 회의감
원점수	16	18	13	14	20
T점수	55.57	80.17	53.97	58.06	68.61
백분위	75.17	100	72.26	82.55	97.32

그림 7-4 김지영(가명) 선생님의 심리적 소진 하위 척도 결과

제3부

중등교사의 심리적 회복을 위한 프로그램의 실제

제8장
학생 및 학부모와의 대인관계능력 향상 프로그램

1. 프로그램 개발 절차

본 연구에서는 박인우(1995)의 집단상담 프로그램 개발 모형을 바탕으로 조사, 분석, 설계, 구안, 적용의 과정을 거쳤다. 이 장에서 소개되는 프로그램은 다음 순서로 진행된다. 일련의 연구절차를 도식화하면 [그림 8-1]과 같다.

1 반갑습니다, 우리 함께 시작해요	2 좋은 관계의 시작
3 걱정은 아군이 아니다	4 하지 못한 말
5 반응 선택하기	6 사다리 타기
7 교사 역할과 분노 다루기	8 갈등을 내 손 안에
9 예외는 있다	10 잘 듣고 잘 돌려주기
11 네 마음 듣고 말하기	12 변화된 나로 살아가기

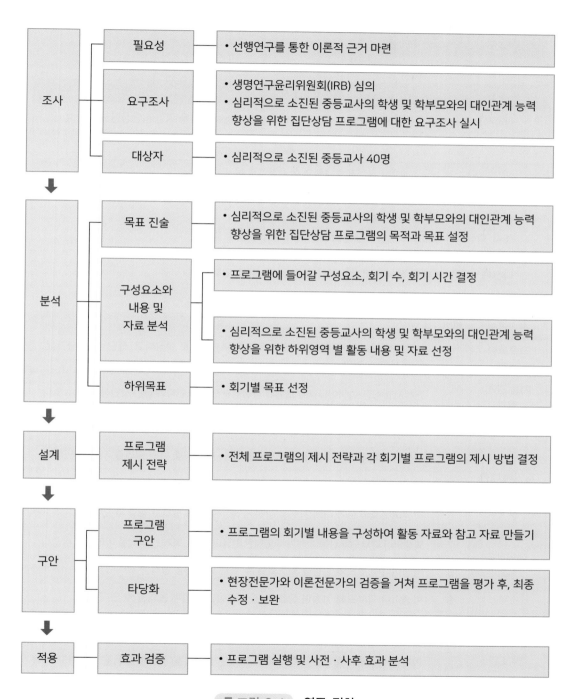

조사	필요성	• 선행연구를 통한 이론적 근거 마련
	요구조사	• 생명연구윤리위원회(IRB) 심의 • 심리적으로 소진된 중등교사의 학생 및 학부모와의 대인관계 능력 향상을 위한 집단상담 프로그램에 대한 요구조사 실시
	대상자	• 심리적으로 소진된 중등교사 40명
분석	목표 진술	• 심리적으로 소진된 중등교사의 학생 및 학부모와의 대인관계 능력 향상을 위한 집단상담 프로그램의 목적과 목표 설정
	구성요소와 내용 및 자료 분석	• 프로그램에 들어갈 구성요소, 회기 수, 회기 시간 결정
		• 심리적으로 소진된 중등교사의 학생 및 학부모와의 대인관계 능력 향상을 위한 하위영역 별 활동 내용 및 자료 선정
	하위목표	• 회기별 목표 선정
설계	프로그램 제시 전략	• 전체 프로그램의 제시 전략과 각 회기별 프로그램의 제시 방법 결정
구안	프로그램 구안	• 프로그램의 회기별 내용을 구성하여 활동 자료와 참고 자료 만들기
	타당화	• 현장전문가와 이론전문가의 검증을 거쳐 프로그램을 평가 후, 최종 수정 · 보완
적용	효과 검증	• 프로그램 실행 및 사전 · 사후 효과 분석

그림 8-1 **연구 절차**

2. 프로그램의 목표

조사
심리적으로 소진된 중등교사의 학생 및 학부모와의 대인관계능력 향상을 위한 집단상담 프로그램

프로그램의 하위영역별 목표
첫째, 처음 만나는 학생 및 학부모와 대인관계 형성 방법을 알고 실천할 수 있다. 둘째, 상대에게 자신을 드러내며 친밀감을 표현할 수 있다. 셋째, 학생이나 학부모에게 불쾌감과 자신의 권리 주장을 할 수 있다. 넷째, 대인 갈등 상황에서 문제를 해결하는 방법을 알 수 있다. 다섯째, 상대방에 대해 정서적 지지와 격려하는 방법을 알 수 있다.

하위영역	회기	회기별 목표
프로그램 소개	1	프로그램 목표를 바탕으로 개인적 목표를 구체적으로 설정하고, 집단원들과 친밀감을 형성할 수 있다.
처음 관계 맺기	2	친해지고 싶은 학생이나 학부모에게 긍정적인 면을 표현하여 좋은 첫인상을 줄 수 있다.
자기노출	3	가까운 학생이나 학부모에게 방어적인 태도를 줄이고 그들을 신뢰하는 방법을 알 수 있다.
타인에 대한 불쾌감 주장	4	학생이나 학부모가 나를 무시하거나 배려하지 않을 때, 나의 권리를 지킬 수 있다.
	5	학생이나 학부모가 합리적이지 않은 요구를 할 때, 거절할 수 있다.
	6	학생이나 학부모가 나의 감정을 상하게 하는 행동을 했다고 말할 수 있다.
대인갈등 다루기	7	학생이나 학부모와 갈등이 생겨서 불쾌한 감정이 들 때, 화가 난 감정을 가라앉힐 수 있다.
	8	학생이나 학부모와 갈등을 최소화할 수 있는 의사소통 방식을 알 수 있다.
	9	학생이나 학부모와 갈등이 생겼을 때, 해결방안을 함께 논의할 수 있다.
정서적 지시 및 조언	10	가까운 학생이나 학부모가 도움과 지지가 필요할 때, 그들이 잘 받아들일 수 있는 방식으로 조언할 수 있다.
	11	가까운 학생이나 학부모가 친구나 가족의 문제로 힘들어할 때, 그들을 지지하고 격려할 수 있다.
마무리	12	변화된 자신을 확인하고 프로그램을 정리하며 소감을 나누며 마무리한다.

⊡ 그림 8-2 **프로그램의 목적과 하위영역별 · 회기별 목표**

3. 최종 프로그램

📚 표 8-1   **최종 프로그램**

영역	회기	프로그램 제목	회기별 목표	활동내용
프로그램 소개	1	반갑습니다, 우리 함께 시작해요	프로그램 목적과 구성에 대해 알고 별칭짓기와 자기소개를 통해 집단원들과 친밀감을 가질 수 있다.	• 프로그램 안내 • 사전검사 실시 • 집단 규칙 설정 및 서약서 쓰기 • 별칭 짓기 및 집단원 소개 • 교사의 심리적 소진 이해
처음 관계 맺기	2	좋은 관계의 시작	친해지고 싶은 학생이나 학부모에게 긍정적인 면을 표현하여 좋은 첫인상을 주는 방법을 알 수 있다.	• 긍정적인 변화 질문 • 첫인상 질문과 나의 미소 • 보여 주고 싶은 모습과 보여 주고 싶지 않은 모습
자기 노출	3	걱정은 아군이 아니다	가까운 학생이나 학부모에게 방어적인 태도를 줄이고 그들을 신뢰할 수 있다.	• 한 주간 경험 나누기 • 학생 및 학부모와의 의사소통의 어려움 • 교사의 방어적 태도와 걱정에 관한 걱정
타인에 대한 불쾌감 주장	4	하지 못한 말	학생이나 학부모가 나를 무시하거나 배려하지 않을 때, 나의 권리를 지킬 수 있다.	• 척도 질문 • 자기 주장 방식 알기 • 하지 못한 말과 자기 표현에 관련된 불안 • 자기주장 표현 연습하기
	5	반응 선택하기	학생이나 학부모가 합리적이지 않은 요구를 할 때, 거절할 수 있다.	• 학교에서 듣는 과한 요구와 반응 • 동일 자극에 대한 4가지 귀 • 역할극으로 연결
	6	사다리 타기	학생이나 학부모가 나의 감정을 상하게 하는 행동을 했다고 말할 수 있다.	• 내가 많이 느끼는 감정 찾기와 바꾸어 말하기 • 상황카드 만들기 • 사다리 타기로 부당한 상황 해결
대인 갈등 다루기	7	교사 역할과 분노 다루기	학생이나 학부모와 갈등이 생겨서 불쾌한 감정이 들 때, 화가 난 감정을 가라앉힐 수 있다.	• 긍정 감정 나누기와 분노의 진실 • 학교에서 내가 느꼈던 분노 기록과 대처 방식 • 교사이기 때문에 참게 되는 상황 • 지혜롭게 분노 처리하기
	8	갈등을 내 손안에	학생이나 학부모와 갈등을 최소화할 수 있는 의사소통 방식을 알 수 있다.	• 그림을 보며 떠오르는 생각 말하기 • 갈등 상황에 대한 나의 대처 이해하기 • 척도 질문과 대처질문, 해결개입
	9	예외는 있다	학생이나 학부모와 갈등이 생겼을 때, 해결방안을 함께 논의하는 방법을 알 수 있다.	• 마음열기 및 강점카드 • 나의 강점이 갈등 해결에 빛을 발휘할 때 • 예외 발견과 마법질문, 기적질문
정서적 지지 및 조언	10	잘 듣고 온전히 돌려주기	가까운 학생이나 학부모가 도움과 지지가 필요할 때, 그들이 잘 받아들일 수 있는 방식으로 조언하는 방법을 알 수 있다.	• 긍정적 경험 나누기 • 교사 공감의 중요성과 공감을 방해하는 장애물 • 걱정 사례를 통한 공감과 기분 좋은 공감 반응
	11	네 마음 듣고 말하기	가까운 학생이나 학부모가 친구나 가족 문제로 힘들어할 때 그들을 지지하고 격려할 수 있다.	• 격려 문장 만들기 • 칭찬 샤워하기 • 사실 듣기, 감정 읽어 주기 • 지금 여기에서 격려하자
마무리	12	변화된 나로 살아가기	프로그램을 정리하며 변화된 자신의 모습을 확인하며 소감을 나눌 수 있다.	• 프로그램 돌아보기 • 별칭에 대한 새로운 의미 부여 • 나에게 쓰는 편지 • 경험보고서 작성 및 소감 나누기

4. 프로그램 효과 검증

이 프로그램의 효과검증을 위하여 혼합변량분석(Mixed ANOVA)을 사용하였으며, 유의수준 .05에서 검증한 결과 유의한 효과가 있는 것으로 밝혀졌다($F = 51.23, p < .01$).

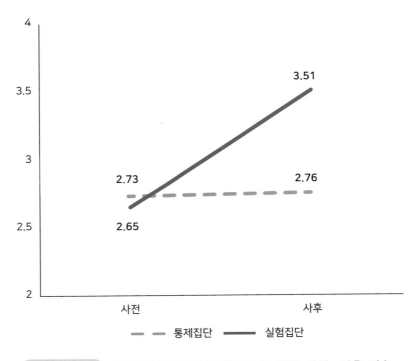

🗗 그림 8-3 **학생 및 학부모와의 대인관계능력의 사전 · 사후 점수**

다음으로 대인관계능력의 하위요인별 효과를 검증하기 위해 혼합변량분석을 반복해 사용한 결과, 대인관계능력의 자기 노출 영역을 제외한 처음 관계 맺기, 정서적 지지 및 조언, 타인에 대한 불쾌감 주장, 대인 갈등 다루기의 4가지 하위요인에서 유의한 변화가 있는 것으로 나타났다. 따라서 심리적으로 소진된 중등교사의 학생 및 학부모와의 대인관계능력 향상을 위한 집단 상담 프로그램은 효과가 있는 것으로 검증되었다.

프로그램 개발 및 효과검증에 관한 자세한 내용은 고윤희(2023)에서 확인할 수 있다.

5. 프로그램의 실제

1회기	반갑습니다, 우리 함께 시작해요		
하위영역	프로그램 소개		
활동목표	프로그램의 목적과 구성에 대해 알고 별칭짓기와 자기소개를 통해 집단원들과의 친밀감을 가질 수 있다.		
준비물	PPT, 참고 자료, 활동 자료, 필기구, 사전 검사지, 경험보고서 / 시간(분)		90분
단계	활동내용	시간(분)	집단구성
도입	◆ 프로그램 안내 〈참고 자료 1-①〉 및 대인관계 능력 검사 - 진행자 소개 및 프로그램의 목적 및 취지, 운영방법 안내 - 비밀 유지 안내와 집단의 한계 안내 - 대인관계 능력 사전 검사 ◆ 집단 규칙 설정 및 서약서 쓰기 〈활동 자료 1-①〉 - 집단원들이 원하는 규칙을 정하여 서약서 작성	15	전체
전개	◆ 집단원들과 인사 및 참여동기 및 원하는 변화 설정 - 동기 및 집단에서 변화하고자 하는 것은? - 집단 종료 시 당신은 무엇이 가장 달라져 있을까요?	15	전체 개별
	◆ 별칭 짓기 〈활동 자료 1-②〉 및 집단원 소개 - 나만의 별칭을 생각하여 짓기 및 인터뷰 목록 작성 - 돌아가며 별칭과 지은 이유를 소개하기 - 집단원의 소개를 듣고 환영해 주기 - 질문받고 답하기	20	
	◆ 교사의 심리적 소진에 대해 이해 〈참고 자료 1-②, ③〉 - 심리적 소진이란? - 교사로서 내가 느끼는 소진 나누기	30	모둠
정리	◆ 프로그램 활동에 대한 기대와 느낌 나누기 ◆ 경험보고서 작성	10	모둠
유의사항	- 집단 시작 전 프로그램에 대한 충분한 안내와 집단 규칙을 집단원과 함께 정하고 지킬 것을 약속한다. - 화상 집단상담 실시에서의 유의점에 대해 안내한다. - 집단상담에서 약속과 신뢰의 중요성에 대해 강조한다. - 서약서는 작성 서명하여 저장 후 제출하도록 한다.		

1회기	프로그램 안내
참고 자료 1-①	

✎ **심리적으로 소진된 중등교사의 학생 및 학부모와의 대인관계능력 향상을 위한 집단상담 프로그램의 목적**

본 집단상담 프로그램의 목적은 학생 및 학부모와의 대인관계능력을 향상함으로써 심리적 소진을 극복하고, 예방하는 데 있습니다. 이를 위해 대인관계능력을 구성하는 5가지 하위영역인 처음 관계 맺기, 정서적인 지지나 조언, 자기 노출, 타인에 대한 불쾌감 주장하기, 대인 갈등 다루기 능력을 회기의 주제로 삼아 집단상담을 운영할 것입니다. 이 집단상담 프로그램에 적극적으로 참여한다면 학생 및 학부모와의 대인관계능력이 향상되어 심리적 소진 극복에 도움이 될 것이며 보다 나은 교직 생활을 위한 비타민이 될 것입니다.

✎ **프로그램의 구성**

영역	회기	주제
프로그램 소개	1회기	반갑습니다. 우리 함께 시작해요
처음 관계 맺기	2회기	좋은 관계의 시작
자기노출	3회기	걱정은 아군이 아니다
권리주장	4회기	하지 못한 말
	5회기	반응 선택하기
	6회기	사다리 타기
갈등 다루기	7회기	교사 역할과 분노 다루기
	8회기	갈등을 내 손안에
	9회기	예외는 있다
정서적 지지	10회기	잘 듣고 온전히 돌려주기
	11회기	네 마음 듣고 말하기
마무리	12회기	변화된 나로 살아가기

1회기		별칭
활동 자료 1-①	시작하는 나와의 만남	

시작하는 나와 약속하고 다짐합니다

1. 나는 집단상담 시간에 늦거나 결석하지 않겠습니다.

2. 나는 집단상담에서 나눈 이야기는 비밀로 하겠습니다.

3. 나는 집단 활동과 논의에 적극적으로 참여하겠습니다.

4. 나는 집단원의 이야기를 경청하고 존중하겠습니다.

5. 활동 중 다른 행동(핸드폰 하기, 음식 섭취 등)을 하지 않겠습니다.

6. _____

7. _____

나는 이 프로그램에 적극적으로 참여하여,
나의 대인관계능력 향상을 위해 노력할 것을 약속합니다.

20   년   월   일

이름: (서명)

1회기	별칭 짓기와 소개	별칭
활동 자료 1-②		

✎ 집단에서 부를 별칭은 무엇인가요?

✎ 별칭을 지은 이유는 무엇인가요?

✎ 집단에 참여하게 된 동기는 무엇인가요?

✎ 집단 프로그램을 마친 후 이루고 싶은 변화는 무엇인가요?
  (점수로 표시해 보세요) 현재_____점 ➡ 집단 참여 후_____점

✎ 교사로서 행복한/기쁜 경험은 이런 것이 있어요.

✎ 교사로서 화나는/슬픈 경험은 이런 것이 있어요.

◆ 집단 운영에 있어 바라는 점이 있으면 적어 주세요.

교사 무너지면 학생도……
교사소진 대책 시급

현장 교사들은 **교권침해, 과도한 행정업무 등으로 '소진'을 겪고 있고,** 이 때문에 학생 교육에 부정적 영향을 미칠 수 있다고 우려했다. 이와 관련해 "개인, 학교 차원이 아닌 정부, 교육당국의 지원과 법·제도적 정비가 필요하다."고 입을 모았다.

남호순 세종 보람초 교사는 "수십명의 방과 후 강사 채용, 수당 관리, 학생 수업료 처리에 학교 CCTV 관리 등이 과연 교사 업무인지 직무분석이 선행돼야 하고 행정적 지원이 필요하다."고 강조했다. 이어 "게다가 학부모 문의, 민원 대응까지 감당해야 한다."며 "교사는 더 나은 수업 준비를 위해 잠을 줄여야 하느냐?"고 토로했다.

권재원 서울 성원중 교사는 "수치상으로 중등교사들은 하루 여덟 시간 중 4~5시간 수업을 하고 3~4시간, 즉 40% 정도를 수업준비 등에 사용할 수 있다. 그러나 교육개발원 연구에 따르면 실제 교사들은 15%도 채 쓰지 못하는 것으로 나타났다."며 "그 시간 대부분을 공문 등 행정업무에 쓰기 때문이며 결국 밤, 주말에 수업준비를 할 수밖에 없다."고 밝혔다.

학부모 등에 의한 교권침해도 심각한 원인으로 지적됐다. 권 교사는 "이른바 교육수요자론이 도입되면서 관공서에서 문제가 된 악성 민원이 학부모에 의해 학교에서 재연되고 있다."며 "단 한 명의 학부모, 단 한 번의 욕설, 행패만으로도 교사의 심신이 무너질 수 있다."고 강조했다.

남 교사는 "2박 3일 수련회 일정이 길다며 교장 면담을 요구하고 교육청에 민원을 넣은 학부모, 체험학습 사진에 우리 애 표정이 안 좋다며 밤과 주말에 전화하는 학부모 등도 있었다."며 "교사를 불신하는 학부모들 때문에 소진이 더해지고 있다."고 말했다. 강미정 서울세륜초 병설유치원 교사도 "유아교사 특성상 수업시간, 휴식시간, 점심시간에도 눈을 뗄 수 없는 고충이 있다. 그럼에도 편식을 지도하고, 잘못된 행동에 목소리를 조금만 높여도 학부모들은 민원을 제기한다."며 "권한은 없어지고 규제와 책임만 커지면서 지치게 된다."고 했다.

대책에 대해 남 교사는 실효성 있는 교권보호 법, 정책 마련을 주문했다. 그는 "수업방해, 민원제기 등 사건이 생길 때, 대부분 교사 개인이 처리하거나 별 조치 없이 마무리되는 것은 문제"라며 "교사가 원스톱으로 도움을 받는 시스템이 구축되고 구체적인 교권보호 매뉴얼이 필요하다."고 제안했다. 또 비밀 보장의 심리측정 온라인 시스템과 치유기관 연계서비스도 요구했다.

– 후략 –

출처: 한국교육신문(2017. 11. 21.).

1회기	교사의 심리적 소진
참고 자료 1-③	

✎ 소진이란?

• 대인 서비스에 종사하는 사람이 과도한 업무로 인해 정신적·육체적으로 피폐하고 에너지가 소모된 상태를 의미한다(Freudenberger, 1974).

✎ 교사의 소진

• 학교 조직의 특성이나 교사 개인의 특성으로 인해 나타나는 신체적·정신적·정서적 고갈 상태라고 할 수 있다(홍우림, 2015). 교사 소진의 문제는 그들로 하여금 교직에 소명의식을 잃게 만들고 스스로를 기계적인 교육과정 전달자의 위치로 격하시킨다(김은주, 2017).

✎ 교사 소진의 양상

① 불안과 스트레스: 업무에서 느끼는 불안, 일부 학생 통제의 어려움으로 인함.
② 갈등과 감정 소모: 학생의 문제 행동과 그에 따른 학부모와의 관계에서 감정 소진을 경험. 학부모의 비협조적 태도 및 그 과정에서의 폭언과 무례한 태도 경험, 교사이기 때문에 참아야 하는 상황, 갈수록 어려워지는 아이들 생활지도
③ 좌절감과 회의감: 자신감을 잃거나 그로 인해 자존감이 낮아져 경험
④ 피로감과 의욕 상실
⑤ 무기력
⑥ 효능감 저하

✎ 교사의 소진에 대한 대응

• 회피전략 또는 비꼬기 같은 소극적 전략 사용하거나 적극적 대응인 긍정적 관계 맺기, 의도적으로 비워 두는 시간 가지기, 자기 성찰과 회복 노력을 하기도 함.

☞ **교사의 소진은 능력이 모자라거나 자신에게 문제가 있어 일어난 것이 아니라 본인의 열정과 노력에도 현실 상황의 제약으로 인해 실현될 수 없음을 인식하는 순간에 시작되며 점진적인 단계를 거쳐 심각한 증상으로 발달되어 간다고 볼 수 있습니다.**

출처: 김은주(2017).

활동 회기	경험보고서	별칭

참여한 회기: [　　]

✎ 집단상담을 하면서 경험한 내용을 자유롭게 적어 주세요.

◆ 새롭게 알게 된 점

◆ 가장 기억에 남는 활동

◆ 아쉬웠던 점

◆ 기타

※ 다른 회기의 경험보고서로도 사용 가능

2회기	좋은 관계의 시작		
하위영역	처음 관계 맺기		
활동목표	친해지고 싶은 학생이나 학부모에게 긍정적인 면을 표현하여 좋은 첫인상을 주는 방법을 알 수 있다.		
준비물	PPT, 활동 자료, 필기구, 경험보고서	시간 (분)	90분
단계	활동내용	시간 (분)	집단 구성
도입	◈ 긍정적인 변화 질문: 프로그램 참여로 달라진 아주 작은 점 ◈ 첫인상, 어떠신가요? – '인상 좋다.' '교사 같다.' '착할 것 같다.' '힘들어 보인다.' 등	15	전체
전개	◈ 첫인상의 초두효과 – 임원 뽑기: 같은 특징을 가진 학생의 긍정적인 면이 먼저 오게 한 경우와 부정적인 면이 먼저 오게 했을 때 첫인상	10	전체
	◈ 나는 언제 미소를 짓는가? 〈활동 자료 2-①〉 – 좋은 첫인상을 만들 수 있는 최선의 방법: 미소 짓기 – 신체 알아차림을 통해 자신이 미소 지을 때를 안다. – 오늘 학교에서 나의 미소는 어땠나요?	20	개별
	◈ 남에게 보여 주고 싶은 나의 모습과 숨기고 싶은 나의 모습에 대한 이야기 나누기 〈활동 자료 2-②〉 – 기적이 일어나서 숨기고 싶은 모습이 다 사라진다면? – 나의 다양한 면을 사랑하기: 마음에 드는 자신의 모습이나 마음에 들지 않는 자신의 모습임을 수용하기 – 타인에게 어떤 모습으로 보여지길 원하는가?	35	개별 및 전체
정리	◈ 집단활동 소감 나누기 ◈ 경험보고서 작성 ◈ 과제: 주변 사람에게 미소 짓기 및 자신이 드러내고 부분 강조해 보기	10	모둠
유의사항	– 심리적으로 소진된 교사는 자기를 드러내기 어려워할 수 있으므로 집단에서의 개방을 자발적으로 할 수 있도록 충분한 시간을 준다. – 자신이 드러내고 싶은 모습과 드러내고 싶은 않은 모습을 통합할 수 있게 돕는다. – 좋은 인상을 주기 위한 노력을 지지해 준다.		

2회기	미소 지어 보아요	별칭
활동 자료 2-①		

✎ 미소의 효과

- 마인드 컨트롤: 웃으며 일하다 보면 즐겁다.
- 감정 이입: 웃는 나의 모습은 타인까지 기분 좋게 한다.
- 호감 효과: 웃는 모습은 좋은 첫인상을 준다.
- 실적 향상 효과: 즐겁게 일하다 보면 능률도 올라간다.

✎ 오늘 나의 미소는 어떻습니까?

- 웃는 얼굴이 내 삶을 긍정적으로 바꿔 준다고 생각하나요?

- 나도 모르게 미소가 지어질 때는 언제인가요?

- 나의 미소는 상대에게 호감을 주나요?

- 나의 미소를 학생이나 학부모 혹은 타인이 칭찬한 적이 있나요?

- 오늘 학교에서 나의 미소는 어땠나요? 스스로 마음에 듭니까?

- 미소를 유지하기 위한 나의 노력은 어떤가요?

2회기	드러내기	별칭
활동 자료 2-②		

✎ 나는 내 안의 모습을 어떻게 보고 있나요?

남에게 드러내고 싶은 모습	남에게 숨기고 싶은 나의 모습

✎ 드러내고 싶지 않은 모습을 학생이나 학부모에게 보인다면 그들은 어떻게 생각할 것 같나요?

✎ 자는 동안 기적이 일어나 드러내고 싶지 않은 모습이 사라졌습니다. 물론 자는 동안이기 때문에 무엇이 달라졌는지 모르고 있습니다. 당신의 어떤 모습을 보면 기적이 일어나 달라진 것을 알 수 있을까요?

✎ 그런 일이 일어나게 하려면 당신이 할 일은 무엇입니까?

3회기	걱정은 아군이 아니다		
하위영역	자기 노출		
활동목표	가까운 학생이나 학부모에게 방어적인 태도를 줄이고 그들을 신뢰할 수 있다.		
준비물	PPT, 활동 자료, 필기구, 경험보고서	시간 (분)	90분
단계	활동내용	시간 (분)	집단 구성
도입	◈ 신체 이완 및 장면 상상 - 한 주 동안 학교에서 있었던 감정 나누기 - 왜 그런 감정을 느꼈나요?	15	전체
전개	◈ 학생, 학부모와의 의사소통의 어려움 요인 〈활동 자료 3-①〉 - 대상(학생·학부모)에 주의 기울이기 및 마음 관찰 - 눈에 먼저 띄는 키워드를 말하고 고른 이유 말하기	15	전체
	◈ 교사들의 방어적 태도 - 학부모에 대해 취하게 되는 방어적 태도: 학부모가 먼저 말하게 하기, 완곡하게 돌려 말하기, 좋은 말만 하기, 소통 방법 한정 짓기 등 - 학생에 대해 취하게 되는 방어적 태도: 기록카드(수시로 기록), 학부모에게 통보, 무관심 등 - 나는 어떤 방어를 사용하는가? 〈활동 자료 3-②〉 - 학생 및 학부모에 대한 나의 선입관 삭제해 보기	25	전체
	◈ 걱정에 관한 걱정(노출에 대한 두려움) - 불안 알아차리기: 자신의 방어적인 태도가 어떤 불안에서 오는지 알아차리기 - 불안을 통제하기: 불안한 생각에서 달아나려 하기보다 불안을 어떻게 다루면 좋을지 집단에서 고민하기	20	모둠
정리	◈ 소감 나누기 ◈ 경험보고서 작성	15	전체
유의사항	- 방어적인 태도를 만드는 것은 불안이 있기 때문이다. 방어하게 되는 원인을 알아차려 미래의 일에 대한 불안을 줄이도록 한다. - 학생 및 학부모와의 관계에서의 어려움이 나뿐만이 아니라 대부분의 교사들이 어려워하는 것 중 하나임을 동질 집단에서 느끼고 서로 위로 및 지지할 수 있도록 유도한다.		

3회기	소통의 문제	별칭
활동 자료 3-①		

<학생 학부모와의 의사소통 문제 핵심 키워드>

출처: 오란희, 임선아(2020).

감정적 대처	시각	자녀매개 오해
전달력 문제	감정	태도
무관심	자녀 문제 행동	다양한 양육관
교사의 정보제공을 과잉해석	교육관 충돌	부적응 학생에 대해 부모의 대처능력 부족
부모 어려움	학생의 학교와 가정에서 행동 차이	신뢰

✎ 앞의 핵심 키워드를 참고하여 내가 경험한 것을 이야기해 봅시다.

3회기	나는 어떻게 할까?	별칭
활동 자료 3-②		

✎ 내가 주로 쓰는 방어는 무엇인가요?

〈학생〉 〈학부모〉

방어

✎ 어떤 불안이 나를 방어하게 하나요?

4회기	하지 못한 말		
하위영역	타인에 대한 불쾌감 주장		
활동목표	학생이나 학부모가 나를 무시하거나 배려하지 않을 때 나의 권리를 지킬 수 있다.		
준비물	PPT, 활동 자료, 필기구, 경험보고서	시간 (분)	90분
단계	활동내용	시간 (분)	집단 구성
도입	◆ 척도질문-척도 10에서 0까지에서 10점은 상황이 좋은, 잘되고 있음을 말합니다. 오늘은 몇 점입니까? - 집단 참여로 인한 작은 변화는 무엇입니까? ◆ 불쾌한 상황에서 나는 자기주장을 하는 편인가요? - 집단원들끼리 경험 나누기	15	전체 및 전체
전개	◆ 자기 주장 방식 알기 〈활동 자료 4-①〉 - 활동 자료를 통해 자신의 주장 표현방식을 알 수 있다. - 자기 표현에 관련된 불안 알아차리기	10	개별 및 전체
	◆ 하지 못한 말 〈활동 자료4-②〉 - 교사라는 입장 때문에 하지 못하고 속으로 삼킨 말 - 교사가 아니었다면 했을 말들(라벨링 떼기) - 자기주장 표현 4단계 연습 〈활동 자료 4-③〉	25	개별 및 전체
	◆ 다른 집단원의 사례를 듣고 그 집단원에게 해 주고 싶은 말 집단원들 간 나누기 - 상황에 대한 아쉬움에도 상황이 더 나빠지지 않게 된 것은 무엇 때문일까요? - 참여자들 간 피드백 나누기	25	전체
정리	◆ 소감 나누기 ◆ 경험보고서 작성 ◆ 다음 회기 안내	15	전체
유의사항	- 집단이 안전한 상황임을 인지시키고 표현하지 못한 부분에 대해 솔직하게 의사 표현을 할 수 있도록 한다. - 이야기를 마치면 집단원들이 지지해 주도록 한다. - 심리적으로 소진된 교사는 문제 상황에서 자신의 권리를 주장하기보다는 참거나 회피하는 경우가 있을 수 있으므로 집단에서 표현하는 연습의 기회가 되도록 한다.		

4회기	자기 표현 행동	별칭
활동 자료 4-①		

✎ 자기표현 행동이란?
상대방의 권리를 침해하거나 상대방이 불쾌하지 않는 범위 내에서 자신의 권리를 지키기 위해 자신의 생각이나 의견을 마음속에 있는 그대로 솔직하게 나타내는 행동을 말합니다.

✎ 소극적 행동
자기표현 행동을 하고 싶은 마음은 간절하지만 눈치나 체면 때문에 혹은 용기가 없어서 자신의 권익을 포기하고 겸손한 체, 또는 예의 바른 체하는 행동입니다. 따라서 자기 자신을 속이면서 아무 말도 하지 않거나 상대방의 기분을 맞추기 위해 마음에도 없는 말과 행동을 말합니다.

✎ 공격적 행동
자신의 권리만을 생각하여 다른 사람의 권리를 무시하거나 심지어 다른 사람의 권리를 침해하면서까지 자신의 권리만을 내세워 상대방을 불쾌하게 하는 행동을 말합니다.

✎ 자기 표현을 잘 하지 못하게 되는 이유

- 어떻게 해야 할지 모르는 경우
- 자기 표현에 따른 불안이 관련되는 경우
- 자기표현 행동을 하는 방법이 미숙한 경우
- 좋지 않은 경험을 한 후 그다음부터 안 하게 되는 경우

✎ 나의 자기주장 유형은 어느 쪽에 속합니까? 그 방법으로 표현하는 이유는 무엇입니까?

4회기	하지 못한 말	별칭
활동 자료 4-②		

✎ 여러분은 학생이나 학부모로 인해 당황하거나 불합리한 상황에 처했을 때 어떻게 표현하나요?

• 그냥 입을 꾹 닫고 상황에 대한 말을 하지 않는다.	○ ○ ○
• 화를 폭발시키거나 감정이 격해진다.	○ ○ ○
• 속이 상해서 울어 버린다.	○ ○ ○
• 주위의 물건을 던지거나 소리를 지른다.	○ ○ ○
• 두고두고 생각하며 밤에 잠을 못 잔다.	○ ○ ○
• 속은 상하지만 아무렇지 않은 듯 대한다.	○ ○ ○
• 상황에 대한 불편감을 상대에게 이야기한다.	○ ○ ○

✎ 학생이나 학부모가 당신에게 무엇을 해 달라고 했을 때 거절했던 상황을 떠올려 봅시다.

✎ 누군가에게 '아니오'라고 거절하는 건 어땠나요?

✎ '아니오'라고 거절했을 때 부정적인 결과는 어떤 것이 있었나요?

✎ '아니오'라고 했을 때 가장 걱정되는 부분은 어떤 점이었나요?

✎ 나 자신을 위한 선 긋기가 필요하다

• 학생 및 학부모의 요청이 불합리할 때
• 시간이 없을 때
• 좋지 않은 일이라고 생각될 때
• 요청이 나 또는 다른 사람에게 해가 될 때

4회기	자기 주장 표현	별칭
활동 자료 4-③		

✎ 주장적 표현 4단계

- 관찰: 나는 무엇을 보았고 들었는가? 평가하지 않고 관찰하기
- 느낌: 나는 무엇을 느끼는가?
- 욕구: 나는 무엇이 필요한가?
- 부탁: 너는 ～을 해 줄 수 있니?

예시

- 관찰: ○○ 엄마는 학교에 오셔서 한참 동안 쉬지 않고 말을 했어.
- 느낌: 나는 또 불안해.
- 욕구: 난 완전 지쳐서 잠시 휴식이 필요해.
- 부탁: 잠시 제가 말할 시간을 주실 수 있을까요?

✎ 4단계 표현 연습

- 관찰: ○○가 지각을 해서 늦게 교실에 왔다. 오자마자 옆 짝에게 시비를 건다.
- 느낌:
- 욕구:
- 부탁:

✎ 이럴 땐 어떻게?

- 선생님, 저희 애 생활기록부 좋게 써 주시면 좋겠어요.
  - → 관찰:
  - 느낌:
  - 욕구:
  - 부탁:

- 선생님, 저희 애 왜 차별하세요?
  - → 관찰:
  - 느낌:
  - 욕구:
  - 부탁:

5회기	반응 선택하기		
하위영역	타인에 대한 불쾌감 주장		
활동목표	학생이나 학부모가 합리적이지 않은 요구를 할 때, 거절할 수 있다.		
준비물	PPT, 참고 자료, 활동 자료, 필기구, 경험보고서	시간 (분)	90분
단계	활동내용	시간 (분)	집단 구성
도입	◆ 나에게 과한 요구를 할 때 나는 어떤 반응을 할까요? - 최근 학생, 학부모의 요구 중 힘들었던 경험 나누기	15	전체
전개	◆ 학교에서 듣는 과한 요구 리스트 - 어떤 말을 들었을 때 당황스러운지 사례 나누기 - 학생, 학부모가 나에게 과한 요구를 하는 말을 들었을 때 나의 반응은?	15	전체
	◆ 동일 자극에 대한 4가지 귀 〈참고 자료 5-①〉 위에서 나눈 경험을 예시로 　제시 - 자칼귀 안: 자기 자신 탓하기 - 자칼귀 밖: 다른 사람 탓하기 - 기린귀 안: 자신의 느낌과 욕구 인식하기 - 기린귀 밖: 다른 사람의 느낌과 욕구 인식하기 - 4가지 귀에 관한 연습 〈활동 자료 5-①〉: 위의 과학 요구 사례를 예시로 　제시	20	전체
	◆ 역할극으로 연결 〈활동 자료 5-②〉 - 역할 연기: 사례를 나눠 주신 분이 과한 요구를 하는 역할이 되고 다른 집 　단원 중 한 명이 교사 역할을 맡는다. - 나의 사례를 다른 집단원은 어떻게 반응하는지, 또 여러 집단원은 두 사람 　의 역할극을 보며 해결 과정을 관찰한다. - 역할극의 소감 나누기	25	모둠
정리	◆ 소감 나누기 ◆ 경험보고서 작성 ◆ 과제: 4가지 귀로 들어 보고 주장해 보기	15	전체
유의사항	- 부정적인 감정도 부드럽게 표현할 수 있도록 한다. - 역할극을 통해 다른 집단원을 보고 느낀 점을 나눌 수 있도록 한다. - 학교 현장에서 느낀 부당한 상황을 이야기할 때 불쾌한 감정이 들 수 있으며 그럴 경우 집단 　에서 표현하여 정화작용을 하도록 한다.		

5회기
참고 자료 5-①

자칼귀와 기린귀

✎ 자칼과 기린이 상징하는 것

• 자칼은 우리 모두에게 익숙한 방법, 즉 평가하고 판단하며 이야기하는 것에서 전문가이다. 자칼은 좋은 의도를 가지고 있지만 의도와는 다른 방향으로 흘러가게 되고, 기린은 전체적으로 듣고 반응한다. 자신의 느낌과 욕구를 대화 속에 끌어들일 수가 있다. 그래서 이를 공감 대화라고 한다.

• 다른 사람이 하는 말을 자칼의 귀로 듣는다는 것은 상대방의 말을 나에 대한 공격, 비난, 평가 등으로 듣는 것을 말한다. 기린의 귀로 들으면 상대방의 말을 그 사람의 충족되지 않은 욕구와 그와 결부된 느낌으로 듣는다.

〈상황〉

교무 회의가 끝난 후 동료가 당신에게 말했다.
"말할 시간을 주지 않더군, 혼자 잘 나가고 싶나 봐."
"한참동안 이야기를 하더군, 말할 시간이 없었어."

자칼 귀 밖	자칼 귀 안	기린 귀 밖	기린 귀 안
다른 사람을 향한 상대를 비난하는	난 뭔가 잘못됐어 자기를 비난하는	넌 무엇을 느끼니? 뭐가 필요하니? 상대를 공감하는	난 무엇을 느끼지? 뭐가 필요하지? 자기를 공감하는
내가 옳고 네가 틀려.	말할 기회를 뺏었다니 미안하군. 내가 잘못했네.	당신도 뭔가 할 말이 있었는데 하지 못해서 불만족스러운 모양이네.	당황스럽네. 본인이 말을 하고 아이디어를 내는 게 나한테 달려 있다는 거잖아.

5회기	듣는 방법 연습하기	별칭
활동 자료 5-①		

✎ **학교에서 들었던 과한 요구의 말은?**

✎ **그 말을 들었을 때 나의 반응은?**

✎ **여러 학교 상황에 대한 듣는 방법을 연습해 봅시다.**

• 옆 반보다 점수 높아야 하는데 시험 문제 찍어 주세요.	자칼 귀 밖: 다른 사람 탓하기 자칼 귀 안: 자기 자신 탓하기 기린 귀 밖: 다른 사람 느낌과 욕구 인식하기 기린 귀 안: 자신의 느낌과 욕구 인식하기
•	자칼 귀 밖: 자칼 귀 안: 기린 귀 밖: 기린 귀 안:
•	자칼 귀 밖: 자칼 귀 안: 기린 귀 밖: 기린 귀 안:
•	자칼 귀 밖: 자칼 귀 안: 기린 귀 밖: 기린 귀 안:

5회기 활동 자료 5-②	역할극으로 연결	별칭

✎ **집단원들과 함께 역할극을 만들어 봅시다.**

• 듣기 힘든 말을 들었던 상황을 떠올려 상대에게 거절하는 말을 해 봅시다. 그다음 느낌과 충족되지 않은 욕구를 표현하는 말을 하여 역할극으로 만들어 봅시다.

✎ **역할극 만들기**

✎ **역할극을 보며 집단원이 가진 능력에는 어떤 것들이 있었나요?**

✎ **활동 후 느낌은 어땠나요?**

6회기	사다리 타기		
하위영역	타인에 대한 불쾌감 주장		
활동목표	학생이나 학부모가 나의 감정을 상하게 하는 행동을 했다고 말할 수 있다.		
준비물	PPT, 활동 자료, 필기구, 경험보고서	시간 (분)	90분
단계	활동내용	시간 (분)	집단 구성
도입	◆ 학교에서 감정 노동을 하면서 내가 가장 많이 느끼게 되는 감정 찾아보기 〈활동 자료 6-①〉 – 버리고 싶은 감정과 변화하고 싶은 감정 선택하기 – 돌아가면서 내가 선택한 감정 단어와 이유 나누기	15	전체
전개	◆ 바꾸어 말하기: 부정 감정 떼어 내기 – 집단에서 빈도수가 높게 나온 감정 단어 공유하기 – 내가 고른 감정 단어 중 부정적인 감정을 내가 고른 긍정적인 감정으로 바꾸기 위해 고민하기	20	전체
	◆ 상황 카드 만들기 〈활동 자료 6-②〉 – 게임 규칙 설명 – 학교에서 감정이 상했던 상황을 자유롭게 나누며 상황 정하기(실제 경험을 공유할 수 있도록)	25	전체
	◆ 속상한(부당한) 상황 사다리 타기 〈활동 자료 6-③〉 – 사다리 타기를 통해 걸린 속상한 상황에서 상대방을 공격하지 않으면서 자신의 속상한 감정을 표현해 보기 – 다른 집단원이 부당한 상황에 대해 이해하고 넘어가면 다음 집단원에게 넘김 – 활동에 대한 어려운 점, 잘 이해됐던 점 나누기	15	개별
정리	◆ 소감 나누기 ◆ 경험보고서 작성 ◆ 다음 회기 안내	15	전체
유의사항	– 여러 감정 단어를 보면서 먼저 눈에 들어오는 단어를 고르고 왜 그 단어가 눈에 먼저 띄게 되었는지 이유를 함께 나눈다. – 학교에서 감정노동의 경험을 집단에서 나누어 볼 수 있도록 하여 동질 집단에서 이런 감정이 나만 느끼는 것이 아니라는 것을 알고 서로 지지할 수 있도록 한다. – 불편한 상황에서 권리주장 하는 것에 대한 자신감을 갖도록 격려한다.		

6회기 활동 자료 6-①	다양한 감정 목록	별칭

기쁨	기쁘다, 좋다, 황홀하다, 행복하다, 날아갈 것 같다, 더 이상 좋은 것이 없다, 마음이 즐겁다, 유쾌하다, 기분 좋다, 신난다, 끝내준다, 흐뭇하다
슬픔	슬프다, 우울하다, 절망스럽다, 가슴이 아프다, 속상하다, 소외감 든다, 서럽다, 안타깝다, 모욕적이다, 불행하다, 한스럽다, 공허하다, 아무런 소용이 없다, 안됐다
사랑	사랑한다, 다정하다, 고마움을 느낀다, 반했다, 도와주고 싶다, 열정을 느낀다, 매력을 느낀다, 다정함을 느낀다, 따뜻함을 느낀다, 가까운 느낌이다, 평화롭다
분노	화난다, 폭발 직전이다, 미칠 지경이다, 속상하다, 공격적이 된다, 쾌씸하다, 세상이 싫다, 불쾌하다, 반감을 느낀다, 사람이 싫다, 적개심이 든다, 괴롭히고 싶다, 밉다, 서운하다, 욕하고 싶다
공포	무섭다, 겁난다, 초조하다, 소름 끼친다, 위협을 느낀다, 공포스럽다, 전율이 느껴진다, 피하고 싶다, 덜덜 떨린다
수치	창피하다, 숨고 싶다, 마음이 무겁다, 한심하다, 부끄럽다, 미안하다, 죄송하다, 바보 같다
놀라움	놀랍다, 당황스럽다, 당혹스럽다, 충격이다, 흥분된다, 충격 받았다, 정신이 번쩍 든다
의심	의심스럽다, 의아하다, 조심스럽다, 불확실하다, 아리송하다, 확신이 안 선다, 안갯속이다, 혼란스럽다, 정리가 안 된 느낌이다, 절망적이다
욕심	성에 안 찬다, 부족하다, 약오른다, 경쟁을 느낀다, 거만하다, 참을 수가 없다, 갖고 싶다, 부족하다

✎ 감정 낱말 중 긍정적인 단어 한 개와 부정적인 단어 한 개를 고르시오.

✎ 나는 학교에서 (   ) 감정을 느껴.
이 감정을 버리고 나는 학교에서 (   ) 감정을 느낄 거야.
그러기 위해서 나는
"_____. 이렇게 할 거야!"

6회기	상황 카드 만들기	별칭
활동 자료 6-②		

상황 카드 1	상황 카드 2	상황 카드 3
상황 카드 4	상황 카드 5	상황 카드 6
상황 카드 7	상황 카드 8	상황 카드 9

6회기	상황 사다리 타기	별칭
활동 자료 6-③		

1	2	3	4	5	6	7	8	9

상황 카드 1	상황 카드 2	상황 카드 3	상황 카드 4	상황 카드 5	상황 카드 6	상황 카드 7	상황 카드 8	상황 카드 9

7회기	교사 역할과 분노 다루기		
하위영역	대인 갈등 다루기		
활동목표	학생이나 학부모와 갈등이 생겨서 불쾌한 감정이 들 때, 화가 난 감정을 가라앉힐 수 있다.		
준비물	PPT, 참고 자료, 활동 자료, 필기구, 경험보고서	시간 (분)	90분
단계	활동내용	시간 (분)	집단 구성
도입	◆ 이전 회기에서 선택한 긍정 감정을 학교에서 느꼈는지 이야기 나누기 ◆ 분노의 진실 - 분노 감정과 분노의 양면성 이해 〈참고 자료 7-①〉	15	전체
전개	◆ 학교에서 내가 느꼈던 분노 - 나의 분노 정서 이해: 당황스럽거나 불편했던 학생 또는 학부모의 사례를 통해 내가 느끼는 불편한 1차 감정 알아보기 - 교사이기 때문에 참게 되는 것은?	20	전체
	◆ 분노가 일어날 때 교사인 나는 어떤 반응을 하는가? - 나의 분노 패턴 알아보기: 대응 방법, 신체적 변화 - 분노 기록지 〈활동 자료 7-①〉 - 분노에 대처하는 나만의 방법(분노 표현의 방법)	20	개별
	◆ 지혜롭게 분노 처리하기 〈활동 자료 7-②〉 - 감정조절 방법 알아보기: 다양한 감정 조절의 장단점 - 교직 생활의 경험 및 사례를 토대로 분노조절 방법 적용 및 집단에서 이야기 나누기 - 다른 집단원의 분노 조절 방법 관찰하기	20	전체
정리	◆ 소감 나누기 ◆ 경험보고서 작성	15	전체
유의사항	- 학교 현장에서 느끼는 분노상황에서의 어려운 점을 공유하고 비슷한 상황에서 긍정적인 결과를 가져왔던 사례를 공유하여 집단원들에게 도움이 되도록 한다. - 갈등에 적극적으로 직면하여 갈등 해소를 위한 통찰을 기른다. - 감정의 주인은 자신임을 인식하고 스스로 성취한 긍정적인 경험을 떠올려 스스로에게 강화하도록 한다.		

| 7회기 |
| 참고 자료 7-① |

분노의 이해

✎ 분노의 양면

좋은 면	안 좋은 면
• 나를 방어할 수 있다. • 불안을 감소시키며 원하는 것을 얻거나 바라는 목표에 도달할 수 있다. • 어려움에 대처할 힘의 근원이다. • 행동 조절 및 자기 방어를 할 수 있다. • 의사소통을 하게 한다. • 자기주장적인 표현을 하게 한다. • 분노를 적절히 표현하면 관계 향상시킨다.	• 신체적·심리적으로 피해를 주고 대인관계에 어려움을 준다. • 집중력이 떨어진다. • 공격적인 행동은 상대에게 불안감을 준다. • 개인과 타인의 안전에 위험을 준다. • 더불어 살아갈 수 없는 문제 야기한다. • 사이가 멀어진다.

✎ 분노는 2차 감정, 분노 앞에 나타나는 1차 감정 인식하기

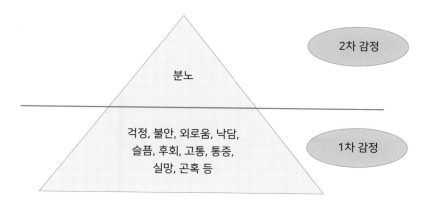

분노

2차 감정

걱정, 불안, 외로움, 낙담,
슬픔, 후회, 고통, 통증,
실망, 곤혹 등

1차 감정

✎ 분노 감정 뒤에 숨은 감정들을 찾아보세요(1차 감정과 2차 감정).

역겨움, 좌절스러움, 편안함, 걱정됨, 쓸쓸함, 억울함, 사랑스러움, 지겨움, 어이없음, 짜증, 행복감, 싫음, 흥분, 초조(안달), 배신감, 여유로움, 성가심, 지겨움, 안전함, 심술궂음, 증오심, 분함, 안도감, 시기심, 후회됨, 서운함, 복받침, 울적함, 온화함, 두려움, 미칠 것 같음, 놀라움, 실망스러움, 불평감, 불안함, 서글픔. 절망적임. 긴장됨. 무서움, 화남, 괴로움, 불쾌함, 슬픔, 기쁨, 우울함, 힘겨움, 생기 있음, 애석함, 허탈함, 쓰라림, 주눅들음, 즐거움, 외로움, 걱정됨, 수치심, 사나움, 난폭함, 거칠음, 기쁨, 퉁명스러움, 혐오스러움, 밝음, 쾌씸함, 고통스러움, 약 오름

7회기	분노 기록지	별칭
활동 자료 7-①		

✎ 학생이나 학부모로 인해 화가 났던 상황을 떠올려 보고, 그때 나의 분노를 구체적으로 알아차려 보세요.

■ 언제?	
■ 그때 학생 또는 학부모의 행동은?	
■ 그때 나의 반응은?	
■ 화가 난 후 나의 1차 감정은?	
■ 화가 난 후 나의 신체 반응은?	

✎ 분노 점수

0	10	20	30	40	50	60	70	80	90	100

✎ 나의 대처

■ 분노 대처 행동은?	
■ 분노 대처 행동 결과는?	
■ 다시 분노 상황으로 돌아간다면 어떻게 하고 싶나요?(새로운 대처법)	

7회기	감정 조절	별칭
활동 자료 7-②		

🖉 **여러 가지 감정 조절 방법에 대해 이야기해 봅시다.**

건강하지 않은 방법	건강한 방법
걱정을 많이 하여 불안을 키운다.	문제를 해결할 수 있는 행동을 한다.
서로 비난한다.	나의 마음을 그대로 받아들인다.
폭식하거나 음주한다.	기분을 바꿀 수 있는 활동을 찾아서 한다.
타인에게 시비를 건다.	친한 사람과 만나 수다를 떤다.
안전한 상황에서 부정적인 감정을 표현한다.	누군가에게 조언을 구한다.

🖉 **분노를 다스리는 방법**

- 심호흡: 호흡 가다듬기, 자기 지시하기
- 근육 이완: 신체 증상을 누그러뜨리기 위해 눈을 감고 숨을 가다듬기
- 긍정적 상상하기: 자신이 원하는 행동 상상하기
- 타임아웃: 상황에서 잠시 떨어지기
- 긍정적 관점 갖기
- 자기 지시하기를 통한 조절훈련

🖉 **분노해서 얻는 것과 잃는 것이 무엇인가요?**

🖉 **다른 집단원의 분노 처리 방법을 보고 느낀 점은 무엇인가요?**

8회기	갈등을 내 손안에		
하위영역	대인 갈등 다루기		
활동목표	학생이나 학부모와 갈등을 최소화할 수 있는 의사소통 방식을 알 수 있다.		
준비물	PPT, 참고 자료, 활동 자료, 필기구, 경험보고서	시간 (분)	90분
단계	활동내용	시간 (분)	집단 구성
도입	◆ 오늘 집단에서 이루고 싶은 작은 변화는 무엇입니까? ◆ 그림을 보며 느낌 나누기 〈활동 자료 8-①〉 ◆ 척도 질문하기: 10점에서 0점 척도에서 10점은 의사소통이 '탁월하다'이고, 0점은 '매우 빈약하다'입니다. 지금 당신의 의사소통은 몇 점입니까? 그렇게 점수를 준 이유는 무엇입니까? 1점이 오른다면?	15	전체
전개	◆ 갈등 상황 이해하기 – 학교에서 내가 느끼게 되는 갈등 상황 생각해 보기 – 갈등이란 사람들 사이에 존재할 수밖에 없는데 갈등을 긍정적으로 해결하게 된다면?	15	전체
	◆ 갈등 타협하기 – 갈등 상황에 대한 나의 대처 이해-공격, 타협, 회피, 포기〈활동 자료 8-②〉 – 다른 집단원들의 대처 방법 들어 보기 – 갈등 상황에 대한 다른 의견 이야기 나누기	30	모둠
	◆ 대처 질문 및 해결 개입 〈활동 자료 8-③〉 – 할 수 있는 일과 할 수 없는 일 구분 – 의사소통 점수가 1점이 올라간다면 상대방에게 어떤 도움을 줄 수 있을까요? 상대방이 1점이 올라간다면? – 기적질문: 문제가 해결된다면 무엇이 달라져 있을까요? – 다른 집단원과 함께 해결 방법 나누어 보기	15	전체
정리	◆ 소감 나누기 ◆ 경험보고서 작성	15	전체
유의사항	– 실제 학교에서 학생 및 학부모와의 갈등 해결 방식을 정리하고 긍정적인 갈등해결 방식을 익히도록 한다. – 현재 해결하고 싶은 것에 중점을 두며 집단원 간 상호신뢰를 높이고 의사소통에 도움이 되기 위해 해결중심 질문을 활용한다.		

8회기	무슨 말이 오갈까요	별칭
활동 자료 8-①		

✎ 다음의 그림을 보고 서로 무슨 말을 하고 있는지, 말을 하고 있는 느낌은 어떤지, 서로의 이야기는
　잘 전달되고 있는지 말해 봅시다.

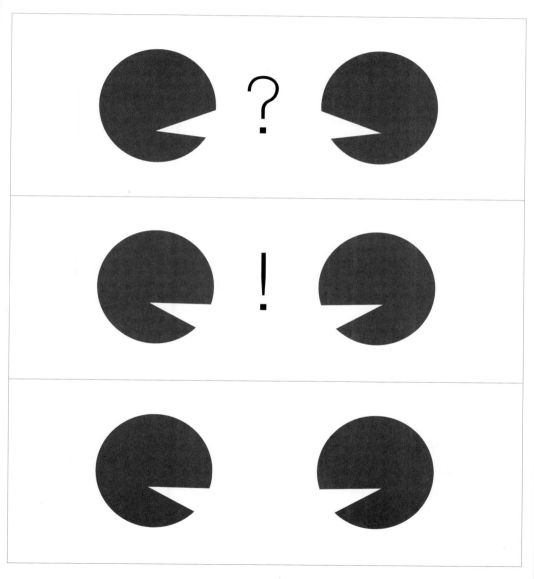

8회기	갈등 대처방식	별칭
활동 자료 8-②		

✎ 갈등이란?

• 대인 간 갈등이란 개인이 원하는 것, 기대, 가치관과 생각이 다른 사람과 대립되어 일치하지 않을 때 발생하는 것으로 일상에서 늘 일어날 수 있는 일이다. 어떤 경우에는 갈등을 원만하게 해결함으로써 서로가 더 돈독해지기도 한다. 따라서 갈등을 어떻게 다루느냐가 중요하다.

✎ 갈등 대처방식

갈등 대처방식		내용	예시	결과
소극적 대처		• 갈등으로 인해 발생하는 불편함을 참고 견딘다. • 갈등이 해결되기를 기다린다.	• 학생이 예의 없이 행동해도 참는다. • 소리 지르는 학부모가 진정되기를 기다린다.	관계 단절
공격적 대처	직접 공격	• 갈등을 해결하기 위해 상대에게 신체적·언어적으로 공격하고 상대방의 행동을 변화시키려 한다.	• 장난이라며 욕하는 학생에게 같이 욕을 해 준다.	관계 악화
	간접 공격	• 갈등해결을 위해 상대를 간접적으로 공격하여 상대의 행동을 변화시키려 한다.	• 버릇없는 학생을 학생생활 선도부에 보낸다.	관계 왜곡
주장적 대처		• 갈등 상황에서 자신의 욕구, 생각, 감정 등을 솔직하게 표현하여 상대와 갈등해결을 위해 타협	• 수업시간에 떠드는 학생에게 지금 너의 행동 때문에 수업이 힘들고 반 학생들도 피해를 받고 있다고 말하며 하고 싶은 말은 수업 끝나고 얘기하자고 한다.	관계 지속

✎ 갈등 해결 과정

① 문제를 정확하게 파악: 상대의 말을 주의 깊게 듣기
② 자신의 느낌을 정확하게 상대에게 전달: "나는 ～ 때문에 힘들다."
③ 타협 해결을 제안: 서로 원하는 것을 얻기 위해 조금씩 양보

✎ 내가 주로 사용하는 갈등 대처 방식은 어떤 것인가요?

8회기	최선입니다	별칭
활동 자료 8-③		

✎ 갈등 대상과 상황을 적어 보세요.

✎ 최선의 해결은?

구분	나	상대방
원하는 것		
해결방법 적어 보기	■ 내가 할 수 있는 일 〈보기〉갈등이 있다는 것을 인정한다. ■ 내가 할 수 없는 일 〈보기〉다른 친구에게 화를 푼다.	
내가 선택한 최선의 해결 방법은?		
여러 집단원의 의견을 들은 후 최종 해결 방법은?		

9회기	예외는 있다		
하위영역	대인 갈등 다루기		
활동목표	학생이나 학부모와 갈등이 생겼을 때, 해결방안을 함께 논의하는 방법을 알 수 있다.		
준비물	PPT, 참고 자료, 활동 자료, 필기구, 경험보고서	시간 (분)	90분
단계	활동내용	시간 (분)	집단 구성
도입	◈ 마음 열기 ◈ 학생 및 학부모와 의견이 다를 때 어떻게 해결할까요?: 학생 및 학부모와 갈등 상황 시에 주고받은 대화 나누기 → 그때의 감정, 사고, 감각을 느껴 보기	15	전체
전개	◈ 갈등 다루기 전략 - 상대가 화가 나서 나에게 화를 낼 때/내가 화가 났을 때 하는 대화 〈참고 자료 9-①〉	30	전체
	◈ 예외 발견 〈활동 자료 9-①〉 - 문제 상황에서 예외 찾기: 문제가 아주 약하거나 아예 없는 상황이 존재한다. - 예외는 내담자가 갖고 있는 자원을 적용해 온 자신의 경험과 생활방식에서 일어나는 작은 해결책의 예이다. - 문제 상황에 다양한 관점으로 해결 방법 나누기	15	전체
	◈ 마법의 질문(기적이 일어났을 때) - 자신이 원하는 것 명료화 하기(기적질문) - 문제가 해결된 상태를 상상하게 한 후 해결하기 원하는 것을 구체화하고 명료화하여 변화하고자 하는 목표 설정에 도움을 준다.	15	모둠
정리	◈ 소감 나누기 ◈ 경험보고서 작성	15	전체
유의사항	- 목표를 너무 높거나 낮게 세우는지 지각하게 하기 위해 집단원끼리 피드백을 줄 수 있도록 한다. - 문제해결 과정에서 목표를 구체적이고 현실적으로 세우도록 한다. - '잘 모르겠다.'라고 대답하는 집단원에게는 보다 상세하게 이야기 할 수 있도록 구체적인 질문을 한다.		

9회기	갈등 다루기 전략
참고 자료 9-①	

✎ **Rahim(1985) 갈등해결방식**

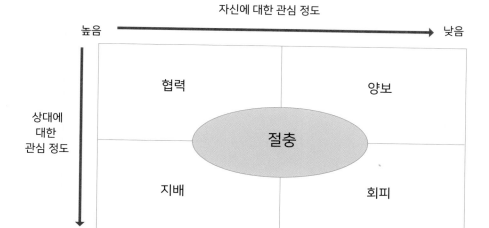

자신에 대한 관심 정도
높음 ⟶ 낮음

상대에
대한
관심 정도

협력   양보

절충

지배   회피

낮음

◈ **협력형**	◈ **양보형**
• 갈등 상황에서 자신과 상대 모두에 관심 가짐 • 협력적 문제 해결 과정 • 긍정적 자기존중감을 가지며 대인관계 만족도 높음	• 타인에 대한 관심은 높지만 자신에겐 낮음 • 갈등해결 과정에서 자신의 욕구보다 상대를 만족시키기 위해 노력 • 대인관계 만족도 낮음
◈ **지배형**	◈ **회피전략형**
• 자신에 대한 관심은 높지만 상대방에 대한 관심은 낮음 • 자신이 원하는 것은 얻기 위해 상대에게 자신의 의견을 강요할 수 있음	• 자신과 상대 모두에게 관심 없음 • 문제를 근본적으로 해결하는 것이 아님 • 피상적 대인관계 형성 가능성

✎ **절충전략형**
• 자신과 타인에 대한 관심 보통
• 수용 가능한 결정을 위해 양방향 모두 조절

출처: 천성문 외(2022).

9회기	예외 탐색	별칭
활동 자료 9-①		

✎ **학생 또는 학부모와의 관계에서 고민이나 어려움, 해결하기 원하는 문제를 생각하여 적어 주세요.**

- 현재 당신이 처한 어려움을 어떻게 대처하고 있나요?

- 0~10점까지의 척도에서 당신이 여기에 가지고 온 문제가 해결된 상태를 10점이라 하고 문제가 가장 심각할 때를 0점이라고 한다면 위에 적은 상황은 몇 점에 해당됩니까?

- 점수가 몇 점 높아지기를 원합니까?

- 점수를 높이기 위해 당신이 하고 있는 것이나 해야 할 것은 무엇입니까?

- 문제(갈등상황) 대신 원하는 것은 무엇입니까?

- 문제가 없었던 적은 언제입니까?

- 학생 또는 학부모로 인해 화가 났지만 자제할 수 있었던 때는 언제인가요? 어떻게 그렇게 할 수 있었죠?

- 무엇이 당신을 그렇게 하도록 만들고 있습니까? 당신은 잘 견뎌 내고 여기에 왔습니다. 어떻게 그렇게 할 수 있었죠?

10회기	잘 듣고 온전히 돌려주기			
하위영역	정서적 지지 및 조언			
활동목표	가까운 학생이나 학부모가 도움과 지지가 필요할 때, 그들이 잘 받아들일 수 있는 방식으로 조언하는 방법을 알 수 있다.			
준비물	PPT, 참고 자료, 활동 자료, 필기구, 경험보고서	시간 (분)	90분	
단계	활동내용	시간 (분)		집단 구성
도입	◆ 긍정적인 경험 나누기 - 본인이 받은 조언 중 힘이 되었던 경험 나누기 ◆ 교사 공감의 중요성 〈참고 자료 10-①〉 - 교사의 공감능력은 학생 및 학부모와 긍정적인 상호작용을 촉진할 수 있는 기회를 주고, 원만한 대인관계를 형성 및 유지할 수 있는 능력이다(류승민, 2010)	15		모둠
전개	◆ 공감 방해 이해 - 공감을 방해하는 장애물 〈활동 자료 10-①〉 - 상대의 걱정 사례를 통한 공감과 공감 방해	20		전체
	◆ 관심 기울이기 및 마음챙김을 통한 정서파악 - 타인에게 관심을 기울이는 것 자체만으로 의미가 있음 - 학생이나 학부모의 상황에 대한 관찰과 정확한 묘사(환경, 상황) - 관찰하기: 비언어적 행동 이해하기 - 경청하기: 언어적 표현에 집중	20		모둠
	◆ 기분 좋은 공감반응/피드백의 요령 - 공감의 수준 〈활동 자료 10-②〉: 걱정사례로 연습 - 피드백 요령 〈참고 자료 10-②〉	20		전체
정리	◆ 소감 나누기 ◆ 경험보고서 작성	15		전체
유의사항	- 지지해 준 경험에 대해 이야기할 때, 자신의 자원을 찾을 수 있도록 한다. - 자신이 받은 지지에 대해 이야기할 때 경험을 충분히 공유할 수 있도록 한다.			

| 10회기 | 교사 공감의 중요성 |
| 참고 자료 10-① | |

✎ **교사 공감의 중요성**

• 교사와 학생은 학교라는 공간 속에서 교과수업을 통해 상호작용한다. 교사는 학생들에게 가장 대표적인 모델이 됨으로써 그들의 사회화에 영향을 미치며 학생들은 교사와의 인간적인 상호작용을 통해 성장하고 발달한다.

• 교사가 학생을 대하는 태도와 자세, 그리고 학생과의 대화를 풀어 가는 방식은 교사의 말 한마디, 행동 하나하나에 영향을 받는 학생들에게 중요하며 그것은 곧 학생의 학업 성취와 흥미, 동기는 물론 학생의 정의적·사회적 행동특성의 형성과 발달에 영향을 미친다. 교사의 공감 수준이 높을수록 학생의 학교, 교사, 학습에 대한 태도가 긍정적이며 교사의 공감은 교사와 학생과의 좋은 관계를 형성하는 기본조건으로 학생에 대한 관심이자 배려이고 학생의 관점에서 그들을 이해해 주고 존중하는 기본적 태로로 볼 수 있다. 부정적인 상황이나 감정을 떠올리지 않으려고 노력해 본 적 있나요?

✎ **경청을 위한 4가지 조건**

• 상대의 언어적 메시지를 듣고 이해해야 한다.
• 상대가 나타내는 얼굴과 표정, 몸의 움직임과 자세 목소리 등의 비언어적 행동을 관찰하고 읽을 수 있어야 한다.
• 상대방이 처해 있는 환경이라는 상황 속에서의 그를 볼 수 있어야 한다.
• 상대가 언젠가는 깨닫고 변화시켜야 할 문제까지도 들을 수 있어야 한다.

10회기	공감 장애물	별칭
활동 자료 10-①		

◆ 공감을 방해하는 장애물 ◆

1. 충고, 조언, 가르치려 들기: '그 나이 땐 다 그래.'

2. 분석 및 설명하기: '너 요즘 잘 그러더라, 그거 문제 있어.'

3. 바로잡기: '잘못 생각 하는 거야.'

4. 위로하기: '너 정말 힘들었겠다. 세상살이가 그렇지 뭐.'

5. 내 얘기 들어주기, 맞장구치기: '너도 나도 똑같네.'

6. 감정의 흐름 중지시키기: '너무 시무룩해 있지 마.'

7. 동정, 애처로워하기: '와, 어떻게 그렇게 됐냐. 안쓰럽네.'

8. 조사하기, 심문하기: '언제부터 그렇게 느꼈어?'

9. 평가, 빈정대기: '넌 너무 여려. 험한 세상 어떻게 살아남을래?'

10. 말 끊기: '아, 됐어, 그만해.'

출처: 구효민(2020).

10회기	공감의 수준	별칭
활동 자료 10-②		

✎ 수준별 공감 표현

자기중심이해	상대의 이야기를 이해하기보다는 평가, 비난, 지시, 강요 등의 부정적인 표현으로 자기 중심적으로 말하는 표현
타인중심이해	기본적인 공감과 상대방이 드러내지 않은 상대방의 감정이나 욕구를 읽어 주는 표현

• 예시: 저 혼자 잘못한 것도 아닌데 왜 저만 뭐라 하세요?

자기중심이해	너 지금 선생님한테 말투가 그게 뭐니? 혼나야겠다.
타인중심이해	지금 상황이 억울한 게 있어 속상한가 보구나!

✎ 공감 반응 수준(Carkhuff의 대인관계기능 평가 척도)

출처: 김미경(1998).

1단계	상대방에게 주의를 기울이지 않고 상대방이 표현한 것보다는 훨씬 못 미치는 의사소통 수준 (지루해하거나 무관심함)
2단계	상대방이 표현한 감정에 반응은 하지만 주목할 만한 감정을 제외시키고 의사소통 하는 수준 (명백한 표현 감정은 인식하나 일부 흘려듣거나 왜곡하는 수준)
3단계	상대방이 표현한 것과 같은 정서와 의미를 나타내는 상호교류적인 의사소통을 하는 수준 (상대의 표현 감정을 정확히 이해하나 내면적 감정에는 반응하지 않거나 어긋나게 해석)
4단계	상대방이 스스로 표현할 수 있었던 것보다 더 내면적인 감정을 표현하면서 의사소통하는 수준 (상대방이 표현한 것보다 좀 더 깊은 수준까지 이해하여 의사소통)
5단계	상대방이 표현할 수 있었던 감정의 내면적 의미들을 정확하게 표현하거나 상대방의 내면적 자기 탐색과 완전히 같은 몰입 수준에서 상대방이 표현한 감정과 의미에 첨가하여 의사소통 하는 수준 (상대방의 표면 감정뿐 아니라 내면적 감정에 대해서도 정확하게 반응하는 경우)

10회기	피드백 하기
참고 자료 10-②	

✏️ 피드백 요령

상대방의 성격에 대해서 피드백을 보내지 말고 사람의 행동에 대해서 하라.

충고보다는 당신이 보고 느낀 바를 반영하여 피드백을 하라.

추상적인 행동보다 구체적인 행동에 대해서 피드백을 하라.

비관하지 말고 서술적인 표현을 사용하라.

억지로 피드백을 강요하지 말라.

피드백 요령

상대방이 받아들일 수 있게 한다.

듣는 사람의 입장에서 피드백을 하라.

두 사람의 관계를 더 좋은 관계로 만들 수 있게 하라.

상대방이 변화할 수 있는 행동에 대해서 피드백을 하라.

과거 일을 들추기보다는 여기 지금의 입장에서 피드백을 하라.

11회기	네 마음 듣고 말하기			
하위영역	정서적 지지 및 조언			
활동목표	가까운 학생이나 학부모가 친구나 가족 문제로 힘들어할 때 그들을 지지하고 격려할 수 있다.			
준비물	PPT, 참고 자료, 활동 자료, 필기구, 경험보고서	시간 (분)	90분	
단계	활동내용	시간 (분)	집단 구성	
도입	◈ 인사 및 회기 소개 ◈ 격려란, 한 문장 만들기 ◈ 힘들어하는 학생이나 학부모에게 격려를 해 주었던 경험	15	전체	
전개	◈ 격려 이해하기 〈활동 자료 11-①〉 - 격려해 주는 사람의 특징 알기: 격려는 개인의 단점보다는 장점을 강조하며 자신을 가지게 함. 개인의 긍정적 개성을 찾아내고 그러한 점을 인지할 수 있도록 조언해 주는 것 필요함. - 교사가 학생에게 해줄 수 있는 가치 있는 일 중 하나임.	15	전체	
	◈ 칭찬 샤워하기 〈활동 자료 11-②〉 - 칭찬 샤워 시 역효과가 날 수 있는 상황에 대한 안내: 구체적인 부분에 대한 칭찬, 근거 제시, 결과보다 과정에 대한 칭찬, 칭찬이 비아냥으로 들리지 않도록, 같은 말만 반복하지 않기 - 집단원들끼리 돌아가며 상대에게 칭찬을 해 준다.	30	전체	
	◈ 사실 듣기, 감정 읽어 주기 〈활동 자료 11-③〉 - 사실 듣기, 남의 감정 읽어 주기: 사례 연습(최근 자신에게 있었던 일, 걱정하고 있는 것 등에 관해 이야기한다.) - 2인 1조 역할극 대화 훈련 - 집단원들이 피드백 해 주기	15	모둠	
정리	◈ 소감 나누기 ◈ 경험보고서 작성	15	전체	
유의사항	- 허용적인 분위기에서 상대의 이야기에 경청하여 수용 능력을 키운다. - 격려 표현을 실생활에서 활용할 수 있도록 한다.			

11회기	격려와 낙담 사이	별칭
활동 자료 11-①		

✎ **내가 생각하는 격려란?**

✎ **학교에서 내가 낙담했던 경험은 무엇인가요?**

(내가 원하지 않은 경험을 한 것, 반대 의견을 말하지 못한 것, 원하는 행동을 하지 못한 점, 타인의 반응에 민감하게 반응한 점 등)

✎ **학교에서 내가 해 준 격려나 내가 받아 본 격려는 무엇인가요?**

✎ **격려해 주는 사람의 특징을 적어 봅시다.**

11회기	격려하기	별칭
활동 자료 11-②		

✎ **부정적인 단어 긍정적인 단어로 바꾸기**

지각을 자주 하는	➡	
수업시간에 시끄러운		
친구들에게 시비를 잘 거는		
성격이 매우 급한		
게으른		
말대답을 잘하는		

✎ **격려의 말하기**

• 장점, 잘한 점, 노력한 점, 기타 좋은 부분을 넣어 학생(학부모)이 자신의 능력을 믿고 용기를 낼 수 있도록 격려의 말을 해 주세요.

✎ **칭찬 샤워**

11회기	감정 읽어 주기	별칭
활동 자료 11-③		

✎ 공감이란?

• 상대방이 느끼는 감정을 이해할 뿐 아니라, 그 이해를 말로써 전달하는 것으로 인지적 공감은 타인의 입장이 되어 남을 이해하는 것이며(배성경, 2012), 정서적 공감은 타인의 감정을 함께 나누는 것을 의미한다(Davis, 1994).

✎ 공감이 필요한 상황을 생각해 보고 연습해 봅시다.

상황	시험 날이 다가오는데 공부가 안 돼요. 이번에는 무슨 일이 있어도 성적을 올려야 하는데…… 안 그러면 엄마한테 혼나요.
공감	
상황	아빠 사업이 잘 안 돼서 집이 너무 힘들어요. 그리고 상황이 안 좋다 보니 부모님이 자주 다투기도 해요. 저는 그 사이에서 어떻게 해야 할지 모르겠고 집에 가면 너무 짜증이 납니다.
공감	
상황	친구들과 관계가 안 좋아서 학교 다니기가 힘들어요. 저도 친구들과 웃으면서 다니고 싶어요.
공감	
상황	우리 엄마는 말이 통하지 않아요. 그래서 얘기하기가 싫어요.
공감	

12회기	변화된 나로 살아가기		
하위영역	마무리		
활동목표	프로그램을 정리하며 변화된 자신의 모습을 평가할 수 있다.		
준비물	PPT, 활동 자료, 필기구, 사후 대인관계능력 검사지, 경험보고서	시간 (분)	90분
단계	활동내용	시간 (분)	집단 구성
도입	◈ 마음 열기 ◈ 활동 안내 - 오늘의 활동 안내하기 - 지난 회기 정리 및 활동 정리	15	전체
전개	◈ 그동안의 과정 돌아보기 - 나의 변화에는 어떤 점들이 있는지 이야기하기 - 기억에 남거나 좋았던 점 - 변화를 위한 앞으로의 다짐	30	전체
	◈ 별칭에 대한 새로운 의미 부여 - 변화된 모습, 긍정적인 자아상을 유지하도록 서로 지지 및 격려 - 집단원과 긍정적 피드백 주고받기	15	전체
	◈ 10년 뒤 미래의 내가 지금의 나에게 쓰는 편지 〈활동 자료 12-①〉 - 작은 변화라도 지금의 변화를 유지할 것과 앞으로의 다짐	15	전체
정리	◈ 프로그램 평가 및 소감 나누기 〈활동 자료 12-②〉 ◈ 경험보고서 작성	15	개별 전체
유의사항	- 집단상담 과정을 통해 집단원 간에 서로 지지해 주고 이를 통해 에너지를 얻도록 한다. - 작은 변화가 큰 변화로 가는 길임을 알고 집단에서 이룬 변화에 대해 지지해 주는 시간이 될 수 있게 한다. - 프로그램에 대한 평가와 소감이 자유롭게 이루어지도록 편안한 분위기를 만들도록 한다.		

12회기	나에게 쓰는 편지	별칭
활동 자료 12-①		

10년 뒤 미래의 내가
지금의 나에게 쓰는 편지

_____

_____

_____

_____

_____

_____

_____

_____

_____

_____

_____

_____

12회기	프로그램을 마치며	별칭
활동 자료 12-②		

✏️ **프로그램 소감**

	전혀 아니다	아니다	보통이다	그렇다	매우 그렇다
프로그램에 만족한다					
프로그램이 도움이 되었다					

◆ 가장 기억에 남는 활동과 그 이유를 적어 주세요.

◆ 프로그램의 아쉬운 점이나 개선할 게 있다면?

◆ 프로그램을 통해 도움받은 점이나 자신이 달라진 점이 있다면 적어 주세요.

◆ 프로그램을 마친 후 앞으로의 다짐

제9장

동료교사 및 관리자와의
대인관계능력 향상 프로그램

1. 프로그램 개발 절차

  본 연구에서는 박인우(1995)의 집단상담 프로그램 개발 모형을 바탕으로 조사, 분석, 설계, 구안, 적용의 과정을 거쳤다. 이 장에서 소개되는 프로그램은 다음 순서로 진행된다. 일련의 연구절차를 도식화하면 [그림 9-1]과 같다.

1 우리의 첫 만남	2 나의 숨겨진 모습 찾기
3 유머 있는 사람	4 어려워 말고 우리 함께
5 힘들어도 나와 함께	6 고민 구조대
7 나도 말할래	8 '쿨'하게 거절하기
9 나의 권리	10 감정 신호등
11 모두 다른 우리	12 우리 모두 달라 졌어요

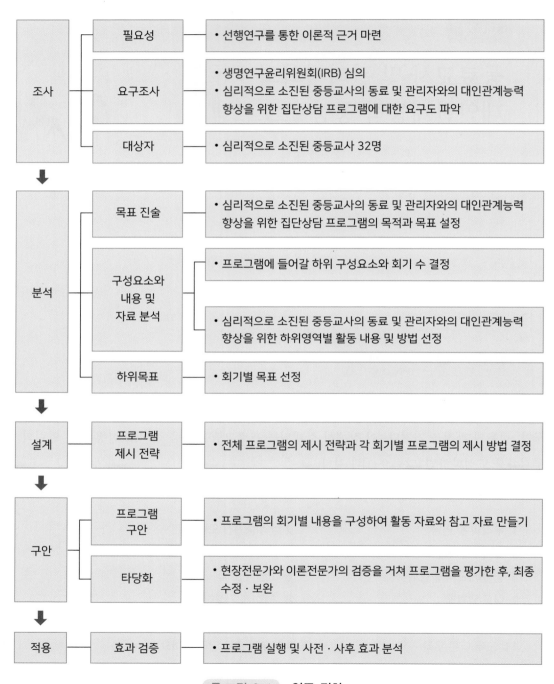

그림 9-1 연구 절차

2. 프로그램의 목표

조사
심리적으로 소진된 중등교사의 동료 및 관리자와의 대인관계능력 향상을 위한 집단상담 프로그램

프로그램의 하위영역별 목표
첫째, 타인을 처음 만나 새로운 대인관계 형성 방법을 알고 실천할 수 있다. 둘째, 상대방에 대한 불쾌감과 자신의 권리를 표현할 수 있다. 셋째, 스스로 있는 그대로의 자신을 드러내며 타인에 대해 친밀감을 표현할 수 있다. 넷째, 정서적 지지와 조언을 통해 타인을 이해하고 공감할 수 있다. 다섯째, 대인관계의 갈등 상황에서 오는 갈등을 예방하거나 해결 방법을 찾을 수 있다.

하위영역	회기	회기별 목표
프로그램 소개	1	프로그램의 의미를 알고 구체적이고 실천 가능한 목표를 세우고, 집단원 간 친밀감을 형성할 수 있다.
처음 관계 맺기	2	친해지고 싶은 동료교사와 관리자에게 긍정적인 면을 표현하여 좋은 첫인상을 줄 수 있다.
	3	학기 초에 동료교사와 관리자를 만났을 때 분위기를 유쾌하게 하는 말이나 행동을 할 수 있다.
자기노출	4	학기 초에 동료교사와 관리자와의 내가 겪고 있는 어려움에 관한 이야기를 할 수 있다.
정서적인 지지 및 조언	5	동료교사와 관리자가 우울해할 때, 그들을 격려하거나 위로할 수 있는 말이나 행동을 할 수 있다.
	6	가까운 동료교사와 관리자가 도움과 지지가 필요할 때, 그들이 잘 받아들일 수 있는 방식으로 조언해 줄 수 있다.
타인에 대한 불쾌감 주장	7	동료교사와 관리자에게 나의 감정을 상하게 하는 행동을 했다고 말할 수 있다.
	8	동료교사와 관리자가 비합리적인 요구를 할 때, 거절할 수 있다.
	9	동료교사와 관리자가 나를 무시하거나 배려하지 않을 때, 나의 권리를 지킬 수 있다.
대인갈등 다루기	10	동료교사나 관리자와 갈등으로 불쾌한 감정이 들 때, 화가 난 감정을 가라앉힐 수 있다.
	11	동료교사나 관리자와 갈등이 생겼을 때 나의 의견이 다름을 인정하고 그들의 관점을 이해할 수 있다.
마무리	12	프로그램을 정리하며 자신의 변화된 모습을 평가할 수 있다.

그림 9-2　프로그램의 목적과 하위영역별 · 회기별 목표

3. 최종 프로그램

표 9-1   최종 프로그램

영역	회기	프로그램 제목	회기별 목표	활동내용
프로그램 소개	1	우리의 첫 만남	• 프로그램 안내 및 목표 설정 • 친밀감 형성	• 프로그램 안내 및 서약서 • 별칭 짓기 및 자기소개 • 척도를 통하여 현재 상태 파악하기 • 감정 빙고
처음 관계 맺기	2	나의 숨겨진 모습 찾기	• 긍정적인 면을 표현하여 좋은 첫인상을 주기	• 교직 생활에서 동료들이 보는 나의 첫인상 글짓기 • 나의 첫인상 보완하기
	3	유머 있는 사람	• 분위기를 유쾌하게 하는 말이나 행동하기	• 영화의 주인공들의 유머 영상 시청, 나의 유머 유형 선택하기 • 유머의 다양한 유형 알기 • 동료교사와 관리자와의 관계에서 필요한 유머 탐색 후 유머 역할극 하기
자기 노출	4	어려워 말고 우리 함께	• 나의 어려움에 관해 이야기하기	• 학교 생활의 고민 타파 게시판 활동 • 학교에서 느끼는 다양한 어려움에 대한 해결 방안 탐색하기
정서적 지지 및 조언	5	힘들어도 나와 함께	• 우울해할 때, 그들을 격려하거나 위로하기	• 영상 시청 및 격려의 감정 나누기 • 동료교사 및 관리자와의 관계로 인하여 어려움을 느낀 시절의 나에게 보내는 위로 활동
	6	고민 구조대	• 도움과 지지가 필요할 때, 잘 받아들일 수 있도록 조언하기	• 영화 〈인턴〉을 통해 주인공들의 대화 패턴 탐색하기 • 교류 분석 이론에 대해 알기 • 어려움을 겪고 있는 동료교사들의 상황에서 자아 상태에 맞는 조언해 보기
타인에 대한 불쾌감 주장	7	나도 말할래	• 나의 불편한 감정 말하기	• 영상 시청 후 느낀 점 이야기 나누기 • 교직 생활에서 동료교사와 관리자와의 의사소통 걸림돌 알기 • 동료교사와 관리자와의 학교 상황에서 '나 전달법' 역할극 하기
	8	'쿨' 하게 거절하기	• 비합리적 요구를 할 때 거절하기	• 거절하지 못하는 주인공의 영상 시청하기 • 자기 주장적 표현 알기 • 동료교사 또는 관리자의 요구가 비합리적인 상황에서의 자기 주장 방법 역할극 하기
	9	나의 권리	• 나를 무시하지 않도록 나의 권리 지키기	• 영상 시청 후 교직 생활에서 내가 무시당하고 있는지 나의 특성 파악해 보기 • 자기 주장적 방법을 활용하여 교직 생활에서 동료교사와 관리자와의 관계에서 나의 권리 지키기 역할극 하기
대인 갈등 다루기	10	감정 신호등	• 불쾌한 감정이 들 때, 화가 난 감정 가라앉히기	• 화 다스리는 다양한 방법 공유하기 • 동료교사와 관리자와의 관계에서 화가 났던 경험을 떠올리고 긍정 회로 만들기 활동을 통하여 다양한 결과 탐색하기 • 나만의 분노 스위치 역할극하기
	11	모두 다른 우리	• 서로의 다름을 인정하고 상대의 관점 이해하기	• 아무 대답 챌린지 게임을 통해 서로의 생각 나누기 • DISC 성격유형 검사를 통해 동료교사와 나의 유형 비교하고 이야기 나누기 • 교직에서 서로 다른 입장으로 갈등이 있었던 경험 나누기
마무리	12	우리 모두 달라 졌어요	• 자신의 변화된 모습을 알기	• 성장 달력과 척도 그래프를 통하여 지난 회기의 내용과 나의 성장 알아보기 • 프로그램 평가, 활동 소감 나누기

4. 프로그램 효과 검증

이 프로그램의 효과검증을 위하여 혼합변량분석(Mixed ANOVA)을 사용하였으며, 유의수준 .05에서 검증한 결과 유의한 효과가 있는 것으로 밝혀졌다($F=7.87, p < .05$).

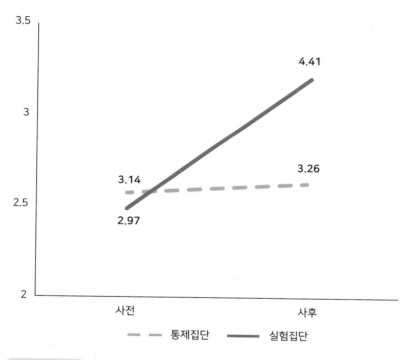

🔲 그림 9-3   **동료교사 및 관리자와의 대인관계능력의 사전·사후 점수**

다음으로 동료교사 및 관리자와의 대인관계능력의 변화를 하위 요인별로 검증하기 위해 혼합변량분석을 반복해서 사용한 결과, 대인관계능력의 5가지 하위요인에서 유의한 변화가 있는 것으로 나타났다. 따라서 심리적으로 소진된 중등교사의 동료 및 관리자와의 대인관계능력 향상을 위한 집단상담 프로그램은 효과가 있는 것으로 검증되었다.

프로그램 개발 및 효과검증에 관한 자세한 내용은 오승욱(2023)에서 확인할 수 있다.

5. 프로그램의 실제

1회기	우리의 첫 만남		
하위영역	프로그램 소개		
활동목표	프로그램의 의미를 알고 집단원 상호 간의 친밀감을 형성할 수 있다.		
준비물	활동 자료, 필기구	시간 (분)	90분
단계	**활동내용**	**시간 (분)**	**집단 구성**
도입	◆ 프로그램 소개 〈참고 자료 1-①〉 - 프로그램 일정 안내 - 프로그램 전체 내용, 목표 소개 ◆ 대인관계능력 검사 실시	25	전체
전개	◆ 상담 서약 〈활동 자료 1-①〉 - 상담 서약을 통해 집단상담 활동의 비밀 유지의 서약과 함께 상담 마음가 　짐 바로 잡기	10	전체
	◆ 개인 목표 설정 및 별칭 짓기 〈활동 자료 1-②〉 - 현재 나의 위치와 집단상담을 통해 나의 변화하고 싶은 점 이야기 나누기 - 나를 드러낼 수 있는 나만의 별칭 짓기	30	전체
	◆ 감정 빙고 게임 〈활동 자료 1-③〉 - 감정 빙고 게임을 통하여 집단원들 서로가 비슷한 감정을 느끼는지 알아 　보고 집단상담을 참여하며 어떤 감정들을 느끼는지 이야기 나누기.	15	전체
정리	◆ 경험 보고서 작성 - 오늘의 집단상담 경험에 대한 소감 나누기 ◆ 다음 회기 설명 - 다음 회기에 대한 전반적인 설명하기	10	전체
유의사항	- 처음 서먹한 분위기를 전환할 수 있게 감정 빙고 게임을 활용하여 집단원 서로가 무슨 감정 　을 느끼고 있는지 알 수 있도록 한다. - 소극적인 집단이거나, 다양한 제약이 생길 시 회기 활동을 줄이거나 선택하여 집단원 간 원 　활한 라포 형성이 되도록 한다. - 자신을 드러내고 싶지 않을 심리적으로 소진된 교사들을 위해 별칭 짓기 활동을 통해 상담의 　첫 시간에 집단상담의 부담감을 낮추도록 한다.		

1회기		
참고 자료 1-①		**프로그램 안내**

✎ **심리적으로 소진된 중등교사의 동료 및 관리자와의 대인관계능력 향상을 위한 집단상담 프로그램의 목적**

현재 학교 교육 현장이 새로운 변화들로 인해 복잡해지며 교사들에게 원하는 요구가 많아지고 있다. 이에 더해 중등교사는 신체적·정서적으로 미성숙한 사춘기의 청소년들을 교육하며 급격한 심리적 소진을 경험하는 비율이 높아지고 있다. 이러한 상황에서 심리적으로 소진의 위험에 있는 중등교사들을 위하여 동료교사 및 관리자와의 대인관계능력 향상을 통해 자신의 어려움을 함께 나누며 마음을 치유하고 이 과정에서 대인관계능력이 향상되는 효과를 통해 심리적 소진을 예방하고 동시에 해결이 될 수 있도록 돕는다.

✎ **프로그램의 구성**

영역	회기	주제
프로그램 소개	1회기	우리의 첫 만남
처음 관계 맺기	2회기	나의 숨겨진 모습 찾기
	3회기	유머 있는 사람
자기 노출	4회기	어려워 말고 우리 함께
정서적 지지 및 조언	5회기	힘들어도 나와 함께
	6회기	고민 구조대
타인에 대한 불쾌감 주장	7회기	나도 말할래
	8회기	'쿨' 하게 거절하기
	9회기	나의 권리
대인갈등 다루기	10회기	감정 신호등
	11회기	모두 다른 우리
마무리	12회기	우리 모두 달라졌어요

1회기	상담 서약	별칭
활동 자료 1-①		

시작하는 나와 약속하고 다짐합니다

1. 나는 집단상담 시간에 늦거나 결석하지 않겠습니다.

2. 나는 집단상담에서 나눈 이야기는 비밀로 하겠습니다.

3. 나는 집단 활동과 논의에 적극적으로 참여하겠습니다.

4. 나는 집단원의 이야기를 경청하고 존중하겠습니다.

5. 활동 중 다른 행동(핸드폰 하기, 음식 섭취 등)을 하지 않겠습니다.

6. _____

7. _____

나는 이 프로그램에 적극적으로 참여하여,
나의 [대인관계능력] 향상을 위해 노력할 것을 약속합니다.

20   년   월   일

이름: (서명)

1회기	나의 현재 위치	별칭
활동 자료 1-②		

◆ 내가 생각하는 나의 대인관계 능력 점수에 체크해 보세요.

◆ 내가 이번 집단상담을 통해 희망하는 점수에 체크해 보세요.

◆ 나의 희망을 담은 별칭을 지어 보세요.

1회기	지금 느끼는 감정	별칭
활동 자료 1-③		

종류	감정 단어
기쁨	고마운, 감사한, 기쁜, 통쾌한, 날아갈 듯한, 흐뭇한, 살맛 나는, 짜릿한, 좋은 등
노여움	구역질 나는, 고통스러운, 괴로운, 노한, 모욕적인, 불만스러운, 분노, 불쾌한, 속상한, 실망한 등
슬픔	가슴 아픈, 고민스러운, 괴로운, 기분 나쁜, 섭섭한, 절망적인, 창피한 등
즐거움	희망찬, 가벼운, 명랑한, 산뜻한, 상쾌한, 신나는, 활발한, 흥분되는, 밝은 등
사랑	사랑스러운, 감미로운, 그리운, 다정한, 묘한, 열렬한, 화끈거리는, 호감이 가는 등
미움	귀찮은, 괴로운, 고통스러운, 미운, 끔찍한, 무정한, 부담스러운, 서운한, 싫은 등
바람	갈망하는, 절박한, 초조한, 후회하는, 바라는, 호기심, 애끓는, 기대하는 등

◆ 지금 현재 자신이 느끼는 감정(희, 노, 애, 락) 16가지를 활동 자료에 작성하고 집단원들과 어떠한 감정을 느끼는지 알아보세요.

감정 빙고 게임

활동 회기	경험보고서	별칭

참여한 회기: [   ]

✎ **집단상담을 하면서 경험한 내용을 자유롭게 적어 주세요.**

◆ 새롭게 알게 된 점

◆ 가장 기억에 남는 활동

◆ 아쉬웠던 점

◆ 기타

※ 다른 회기의 경험보고서로도 사용 가능

활동 되짚기		별칭

마음 확인 척도

✏ 지난 시간 상담을 통해 변화된 나의 감정 상태를 변한 척도에 표시해 보세요.

부정 ❶ ❷ ❸ ❹ ❺ ❻ ❼ ❽ ❾ ➓ 긍정

2회기	나의 숨겨진 모습 찾기			
하위영역	처음 관계 맺기			
활동목표	친해지고 싶은 동료교사와 관리자에게 긍정적인 면을 표현하여 좋은 첫인상을 줄 수 있다.			
준비물	활동 자료, 필기구	시간 (분)	90분	
단계	활동내용	시간 (분)	집단 구성	
도입	◈ 활동 안내 - 이번 회기의 활동에 대해 전반적인 내용을 안내 ◈ 긍정적 경험 나누기 - 지난 회기 활동을 통해 나의 긍정적 감정 변화를 '마음확인 척도'를 통하여 점검하기	15	전체	
전개	◈ 첫인상 글짓기 〈활동 자료 2-①〉 - 조원의 첫인상을 긍정적인 첫인상과 오해받을 수 있는 첫인상을 문구로 표현해 주기 - 상대방이 바라본 나의 긍정적인 면과 오해받을 수 있는 첫인상에 대해 정리 후, 짝과 함께 이야기 나누기 - 조원이 만들어 준 나의 첫인상 문구를 보고 상대방이 지어 준 이유를 추측해 보고, 나의 추측과 상대의 의도가 어떻게 다른지 비교해 보기	30	모둠	
	◈ 긍정적 첫인상 만들기 〈활동 자료 2-②〉 - 나의 긍정적인 첫인상으로 인해 교직 생활에서 어떠한 장점이 있었는지 생각하기 - 짝이 바라본 내가 오해받을 수 있는 첫인상을 보고 떠오르는 경험과 느낌을 정리 후 서로 공유하기 - 교직 생활에서의 경험과 상대방이 바라본 나의 보완해야 할 첫인상을 보고 나의 긍정적인 첫인상을 만들기 위한 방안을 짝과 함께 서로 조언해 주며 생각하기	35	모둠	
정리	◈ 경험 보고서 작성 - 오늘의 집단상담 경험에 대한 소감 나누기 ◈ 다음 회기 설명 - 다음 회기에 대한 전반적인 설명하기	10	전체	
유의사항	- 서로의 첫인상을 파악해 볼 수 있도록 소집단에서도 1:1 짝 활동을 추가하여 객관적으로 탐색할 수 있도록 한다. - 첫인상 글짓기에 어려움을 느끼지 않도록 집단의 리더가 다양한 예를 들어 준다.			

2회기	나의 첫인상	별칭
활동 자료 2-①		

✎ 나의 짝의 첫인상에 대해 글짓기를 하고, 짝과 공유해 보세요.

당신의 긍정적인 첫인상은 _____ 입니다.

당신이 오해받을 수 있는 첫인상은 _____ 입니다.

✎ 나의 첫인상 탐색하기

상대방이 보는 나의 첫인상			
긍정적인 첫인상		오해받을 수 있는 첫인상	
나의 어떤 면을 통해 그러한 첫인상을 느꼈는지 추측해 보기		상대방이 바라본 나의 첫인상의 이유	
긍정적 첫인상	오해받는 첫인상	긍정적 첫인상	오해받는 첫인상

2회기	좋은 첫인상	별칭
활동 자료 2-②		

✎ 나의 긍정적인 첫인상으로 인해 교직 생활에서 어떠한 장점이 있었나요?

✎ 짝이 바라본 나의 오해받을 수 있는 첫인상을 보고 떠오르는 경험이나 느낌이 있나요?

✎ 나의 긍정적인 면과 오해받을 수 있는 첫인상을 통해 나의 긍정적인 첫인상을 보여 줄 첫인상 보완 방법이 무엇인지 짝과 함께 방안을 고민해 보세요.

3회기	유머 있는 사람		
하위영역	처음 관계 맺기		
활동목표	학기 초에 동료교사와 관리자를 만났을 때 분위기를 유쾌하게 하는 말이나 행동을 할 수 있다.		
준비물	활동 자료, 필기구	시간 (분)	90분
단계	활동내용	시간 (분)	집단 구성
도입	◈ 활동 안내 - 이번 회기의 활동에 대해 전반적인 내용을 안내 ◈ 긍정적 경험 나누기 - 지난 회기 활동을 통해 나의 긍정적 감정 변화를 '마음확인 척도'를 통하여 점검하기	10	전체
전개	◈ 나의 유머는? 〈활동 자료 3-①〉 - 내가 원하는 유머 / 유머 분석하기 - 영화의 웃긴 장면 모음을 보고 유머 있는 주인공들은 어떠한 공통점이 있는지 찾아보고 이야기 나누기 (출처: https://www.youtube.com/watch?v=uWhzj-PNUxM 영화 〈정직한 후보〉) - 나의 평상시 말투는 연예인으로 어떤 유형에 속하는지(유재석 유형, 강호동 유형) 알아보기	15	전체
	◈ 유머의 유형 알기 〈참고 자료 3-①〉 - 다양한 유머의 종류에 대해 알아보고 자신의 유머 스타일은 어떠한 유형에 해당되는지 생각하고 나에게 필요한 바람직한 유머 유형은 무엇인지 이야기 나누기	10	전체
	◈ 유머 탐색하기 〈활동 자료 3-②〉 - 활동 자료를 통하여 나의 교직 생활에서 언제 유머가 필요한지 생각하고, 그때 당시 유머를 사용했는지 나의 평상시 유머 사용은 어떠한지 탐색해 보고 생각 나누기	20	전체
	◈ 장면의 한 주인공이 되어 내가 생각한 유머 사용하기〈활동 자료 3-③〉 - 활동 자료를 통하여 각각의 장면에서 주인공이 되어 또 다른 유머를 생각하고 적기 - 내가 생각한 유머를 짝과 함께 역할극을 하며 연습하기	25	모둠
정리	◈ 경험 보고서 작성 - 오늘의 집단상담 경험에 대한 소감 나누기 ◈ 다음 회기 설명 - 다음 회기에 대한 전반적인 설명하기	10	전체
유의사항	- 유머가 필요한 학교 상황을 제시해 준다. - 같은 유형을 선택한 사람들이 함께 이야기를 나눌 수 있도록 집단을 구성한다.		

3회기	나의 유머는?	별칭
활동 자료 3-①		

✎ 유머 있는 주인공들은 어떠한 특징을 가지고 있나요?

✎ 내가 교직생활에서 사용하고 싶은 유머형은 어떠한 유형에 속하는지 선택하고 그 이유를 적어 보세요.

1. 유재석 유형	2. 강호동 유형
• 상황을 잘 파악한다. • 상대방을 존중하며 적절한 유머를 사용한다. • 가늘고 길게 잔잔하게 웃음을 준다.	• 처음부터 강한 웃음을 원한다. • 상대방을 계속 웃겨야 한다. • 자극적인 웃음을 원한다. • 몸을 사용하는 유머를 좋아한다.
이유	이유

3회기
참고 자료 3-①

유머의 유형

✎ 유머의 유형

1. 관계적 유머	2. 자기 고양 유머 (순응적 자기집중)
타인을 기쁘게 하고 관계를 촉진하고, 대인관계에서 긴장을 줄이기 위해 유머를 사용한다. 관계적 유머는 적대적이지 않으며, 대인관계의 응집성과 호감을 증가시키며, 이 스타일의 유머는 유쾌함, 외향적, 자존감, 친밀감, 관계 만족, 전반적으로 긍정적 기분과 정서와 관련 있다.	타인과 같이 있지 않아도 스트레스의 순간, 유머러스함을 가지고 삶에서 자주 즐거움을 느끼고, 스트레스나 역경에 직면에서도 유머를 사용하는 경향성이 있다. 자기 고양 유머는 경험에 대한 자존감, 개방성, 심리적 안녕과 관련이 있다.
3. 공격적 유머	**4. 자기파괴적 유머** **(비순응적 자기 집중)**
야유, 지분거리기, 멸시, 조롱하는 유머뿐만 아니라 잠재적 공격성을 가지고 있는 형태의 유머로, 상대방을 비난하거나 조롱하려는 목적의 유머를 사용하는 경향이 있다. 사회적으로 부적합한 때에도 유머를 강박적으로 표현하는 것도 포함된다. 이 스타일의 유머는 상대방과의 관계를 희생시키면서 자신을 고양시키는 수단으로 간주한다.	자신을 희생하며 웃기는 행위, 조롱 또는 멸시를 당할 때 상대방과 함께 웃음으로써 상대방을 즐겁게 하려고 시도하는 자기 비하적인 유머로, 부정적 감정을 숨기거나 문제점에 건설적으로 대처하는 것을 회피하려 방어적 형태로서의 유머를 사용한다. 이 스타일의 유머는 자신을 희생시키면서 상대의 주의를 이끌며 인정을 받으려는 시도로 간주된다.

나의 유머 스타일은?

_____

_____

_____

_____

3회기	유머 탐색하기	별칭
활동 자료 3-②		

✏️ **다음의 질문에 대해 나의 생각을 적어 보세요.**

◆ 나의 교직 생활에서 유머가 필요했을 때는 언제인가요?

◆ 그 상황에서 유머 있게 행동했으면 어떠한 결과가 나타났을까요?

◆ 동료교사와 관리자와의 관계에서 유머는 어떠한 효과를 가지고 올까요?

3회기		별칭
활동 자료 3-③	**나도 유머 있는 사람**	

✏️ 영상에 나오는 한 장면의 대화에서 어떠한 유머를 사용할 수 있는지 적어 보고 짝과 함께 역할극을 해 보세요.

(tvN 드라마 〈응답하라 1997〉 https://www.youtube.com/watch?v=2ianL_mJe_Q)

(제사 음식 준비 중)

남편: 아따, 이 사람아, 무슨 고기 산적을 이렇게나 많이 했대?

아내: _____

(tvN 드라마 〈블랙독〉 https://www.youtube.com/watch?v=u6kbZT3UBSg) 영상 16분 20초부터 17분 16초

(성과급 등급을 축하하며)

교사 A: (컴퓨터의 성과급 S 화면을 가리키며) 선생님! 저 등급이!!!!!!

교사 B: _____

4회기	어려워 말고 우리 함께		
하위영역	자기 노출		
활동목표	학기 초에 동료교사와 관리자에게 내가 겪고 있는 어려움에 관한 이야기를 할 수 있다.		
준비물	활동 자료, 필기구, 포스트잇	시간 (분)	90분
단계	활동내용	시간 (분)	집단 구성
도입	◈ 활동 안내 - 이번 회기의 활동에 대해 전반적인 내용을 안내 ◈ 긍정적 경험 나누기 - 지난 회기 활동을 통해 나의 긍정적 감정 변화를 '마음확인 척도'를 통하여 점검하기	10	전체
전개	◈ 고민 타파 게시판〈활동 자료 4-①〉 - 학교 상황에서 겪는 어려움을 영역별로 나누어 놓고, 각자 느끼는 어려움을 자유롭게 적기(게시판, 포스트잇 또는 비대면 상담 시 채팅창과 화이트보드 또는 구글 스프레드시트 활용) ◈ 내 고민을 뭉게뭉게〈활동 자료 4-②〉 - 게시판 또는 비대면 상황 시 채팅창, 구글 스프레드시트를 활용하여, 다양한 학교생활에서의 어려움을 작성하고, 내가 가장 어려워하고 아직 해결하지 못한 어려움 2개를 선정한 후 자신만의 해결 및 예방 방법 마인드맵으로 자유롭게 작성하기 - 소그룹 활동을 통하여 학교생활의 어려움을 말한 후 자신이 생각하는 예방 방법과 해결 방안을 집단원들의 긍정 피드백을 통하여 공유하고 자신의 고민을 먼저 개방할 수 있도록 하기	40 30	전체 모둠
정리	◈ 경험 보고서 작성 - 오늘의 집단상담 경험에 대한 소감 나누기 ◈ 다음 회기 설명 - 다음 회기에 대한 전반적인 설명하기	10	전체
유의사항	- 다양한 영역을 제시하여 교직 문화의 특수성을 서로 공감하도록 한다. - 포스트잇을 활용하여 가장 많은 어려움을 느끼는 영역을 알게 한다. - 긍정적인 피드백을 통하여 자기 개방의 힘을 얻도록 한다.		

4회기

활동 자료 4-①

별첨

고민 타파 게시판

✎ 학교의 다양한 영역별로 자신이 느끼는 어려움을 적어 보세요.

동료 · 관리자와의 관계

학부모와의 관계

업무

학생과의 관계

교육 목표

4회기	내 고민을 뭉게뭉게	별칭
활동 자료 4-②		

✎ 구름 안에 자신이 선정한 어려움 2개를 쓰고, 해결 및 예방 방안을 나의 경험을 바탕으로 자유롭게 마인드맵을 작성해 보세요.

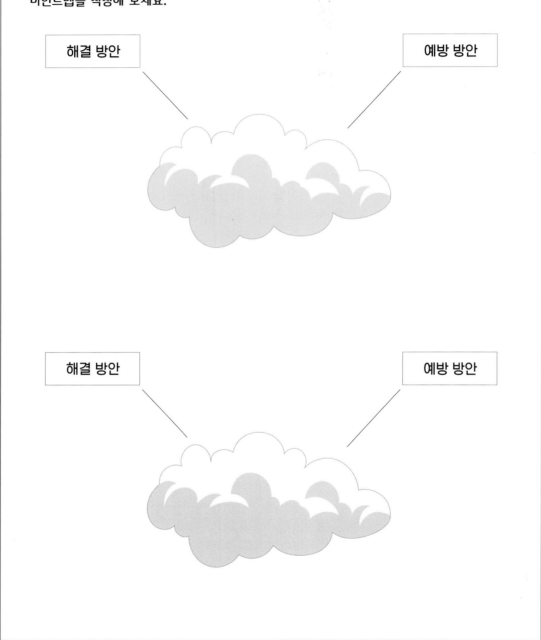

5회기	힘들어도 나와 함께		
하위영역	정서적 지지 및 조언		
활동목표	동료교사와 관리자가 우울해 할 때, 그들을 격려하거나 위로할 수 있는 말이나 행동을 할 수 있다.		
준비물	활동 자료, 필기구	시간 (분)	90분
단계	활동내용	시간 (분)	집단 구성
도입	◈ 활동 안내 - 이번 회기의 활동에 대해 전반적인 내용을 안내 ◈ 긍정적 경험 나누기 - 지난 회기 활동을 통해 나의 긍정적 감정 변화를 '마음확인 척도'를 통하여 점검하기	10	전체
전개	◈ 드라마 〈블랙독〉 16화의 고민이 있는 선생님의 영상 보기 〈활동 자료 5-①〉 - (출처: https://www.youtube.com/watch?v=QjrEGk2cG-8) - 주인공이 겪고 있는 문제상황을 파악하고 내가 좋아하는 영화의 주인공이 되어 격려와 위로해 주기 - 내가 좋아하는 영화의 주인공이 되어 격려를 해 줄 때 느껴지는 감정에 대해 이야기 나누기 ◈ 그때의 '나'에게 보내는 격려 〈활동 자료 5-②〉 - 나의 가장 힘들었을 때를 생각하고 그때의 나에게 위로의 단어를 보내기 (형용사+주어 조합) - 나에게 주는 위로 단어를 만든 이유에 대해 적고 그때의 나에게 하고 싶은 말을 적어 보기	40 30	전체 모둠
정리	◈ 경험 보고서 작성 - 오늘의 집단상담 경험에 대한 소감 나누기 ◈ 다음 회기 설명 - 다음 회기에 대한 전반적인 설명하기	10	전체
유의사항	- 영상을 보며 격려가 주는 힘이 무엇인지 알도록 격려를 할 때 상대방의 반응을 탐색할 수 있게 한다. - 나에게 주는 위로 단어를 만들 때 제시된 형용사와 주어 말고도 생각나는 단어들로 조합할 수 있도록 안내한다.		

5회기	격려와 위로 탐색하기	별칭
활동 자료 5-①		

✒ 드라마 〈블랙독〉 16화의 한 장면에 나오는 선생님의 고민 영상을 본 후 아래의 질문에 답을 적으며 나의 경험을 떠올려 보세요.

(tvN 드라마 〈블랙독〉 https://www.youtube.com/watch?v=QjrEGk2cG-8)

• 영상의 교사는 무엇 때문에 힘들어 하나요?	
• 나도 비슷한 경험을 한 적이 있으면 적어 주세요.	
• 내가 감명 깊게 본 영화의 주인공이 되어 위 영상의 주인공에게 위로의 한마디를 해 보세요.	
• 왜 그 영화의 주인공을 생각하며 위로를 해 주었나요?	

5회기	'나'에게 보내는 위로	별칭
활동 자료 5-②		

✎ 최근 가장 힘들었던 사건을 떠올린 후 별명 만들기 활동을 통한 나에게 보내는 격려와 위로를 적어
보세요.

형용사		주어
따뜻한 봄날의 편안한 기분 좋은 웃음이 나는 사랑스러운 귀여운 청량한 순수한 부드러운 행복한 특별한	여유로운 포근한 감미로운 아름다운 감사한 시원한 만족스런 흐뭇한 재미있는 날아갈 듯한 황홀한 당당한	햇살, 바다, 별빛, 보석, 선물, 보물, 숲, 산, 집, 전등, 불, 물, 공기, 태양

나에게 주는 위로

(예: 너는 밝고 따뜻하고 착하고 다정한 <u>봄날의 햇살</u> ○○○이야.)

_____

✎ 나만의 별명을 만든 이유와 힘들었던 나에게 하고싶은 말을 적어 보세요.

• 단어를 만든 이유
_____
_____
• 그때 당시의 나에게
_____
_____

6회기	고민 구조대		
하위영역	정서적 지지 및 조언		
활동목표	가까운 동료교사와 관리자가 도움과 지지가 필요할 때, 그들이 잘 받아들일 수 있는 방식으로 조언해 줄 수 있다.		
준비물	활동 자료, 필기구	시간 (분)	90분
단계	활동내용	시간 (분)	집단 구성
도입	◈ 활동 안내 – 이번 회기의 활동에 대해 전반적인 내용을 안내 ◈ 긍정적 경험 나누기 – 지난 회기 활동을 통해 나의 긍정적 감정 변화를 '마음확인 척도'를 통하여 점검하기	10	전체
전개	◈ 영화 〈인턴〉의 한 장면을 시청한 후 주인공들의 대화 교류를 보고 느껴지는 감정 이야기하기 (영상: https://www.youtube.com/watch?v=q3iCFLSI838) • '교류 분석' 알기 〈참고 자료 6-①〉 – '교류 분석'에 대해 참고 자료를 통해 이해하고, 나의 평상시 대화 패턴에서는 어떠한 자아 상태를 보이는지 파악한 후 이야기 나누기	40	전체 및 모둠

전개	◈ 학교 상황에서 어떤 자아를 활용하여 조언할 수 있을까? 〈활동 자료 6-①〉
	  예) 교권 침해로 인해 힘든 동료교사
	    P: 어버이 자아는 어떻게 조언할 수 있는지
	    A: 어른 자아는 어떻게 조언할 수 있는지
	    C: 어린이 자아는 어떻게 조언할 수 있는지
	
	– 학교에서의 다양한 상황에 대해 평상시에 어떤 자아 상태에서 대화하고 있는지 파악하기
	– 상황에 맞는 자아 상태로 짝과 함께 조언 역할극 하기
		30	모둠

정리	◈ 경험 보고서 작성 – 오늘의 집단상담 경험에 대한 소감 나누기 ◈ 다음 회기 설명 – 다음 회기에 대한 전반적인 설명하기	10	전체
유의사항	– 교류 분석의 자아 상태에 대해 숙지하여 자신의 평상시 자아 상태를 탐색할 수 있도록 한다. – 학교에서의 다양한 사례를 준비하여 교직 문화의 특성을 드러나게 하여 학교 현장으로 돌아가 상대에 맞는 조언을 할 수 있도록 한다.		

6회기	교류 분석 자아 상태
참고 자료 6-①	

자아구조	P(어버이 자아): 가르침 받은 나 부모 또는 부모와 같은 사람으로부터 모방한 사고, 행동, 감정 CP(비판적 어버이 자아), NP(양육적 어버이 자아) A(어른 자아): 생각하는 나 지금 여기에서 바로 반응하는 사고, 행동, 감정 C(어린이 자아): 느끼는 나 어린 시절로부터 재연된 사고, 행동, 감정 FC(자유로운 어린이 자아), AC(순응적인 어린이 자아)

CP	NP	A	FC	AC
"안 돼, 바보야!" "당연히… 해야 한다." "…하지 않으면 안된다." "잘라 버려." "내가 하라는 대로 해." 손가락질, 삿대질 속담, 격언 사용 설교조, 언쟁조 권위적, 강압적 실수를 지적하고 정정한다. 눈살을 찌푸린다. 깔보는 자세 무시, 경시 독단적, 편견적 보수적, 배타적 도덕관, 선악관, 정의감	"불쌍하게도…." "~해 줄게요." "아름다워요." "걱정된다." "잘했구나." "염려 마라. ~할 수 있다." 동정적, 애정 있는 부드러움, 다정함 자연스럽게 몸을 접촉, 안아 준다. 손을 잡는다. 어깨를 다정히 두드린다. 스킨십 과잉보호, 관대함 깊은 이해심, 비징벌적, 양육적, 지지적, 동정적, 다정다감, 보호적	5W 1H(언제, 어디서, 무엇을, 어떻게, 누가, 왜) "구체적으로 말하면….." "…라는 말입니까?" "어쨌든 사실 확인을 해 보자." "반대의견을 들어 보자." 침착하고, 낮은 음성, 냉정한, 엄전된 말 자세가 바르다. 기계적 발은 바르게 모으고 손은 조용히 무릎 위에 상대의 눈을 바라본다. 경청하며, 필요시 침묵하면서 생각한다. 적당한 사이를 두고 있다. 안정됨 이론적, 합리적, 이성적 객관적, 과학적 사실 중심주의 현실 지향적	유희적, 감정적, 밝고, 명랑한, 개방적 감탄사(느낌 표현 언어) "이야!" "좋아요" "싫어요." "멋지다." "아 아 그렇군." "~을 하고 싶어요." "야아. 신난다." "~을 가지고 싶어요." 잘 웃고 장난친다. 밝고 유머가 있다. 손뼉을 친다. 감정표현이 자유롭다. 창조적, 공상적, 능동적, 반항적, 공격적, 향락적, 스스럼없는 응석, 자기중심적 활발하며 행동이 자발적이다.	"~해도 좋을까요?" "~하려고 합니다." "저런 일 따위는 나와는 상관없어." "어쨌든 좋아. 그가 말한 대로 해 주지." (도움, 칭찬의 거절) 우물쭈물, 겸손, 음침한 목소리, 자신 없는 톤, 질질 짜는 소리, 물고 늘어지는 소리 안색을 살핀다. 착한 아이답다. 탄식한다. 표정이 어둡다. 불안, 공포, 증오가 있다. 자신의 감정을 억압하는 행동을 한다. 타율적, 의존적, 폐쇄적, 순종적, 감정억압, 소극적 원망하는 태도 토라짐, 비대결적, 타협적

6회기	'나'에게 보내는 위로	별칭
활동 자료 6-①		

✎ 다음의 학교의 상황에서 동료에게 각 자아 상태에 맞는 조언을 적어 보세요.

학교 상황		조언하기
교권 침해로 인하여 휴직 또는 이직을 고민하는 동료교사	어버이 자아	
	어른 자아	
	어린이 자아	
학부모와의 잦은 트러블로 인해 힘들어하는 동료교사	어버이 자아	
	어른 자아	
	어린이 자아	
공문 기안 실수로 인해 자책하고 있는 동료교사	어버이 자아	
	어른 자아	
	어린이 자아	
각 부서의 부장들과의 마찰로 힘들어하고 있는 관리자	어버이 자아	
	어른 자아	
	어린이 자아	

✎ 짝과 함께 각 상황에 맞는 조언을 역할극을 통해 연습해 보세요.

7회기	나도 말할래		
하위영역	타인에 대한 불쾌감 주장		
활동목표	동료교사와 관리자에게 나의 감정을 상하게 하는 행동을 했다고 말할 수 있다.		
준비물	활동 자료, 필기구	시간 (분)	90분
단계	활동내용	시간 (분)	집단 구성
도입	◆ 활동 안내 - 이번 회기의 활동에 대해 전반적인 내용을 안내 ◆ 긍정적 경험 나누기 - 지난 회기 활동을 통해 나의 긍정적 감정 변화를 '마음확인 척도'를 통하여 점검하기	10	전체
전개	◆ 채널A 〈요즘 가족〉을 감상한 후 나와 공감되는 부분 이야기 나누기 　(영상 출처: https://www.youtube.com/watch?v=27lfAcjCLuA) ◆ 의사소통 걸림돌 알기 〈활동 자료 7-①〉 - 학교에서의 다양한 의사소통 상황에서 느끼는 부정적인 걸림돌 표현에 대해 알아보기 - 자신이 가장 화났던 상황을 파악한 후 그때 당시의 감정 나누기 ◆ 나-전달하기 - 너 전달법과 나-전달법에 대해 알아보기 〈참고 자료 7-①〉 - 학교 상황에서 느끼는 다양한 사례에서 나의 불편한 감정을 나-전달법으로 짝과 함께 역할극을 통해 연습하기 〈활동 자료 7-②〉	40 30	전체 및 모둠 전체 및 모둠
정리	◆ 경험 보고서 작성 - 오늘의 집단상담 경험에 대한 소감 나누기 ◆ 다음 회기 설명 - 다음 회기에 대한 전반적인 설명하기	10	전체
유의사항	- 영상을 시청하며 자신의 부정적인 감정을 표현하지 못하는 사람들은 어떠한 특징을 가지는지 알도록 안내한다. - '나-전달법'을 연습할 수 있도록 충분한 시간을 제공한다.		

7회기	의사소통 걸림돌	별칭
활동 자료 7-①		

✏ 다음 표의 부정적인 표현 중 내가 경험했던 것 중 가장 듣기 싫었던 표현을 하나 선택하고, ① 그 때 내가 들었던 말, ② 나의 기분, ③ 내가 듣고 싶었던 말을 차례로 작성하고 ④ 당신의 반응에 대해서 짝과 함께 이야기를 나누어 봅시다.

> 위협하기, 무시하기, 헐뜯기, 빈정대기, 말 자르기, 명령하기, 심문하기, 비교하기, 기죽이기,
> 일방적 판단, 배신하기, 뒷담화, 비난하기

그때 들었던 말	그때 나의 기분	듣고 싶었던 말	나의 반응 (말, 행동)

7회기
참고 자료 7-①

'나' 전달법

너-전달법	나-전달법
"네가 이 문제를 나에게 의논하려는 것은 잘한 일이야."	"네가 이 문제를 나에게 의논하러 와서 기뻐."
"왜? 내가 말한 것이 말 같지 않니?"	"내가 네게 말할 때, 아무 대답 없이 쳐다보기만 하니까 무시당하는 것 같아 화가 나."
"너는 참 착하고 부드러운 친구야."	"네가 내 말을 들어 주니까 일이 빨리 끝나 기쁘고 즐겁구나."
"○○아! 넌 청개구리니? 왜 하루에도 몇 번씩 말을 번복하고 그래?"	"○○이가 말을 자꾸 번복하니 내가 일을 제대로 추진할 수가 없어서 혼란스럽고 답답하고 짜증 나고 걱정돼."

나-전달법의 형식[3가지 구성요소]

상대방의 구체적 행동 A	(내가 받는) 영향(명백하고 구체적인 것) B	나의 느낌 C

7회기	'나' 전달하기	별칭
활동 자료 7-②		

✎ **다음 상황에 '나-전달법'을 사용하여 상대방에게 나의 감정을 전해 보세요.**

◆ 동교과 협의회에서 특정 선생님이 나의 의견을 일방적으로 무시해서 나의 감정이 상하였다.

> • 보통 나는 어떻게 반응하나요?
>
>
>
>
>
> • '나-전달법'으로 말해 보기

◆ 정말 몸이 좋지 않아 병가를 갑자기 사용하게 되었을 때, 관리자로부터 책임감이 없다는 소리를 들었다.

> • 보통 나는 어떻게 반응하나요?
>
>
>
>
>
> • '나-전달법'으로 말해 보기

8회기	'쿨' 하게 거절하기		
하위영역	타인에 대한 불쾌감 주장		
활동목표	동료교사와 관리자가 비합리적인 요구를 할 때, 거절할 수 있다.		
준비물	활동 자료, 필기구	시간 (분)	90분

단계	활동내용	시간 (분)	집단 구성
도입	◆ 활동 안내 - 이번 회기의 활동에 대해 전반적인 내용을 안내 ◆ 긍정적 경험 나누기 - 지난 회기 활동을 통해 나의 긍정적 감정 변화를 '마음확인 척도'를 통하여 점검하기	10	전체
전개	◆ 웹드라마 〈관계도 반품이 됩니다-거절하지 못하는 나, 비정상인가요?-〉를 시청하고 거절하지 못했던 나의 경험 이야기 나누기 (출처: https://www.youtube.com/watch?v=q3A_NMZH-JE)	15	전체
	◆ 자기 주장적 표현 알기 〈참고 자료 8-①〉 - 참고 자료를 통하여 소극적 행동, 공격적 행동, 자기주장적 행동에 대해 알아보기 - 나의 학교생활에서는 동료들의 비합리적인 요구에서 어떠한 행동 표현을 하고 있는지 생각해 보고 이야기 나누기	15	모둠
	◆ 학교 상황에서의 거절하는 방법 연습하기 〈활동 자료 8-①〉 - 활동 자료의 제시된 다양한 학교의 상황을 통하여 정중히 거절하는 방법을 짝과 함께 연습해 본다. 짝은 점검표를 통하여 상대방이 주장적 방법을 통해 거절하는 방법을 잘 수행하고 있는지 확인하여 준다.	40	모둠
정리	◆ 경험 보고서 작성 - 오늘의 집단상담 경험에 대한 소감 나누기 ◆ 다음 회기 설명 - 다음 회기에 대한 전반적인 설명하기	10	전체
유의사항	- 참고 자료 안내할 때, 소극적 행동, 공격적 행동의 예시를 자세히 안내하여 자신 또는 나와 갈등이 있는 상대방의 특징을 파악할 수 있도록 한다.		

8회기	자기 주장적 행동으로 거절하는 방법
참고 자료 8-①	

소극적 행동	공격적 행동	자기 주장적 행동
자기의 생각이나 의견을 솔직하게 말하고 싶지만, 눈치 또는 체면 때문에, 또는 용기가 없어 자신의 이익과 권리를 포기하고 얌전한 체, 겸손한 체, 예의 바른 체하는 등의 행동	자기의 권리에만 집착하고 타인의 권리를 고려하지 않거나 심지어는 타인의 권리를 침해하면서까지 자기의 권리만 내세우는 행동	타인의 권리를 침해하거나 불쾌하게 하지 않는 범위에서 자기의 권리를 옹호하여 생각, 의견, 느낌 등을 있는 그대로 솔직하게 나타내는 행동

자기표현	1. 마음에 없는 지나친 사과나 변명을 하지 않고 말한다. 2. 자신이 하고 싶은 말을 참지 않고 말한다. 3. 자신이 말하고 싶은 내용을 분명하게 말한다. 4. 다른 사람을 통하지 않고 상대방에게 직접 말한다. 5. 자신의 마음속에 있는 그대로 솔직하게 말한다.
상대방 고려	1. 서로의 입장이 다르면 타협해 보려고 노력한다. 2. 상대방의 말에 이해나 공감을 표시해 준다. 3. 상대방의 말에 관심을 가지고 들어 주면서 자신의 말을 한다. 4. 자기가 하려는 말과 관련하여 그 이유를 간단히 설명한다. 5. 자신의 말을 들었을 때 상대방이 가질 수 있는 생각이나 느낌을 사전에 말해 준다. 6. 자신의 말이 진리인 것처럼 말하지 않고 "자신의 입장에서 한 말이다."라는 점을 강조하여 말한다(나-전달법 사용). 7. 예의를 지키면서 말한다.
음성적 요소	1. 단호한 음성으로 말한다. 2. 말하는 도중 "음-" "에-" 등의 불필요한 말을 하지 않는다.
비언어적 요소	1. 말하고 있는 내용과 일치하는 표정을 짓는다. 2. 말할 때 주저하거나 서두르지 않는다. 3. 말하는 동안에 상대방과 적절히 눈을 마주친다.

8회기	자기 주장적 행동으로 거절하기	별칭
활동 자료 8-①		

✎ 다음의 학교 상황에서 자기 주장적 방법을 사용하여 정중히 거절하는 방법에 짝과 함께 체크리스트로 서로를 점검해 주며 역할극을 해 보세요.

◆ 선생님~ 제가 오늘 일이 있어서 그런데 수업 좀 교체해 주실래요?

공격적 행동	
소극적 행동	
자기주장 행동	

◆ (관리자) ○○ 선생님이 이 업무도 같이 해 줘야 되겠어~ 할 수 있지?

공격적 행동	
소극적 행동	
자기주장 행동	

◆ 선생님께서 다음 학기 순회 나가야 될 것 같은데 괜찮죠?

공격적 행동	
소극적 행동	
자기주장 행동	

◆ (동교과) 선생님~ 이번 시험 수업 자료 좀 보내 줘~.

공격적 행동	
소극적 행동	
자기주장 행동	

◆ 선생님~ 이번 주 우리 반 조 · 종례 좀 부탁해~.

공격적 행동	
소극적 행동	
자기주장 행동	

※ 자기 주장적 표현 체크리스트

요소 \ 시연자	나	짝(별칭:)
1. 자신의 생각을 분명히 밝힘		
2. 내용이 분명함		
3. 예의를 지킴(말, 행동)		
4. 분명하고 단호한 목소리로 말함		
5. 자연스러운 표정을 지음		
6. 말하는 도중 "에-" "음-" 등과 같은 말이 추가되지 않아 끊어지지 않음		
7. 말하는 동안 상대방과 적절히 눈을 마주친다.		

9회기	나의 권리		
하위영역	타인에 대한 불쾌감 주장		
활동목표	동료교사와 관리자가 나를 무시하거나 배려하지 않을 때, 나의 권리를 지키는 방법을 알 수 있다.		
준비물	활동 자료, 필기구	시간 (분)	90분
단계	활동내용	시간 (분)	집단 구성
도입	◆ 활동 안내 - 이번 회기의 활동에 대해 전반적인 내용을 안내 ◆ 긍정적 경험 나누기 - 지난 회기 활동을 통해 나의 긍정적 감정 변화를 '마음확인 척도'를 통하여 점검하기	10	전체
전개	◆ 나의 권리를 지키는 방법 알아보기 〈활동 자료 9-①〉 　예능 〈오은영의 금쪽 상담소〉 무시당하는 사람들의 특성 시청하기 - 영상에서 나오는 무시당하는 사람들의 특성을 적어 보기 - 내가 무시당하거나 배려받지 못한다면 나의 어떠한 특성으로 인한 것인지 생각해 보기 - 나의 무시당하거나 배려받지 못할 때를 생각하고 내가 했던 나의 권리를 지키는 방법을 적어 보고 이야기 나누기	30	전체 및 모둠
	◆ 나는 내가 지켜! 〈활동 자료 9-②〉 - 역할극을 통해 무시당하거나 타인이 나를 비판하는 상황에서 나를 지키기 위해 자기 주장적 표현으로 나의 권리를 타인에게 주장하기 - 공유한 방법을 서로 바꾸어서 짝과 함께 역할극 하기	40	모둠
정리	◆ 경험 보고서 작성 - 오늘의 집단상담 경험에 대한 소감 나누기 ◆ 다음 회기 설명 - 다음 회기에 대한 전반적인 설명하기	10	전체
유의사항	- 18회기와 연계하여 자기 주장적 표현을 연습할 수 있도록 다시 안내하여 준다. - 자신의 권리를 표현하는 것에 어려움을 느끼지 않도록 다양한 사례를 제시하여 준다.		

9회기	당당해지는 나의 권리	별칭
활동 자료 9-①		

✎ 영상에 나온 무시당하는 사람의 특성 3가지를 적어 보세요.

1. _____

_____

2. _____

_____

3. _____

_____

✎ 나는 무시당하는 사람의 특성을 가지고 있다고 생각하나요? 그렇다면 그 이유를 적어 보세요.

✎ 동료교사나 관리자로부터 무시당하거나 배려받지 못한 경험을 적어 보고, 그때 나는 어떠한 방식으로 나의 권리를 지켰는지 적어 보세요.

9회기	나는 내가 지켜!	별칭
활동 자료 9-②		

✎ 다음의 학교 상황에서 자기 주장적 방법을 사용하여 나의 권리를 지킬 수 있는 방법을 적고 짝과 함께 체크리스트로 서로를 점검해 주며 역할극을 해 보세요.

◆ 조금 전 학생상담 하는 거 들어봤는데 그렇게 지도하면 안 돼.

공격적 행동	
소극적 행동	
자기주장 행동	

◆ 선생님~ 이상하게 애들이 선생님 수업 때만 조퇴한다고 하네~

공격적 행동	
소극적 행동	
자기주장 행동	

◆ (관리자) 이 업무 선생님한테는 버거운 거 같으니까 내년엔 다른 거 해.

공격적 행동	
소극적 행동	
자기주장 행동	

◆ 선생님~ 2학기도 월-금 2, 3, 4, 5교시로 수업 짰는데 해 주세요.

공격적 행동	
소극적 행동	
자기주장 행동	

※ 자기 주장적 표현 체크리스트

요소	시연자	나	짝(별칭:)
1. 자신의 생각을 분명히 밝힘			
2. 내용이 분명함			
3. 예의를 지킴(말, 행동)			
4. 분명하고 단호한 목소리로 말함			
5. 자연스러운 표정을 지음			
6. 말하는 도중 "에-" "음-" 등과 같은 말이 추가되지 않아 끊어지지 않음			
7. 말하는 동안 상대방과 적절히 눈을 마주친다.			

10회기	감정 신호등		
하위영역	대인 갈등 다루기		
활동목표	동료교사나 관리자와 갈등으로 불쾌한 감정이 들 때, 화가 난 감정을 가라앉힐 수 있다.		
준비물	활동 자료, 필기구	시간 (분)	90분
단계	활동내용	시간 (분)	집단 구성
도입	◈ 활동 안내 - 이번 회기의 활동에 대해 전반적인 내용을 안내 ◈ 긍정적 경험 나누기 - 지난 회기 활동을 통해 나의 긍정적 감정 변화를 '마음확인 척도'를 통하여 점검하기	10	전체
전개	◈ 참고 자료를 통해 분노에 대해 이해하기 〈참고 자료 10-①〉 - 참고 자료를 통하여 분노 감정 다스리기에 대해 이해하기 - 집단원들이 자신만의 화 다스리는 방법을 공유하기	15	전체 및 모둠
	◈ 긍정 회로 만들기 〈활동 자료 10-①〉 - 나에게 가장 화났던 상황을 떠올려 긍정 회로를 돌렸을 때와 부정 회로를 돌렸을 때의 차이를 보고 느껴지는 감정 나누기	25	모둠
	◈ 분노 스위치 끄기 〈활동 자료 10-②〉 - 소그룹 활동을 통해 무시당하거나 타인이 나를 비판하는 상황에서 나만의 방법을 선택하여 마음속의 분노 스위치를 끄는 상상을 통하여 분노 다스리는 연습하기 - 공유한 방법을 서로 바꾸어서 짝과 함께 역할극을 통하여 연습해 보기	30	소집단
정리	◈ 경험 보고서 작성 - 오늘의 집단상담 경험에 대한 소감 나누기 ◈ 다음 회기 설명 - 다음 회기에 대한 전반적인 설명하기	10	전체
유의사항	- 화를 다스리는 다양한 방법을 알 수 있도록 집단원들 간에 서로 자유롭고 많은 대화를 할 수 있도록 소그룹 활동에 시간 분배를 많이 한다.		

10회기 참고 자료 10-①		분노 다스리기

분노이해 하기	자기이해	• 부정적인 자신을 긍정적으로 볼 수 있도록 생각을 전환하는 교육 참여하기 • 분노의 원인과 결과에 대해 이해하기 • 이전의 경험을 통해 이익이 없는 결과물을 상기하고 반추하기 • 실패경험을 줄이고자 하는 자신의 의지를 강하게 하는 생각과 행동하기 • 객관적인 견해를 가지기 위해 사색, 반추하기 • 산책하며 제 3자인 친구 또는 지인과 자신의 분노감정에 대해 대화하기 • 분노조절 관리학습과 훈련프로그램에 참여하기 • 일기 등 글쓰기 행동하기 • 객관적인 견해를 가지기 위해 사색, 반추하기 • 분노감정을 정리하는 행동하기
	타인이해	• 타인의 의견에 존중감을 가지고 긍정적으로 보기 • 타인의 언어 패턴, 행동 패턴, 성격 등의 특징을 이해하기
	분노감정 정화	• 화난 마음 글로 쓰거나 그림으로 그리기 • 소중한 사람 생각하며 심호흡하기 • 분노의 종이컵 만들기: 연필로 종이컵에 구멍 내기 • 샌드백 치듯 행동을 취하며 운동하기 • 자아대면기법: 베개나 인형을 준비하여 치기 • 분노로 느끼는 감정을 풍선을 사용하여 크기로 표현하고 터뜨리기(풍선에 분노를 느끼는 내용의 단어를 쓰고 불어서 터뜨린다.) • 편지나 문자를 통해 분노했던 감정 원인을 상대방에게 전달하기 • 자유롭게 종이 찢기

10회기	긍정 회로 만들기	별칭
활동 자료 10-①		

✎ 학교에서 일어났던 사건에 대해 나의 분노 에너지 실패 회로를 만들어 보세요.

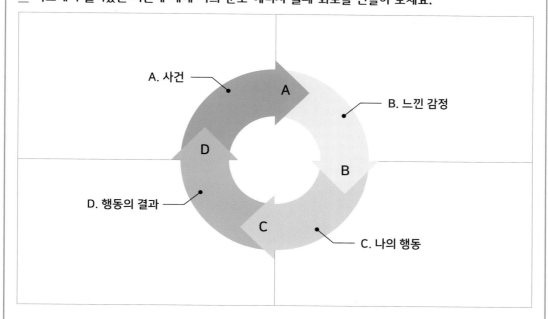

✎ 학교에서 일어났던 사건에 대해 나의 분노 에너지 긍정 회로를 만들어 보세요.

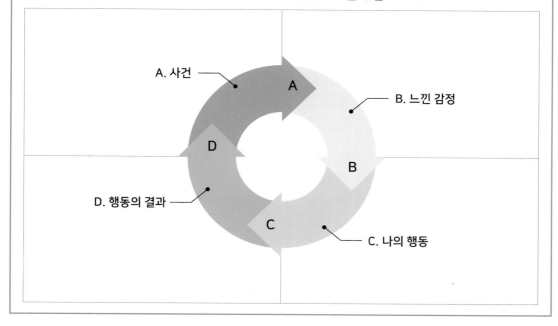

10회기	나만의 분노 스위치	별칭
활동 자료 10-②		

✎ 사건이 일어났을 때, 실패 회로로 인하여 분노를 대처하지 못했을 때와 긍정 회로로 분노를 대처하였을 때 행동의 결과에서 무엇이 달라졌나요?

✎ 나만의 분노 스위치를 만들어 분노를 조절하는 연습을 짝과 함께 연습해 보고 자신만의 방법을 공유하며 이야기를 나누어 보세요.

• 나만의 분노 스위치

• 짝의 분노 스위치

11회기	모두 다른 우리		
하위영역	대인갈등 다루기		
활동목표	동료교사나 관리자와 갈등이 생겼을 때 나의 의견이 다름을 인정하고 그들의 관점을 이해할 수 있다.		
준비물	활동 자료, 필기구	시간 (분)	90분
단계	활동내용	시간 (분)	집단 구성
도입	◆ 활동 안내 - 이번 회기의 활동에 대해 전반적인 내용을 안내 ◆ 긍정적 경험 나누기 - 지난 회기 활동을 통해 나의 긍정적 감정 변화를 '마음확인 척도'를 통하여 점검하기	10	전체
전개	◆ 아무 대답 챌린지 게임 〈참고 자료 11-①〉 - 아무 대답 챌린지 게임을 통하여 서로의 마음을 추측하는 활동을 통하여 사람마다 모두 다른 관점으로 상대를 바라보는 것을 알도록 한다.	20	전체 및 모둠
전개	◆ DISC 검사 〈활동 자료 11-①, 참고 자료 11-②〉 - DISC 검사를 통해 자신의 행동유형을 파악하고 각 행동유형에서 타인으로부터 기대하는 것은 무엇이고, 자신의 일에 대한 태도를 파악하여 각자 다름으로 인해 갈등은 필연적으로 발생하게 되고 각자의 다른 관점을 이해할 수 있도록 한다. - 자신의 유형을 소그룹을 통해 서로의 유형을 예측해 보고 자신의 행동유형을 이야기하며 교직에서 입장 차이로 인하여 갈등이 있던 경험과 서로의 다른 관점을 이해할 수 있도록 한다.	50	전체 및 모둠
정리	◆ 경험 보고서 작성 - 오늘의 집단상담 경험에 대한 소감 나누기 ◆ 다음 회기 설명 - 다음 회기에 대한 전반적인 설명하기	10	전체
유의사항	- 성격유형 검사를 할 수 있는 충분한 시간을 제공해 준다. - 타인과 다름을 인정할 수 있도록 충분히 안내하고 설명한다.		

11회기	아무 대답 챌린지
참고 자료 11-①	

✏ **집단원들의 마음을 알아볼 수 있는 즐거운 놀이로 비대면과 대면 상담에서 모두 사용할 수 있다.**

1. 집단 리더가 모두에게 질문을 던진다. 물론 말도 안 되는 아무 질문이나 한다. 이때 자칫 기분이 상할 수 있는 질문을 하지 않는다.
   (○○님과 결혼하면 어울릴 것 같은 연예인은 누구인가요?)

2. 이때 다른 집단원들은 종이나 채팅창을 통하여 질문에 대한 자신의 답을 적는다.

3. 질문에 지목당한 집단원은 다른 집단원들이 적은 답을 두루 살펴보고, 가장 마음에 드는 답을 골라 순위를 3위 정도까지 정하여 리더에게 보낸다.

4. 이제 거꾸로 다른 집단원들이 답을 보고 거꾸로 지목당한 ○○님은 어떤 답을 골랐을지 추측하는 시간으로 내가 ○○님이라면 누구를 골랐을지 3위 정도까지 순서대로 적는다.

5. 이제 리더가 순위를 발표한다.

6. 집단원들은 종이나 채팅창에 적은 이름 옆에 점수를 적는다.

• 내가 처음 적었던 답이 1위이면 30점, 2위면 20점, 3위에 오르면 10점을 받는다.
• 내가 추측한 답이 1위라면 30점, 2위라면 20점, 3위라면 10점을 받는다. 따라서 우연히 내가 적었던 답이 1위가 되고, 자신도 종이나 채팅창에 1위로 꼽았는데 맞았다면 최고 60점을 받는다.

출처: 허승환(2020).

11회기	나의 DISC 유형은?	별칭
활동 자료 11-①		

✎ **나의 성격유형을 파악해 보세요.**(출처: 세모테- http://aiselftest.com/disc/index.html)

나의 유형은 _____ 입니다.

◆ 내가 남에게 보여지는 행동은

1.

2.

3.

입니다.

◆ 타인으로부터 기대하는 것은

1.

2.

3.

입니다.

◆ 나의 일에 대한 태도는

1.

2.

3.

입니다.

11회기	DISC 행동유형
참고 자료 11-②	

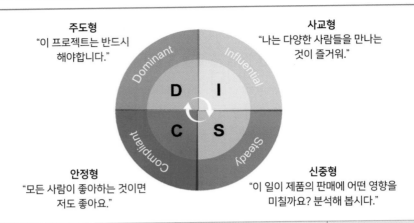

주도형
"이 프로젝트는 반드시
해야합니다."

사교형
"나는 다양한 사람들을 만나는
것이 즐거워."

안정형
"모든 사람이 좋아하는 것이면
저도 좋아요."

신중형
"이 일이 제품의 판매에 어떤 영향을
미칠까요? 분석해 봅시다."

유형	관찰되는 행동	타인으로부터 기대하는 것	자신의 일에 대한 태도
전형적인 주도형 (D형)	1. 자기중심적 2. 듣기보다는 말한다. 3. 자기 주장이 강하다. 4. 의지가 강하다. 5. 힘으로 밀어붙이고 결의가 굳다.	1. 직설적 소통 2. 존경받는 것 3. 자신의 리더십을 인정해 　주는 것 4. 간섭받지 않는 것	1. 권위와 권력 2. 명성, 위신, 신망 3. 도전성
전형적인 사교형 (I형)	1. 듣기보다는 말한다. 2. 때로는 감정적이다. 3. 설득력이 있고 정치적인 감각 　이 있다. 4. 활기차며 타인을 설득하려고 　한다.	1. 친근하고 정직하며 유머 　러스하다. 2. 자신의 생각, 감정 상태에 　대해 들려준다.	1. 가시적인 인정과 보상 2. 승인, 동조, 인기를 받 　는 것
전형적인 신중형 (S형)	1. 말하는 것보다 질문한다. 2. 일관성이 있다. 3. 상담, 상의하는 것을 선호한다. 4. 인내심이 있다. 5. 변화에 소극적이며 말에 신중 　을 기한다.	1. 편안한 태도 2. 상냥함, 우호적이다. 3. 자신의 가치를 인정하며 　변화는 점진적으로 진행 　한다.	1. 가시적인 인정과 보상 2. 승인, 동조, 인기를 받 　는 것
전형적인 안정형 (C형)	1. 규칙/규범을 준수한다. 2. 구조적, 조직적이다. 3. 실수를 하지 않도록 주의한다. 4. 세운 목표에 스스로 엄격하다. 5. 대인관계에서 외교적이다.	1. 최소한의 사교적 행동을 　취한다. 2. 세부사항의 정확성이 있 　고 해동에 신뢰를 기한다. 3. 높은 기준	1. 명확한 기대와 목표 2. 자주성 3. 전문성의 인정 프로 　정신

12회기	우리 모두 달라졌어요		
하위영역	마무리		
활동목표	프로그램을 마치며 변화된 자신을 알고, 긍정적인 변화의 의지를 다짐할 수 있다.		
준비물	활동 자료, 필기구	시간 (분)	90분

단계	활동내용	시간 (분)	집단 구성
도입	◆ 활동 안내 - 이번 회기의 활동에 대해 전반적인 내용을 안내 ◆ 긍정적 경험 나누기 - 지난 회기 활동을 통해 나의 긍정적 감정 변화를 '마음확인 척도'를 통하여 점검하기	10	전체
전개	◆ 성장 달력 〈활동 자료 12-①〉 - 성장 달력을 통해 우리의 활동들을 되돌아보며 가장 기억나는 활동이나 느낌을 한 가지씩 작성하고 집단원과 이야기 나누기 - 집단원들이 서로 어떠한 활동에서 크게 공감이 되었는지 이야기를 나누며 학교의 상황에서 비슷한 어려움을 느낀다는 것을 알기	30	전체 및 모둠
	◆ 나의 변화 〈활동 자료 12-②〉 - 척도 그래프를 통하여 나의 대인 관계 능력 변화 정도 점검해 보기 - 지난 상담을 통해 나에게 가장 필요한 대인관계 기술은 무엇인지 생각해 보고 이야기 나누기	20	전체
	◆ 사후 검사(대인관계능력 검사) 실시	20	전체
정리	◆ 경험 보고서 작성 - 오늘의 집단상담 경험에 대한 소감 나누기	10	전체
유의사항	- 심리적으로 소진된 교사가 학교로 돌아가 자신에게 제일 필요한 방법들을 알 수 있도록 지난 회기들을 생각하도록 한다. - 활동을 정리하는 마지막 회기이므로 집단원들의 변화에 대해 서로 이야기 나눌 수 있는 충분한 시간을 제공한다.		

12회기	성장 달력	별칭
활동 자료 12-①		

✎ 우리의 활동들을 되돌아보며 가장 기억에 남는 활동이나 느낌을 한 가지씩 작성해 주세요.

우리의 활동들

1회기 우리의 첫 만남	2회기 나의 숨겨진 모습 찾기	3회기 유머 있는 사람	4회기 어려워 말고 우리 함께	5회기 힘들어도 나와 함께	6회기 고민 구조대

7회기 나도 말할래	8회기 '쿨' 하게 거절하기	9회기 나의 권리	10회기 감정 신호등	11회기 모두 다른 우리	12회기 우리 모두 달라졌어요

12회기	나의 변화	별칭
활동 자료 12-②		

✎ 집단상담을 마치며 내가 느끼는 대인관계 변화 점수에 체크해 보세요.

❶ ❷ ❸ ④ ⑤ ⑥ ❼ ⑧ ❾ ➓

✎ 이제 학교로 돌아가 나에게 제일 도움이 될 방법은 무엇이고 사용하고 난 뒤 어떠한 변화가 생길까요?

제10장

생활지도 역량 향상 프로그램

1. 프로그램 개발 절차

본 연구에서는 박인우(1995)의 집단상담 프로그램 개발 모형에 기초하여 조사, 분석, 설계, 구안, 적용의 과정을 거쳐 집단상담 프로그램을 개발하였다. 이 장에서 소개되는 프로그램은 다음 순서로 진행된다. 프로그램 개발 절차와 내용을 도식화하면 [그림 10-1]과 같다.

1 가까워지는 우리	2 행동 이면의 욕구
3 가려진 너의 마음	4 마음을 들여다보는 질문
5 자세히 보아야 예쁘다	6 존중 반응 해 주기
7 색안경 벗기	8 너의 마음이 보여
9 내 마음의 주인	10 힘이 있는 선생님
11 마음 심폐소생술	12 내가 만든 변화

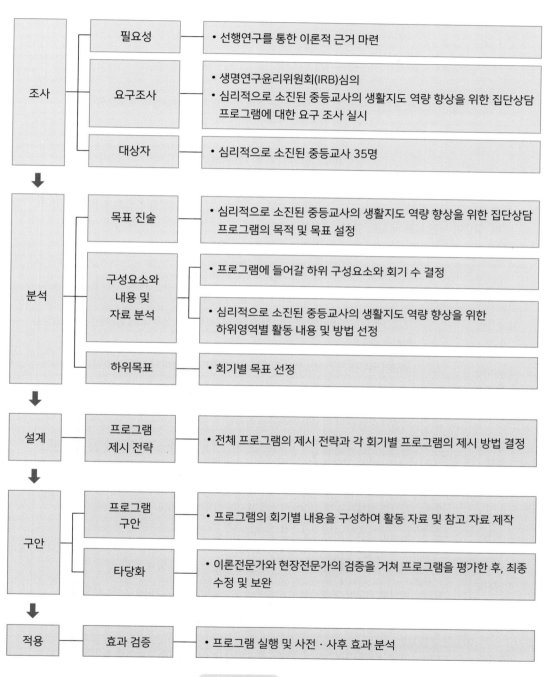

그림 10-1　개발 절차

2. 프로그램의 목표

프로그램 제목
심리적으로 소진된 중등교사의 생활지도 역량 향상을 위한 집단상담 프로그램

프로그램의 하위영역별 목표
첫째, 학생의 행동특성 및 욕구를 이해할 수 있다. 둘째, 학생과 상담할 때 신뢰를 바탕으로 편안한 분위기를 만들고, 상담 기법을 적절히 활용할 수 있다. 셋째, 학생이 처한 상황 및 심리상태에 공감할 수 있다. 넷째, 학생 지도에 나타나는 자신의 특성을 알고 상황에 맞게 지도할 수 있다.

하위영역	회기	회기별 목표
프로그램 소개	1	프로그램 목표를 바탕으로 개인적 목표를 구체적으로 설정하고, 집단원들과 친밀감을 형성할 수 있다.
학생이해 역량	2	교사의 권위에 도전하는 학생의 욕구를 이해하여 적절히 대처할 수 있다.
	3	학업에 어려움을 겪는 학생의 마음을 이해할 수 있다.
학생상담 역량	4	학생과 상담할 때 학생의 어려움을 파악할 수 있다.
	5	학생과 상담할 때 학생과 좋은 관계를 형성하기 위해 긍정적인 표현을 해 줄 수 있다.
	6	학생과 상담할 때 학생에 대한 존중을 보여 줄 수 있다.
학생공감 역량	7	자신의 선입견을 점검하여 학생의 처지를 이해할 수 있다.
	8	학생의 감정을 파악하여 적절하게 반응해 줄 수 있다.
학생지도 역량	9	학생 지도 상황에서 발생한 부정적인 감정을 스스로 다룰 수 있다.
	10	학생을 지도할 때 교사로서 발휘할 수 있는 나의 강점이 무엇인지 알 수 있다.
	11	무기력한 모습을 보이는 학생들을 효과적으로 지도할 수 있다.
마무리	12	프로그램을 마무리하며 개인적 목표 달성 여부를 점검하고 변화를 확인할 수 있다.

🔲 그림 10-2　**프로그램의 목적과 하위영역별 · 회기별 목표**

3. 최종 프로그램

📑 표 10-1 **최종 프로그램**

영역	회기	회기 제목	회기별 목표	활동내용
프로그램 소개	1	가까워지는 우리	프로그램 목표를 바탕으로 개인적 목표를 구체적으로 설정하고, 집단원들과 친밀감을 형성할 수 있다.	• 프로그램 안내 • 시작하는 나와의 만남 • 개인 목표 설정 및 별칭 짓기 • 자기소개하기
학생 이해 역량	2	행동 이면의 욕구	교사의 권위에 도전하는 학생의 욕구를 이해하여 적절히 대처할 수 있다.	• 나를 힘들게 했던 학생 • 행동 이면의 욕구 • 행동의 목적 꿰뚫어 보기 • 나의 반응은?
	3	가려진 너의 마음	학업에 어려움을 겪는 학생의 마음을 이해할 수 있다.	• 변화에 관한 질문 • 너를 보는 내 마음 • 이런 마음이었구나 • 감정이 뇌에 미치는 영향
학생 상담 역량	4	마음을 들여다보는 질문	학생과 상담할 때 학생의 어려움을 파악할 수 있도록 질문할 수 있다.	• 해운대 소녀 영화 시청 • 어떤 질문이 좋을까? • 너에게 다가가는 질문
	5	자세히 보아야 예쁘다	학생과 상담할 때 학생과 좋은 관계를 형성하기 위해 긍정적인 표현을 해 줄 수 있다.	• 텔레파시 게임 • 장점과 소질 찾기 • 긍정의 한마디
	6	존중 반응 해 주기	학생과 상담할 때 학생에 대한 존중을 보여 줄 수 있다.	• 글자 게임 • 나의 반응 들여다보기 • 존중 반응 역할 연습
학생 공감 역량	7	색안경 벗기	자신의 선입견을 점검하여 학생의 처지를 이해할 수 있다.	• 변화에 관한 질문 및 개인적 목표 중간 점검 • 내가 보기에는 • 나에게도 선입견이? • 빛을 찾아 주세요
	8	너의 마음이 보여	학생의 감정을 파악하여 적절하게 반응해 줄 수 있다.	• 감정 출석부 • 말속에 숨은 감정 • 감정 읽어 주기 • 감정 반응 연습
학생 지도 역량	9	내 마음의 주인	학생 지도 상황에서 발생한 부정적인 감정을 스스로 다룰 수 있다.	• 릴레이 스트레칭 • 부정적 감정 경험 나누기 • 부정적 감정에 대처하는 방법 • 나만의 감정 조절법
	10	힘이 있는 선생님	학생을 지도할 때 교사로서 발휘할 수 있는 나의 강점이 무엇인지 알고 활용할 수 있다.	• 짝꿍선생님, 대단해요! • 성격 강점 검사 • 강점 나누기
	11	마음 심폐소생술	무기력한 모습을 보이는 학생들을 효과적으로 지도할 수 있다.	• 무기력한 학생 경험 나누기 • 무기력한 아이를 돕는 전략 • 실천 계획 세우기
마무리	12	내가 만든 변화	프로그램을 마무리하며 개인적 목표 달성 여부를 점검하고 변화를 확인할 수 있다.	• 변화 알아차리기 • 선생님 덕분에 • 프로그램 돌아보기

4. 프로그램 효과 검증

이 프로그램의 효과검증을 위하여 혼합변량분석(Mixed ANOVA)을 사용하였으며, 유의수준 .05에서 검증한 결과 유의한 효과가 있는 것으로 밝혀졌다($F=46.299$, $p<.001$).

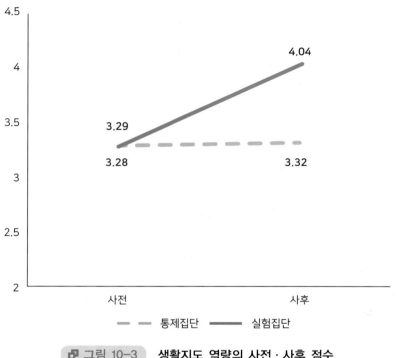

🔲 그림 10-3 **생활지도 역량의 사전·사후 점수**

다음으로 생활지도 역량의 변화를 하위 요인별로 검증하기 위해 혼합변량분석을 반복해서 사용한 결과, 생활지도 역량의 학생 이해 역량을 제외한 학생 상담 역량, 학생 공감 역량, 학생 지도 역량에서 유의한 효과가 있는 것으로 나타났다. 따라서 심리적으로 소진된 중등교사의 생활지도 역량 향상을 위한 집단상담 프로그램은 효과가 있는 것으로 검증되었다.

프로그램 개발 및 효과검증에 관한 자세한 내용은 김현정(2023)에서 확인할 수 있다.

5. 프로그램의 실제

1회기	가까워지는 우리		
하위영역	프로그램 소개		
활동목표	프로그램 목표를 바탕으로 개인적 목표를 구체적으로 설정하고, 집단원들과 친밀감을 형성할 수 있다.		
준비물	노트북, 마우스, 이어폰, 활동 자료, 경험보고서, 참여자 명단, 사전검사지	시간 (분)	90분
단계	활동내용	시간 (분)	집단 구성
도입	◆ 프로그램 안내 〈활동 자료 1-①〉 - 집단 구조화 및 프로그램의 목적 안내 - 프로그램의 구성 및 전체 일정 안내 - 사전검사 실시	20	전체
전개	◆ 시작하는 나와의 만남 - '시작하는 나와의 만남' 작성하기 〈활동 자료 1-②〉	15	전체
	◆ 개인 목표 설정 및 별칭 짓기 〈활동 자료 1-③〉 - 집단상담 참여를 통해 생활지도와 관련하여 변화하고 싶은 점을 떠올린 후, 현재 점수와 목표 점수 정하기 - 개인적 목표를 담은 별칭 짓기	15	개별
	◆ 자기소개하기 〈활동 자료 1-④〉 - 짝꿍에게 별칭, 자신의 현재 에너지 수준, 참여 동기, 나는 어떤 교사인가에 관한 내용을 포함한 자기소개하기 - 짝꿍과 나의 공통점 및 짝꿍의 긍정적인 면 찾기 - 집단원 전체에게 나의 짝꿍을 긍정적으로 소개하기	30	모둠
정리	◆ 소감 나누기 ◆ 경험보고서 작성	10	모둠
유의사항	- 집단 초기에 집단원들은 주저하는 태도를 보일 수 있기 때문에(Corey et al., 2019), 활동 전에 예시를 제공하여 집단원들이 원활하게 참여할 수 있도록 돕는다. - 교사들은 서로의 경계를 뚜렷하게 유지하는 경향이 있을 수 있으므로(이혜영, 2006), 상호간의 친밀감이 잘 형성될 수 있도록 지원한다.		

1회기	프로그램 안내	별칭
활동 자료 1-①		

✎ **심리적으로 소진된 중등교사의 생활지도 역량 향상을 위한 집단상담 프로그램의 목적**

  본 집단상담 프로그램의 목적은 생활지도 역량을 향상함으로써 심리적 소진을 극복하고, 예방하는 데 있습니다. 이를 위해 생활지도 역량을 구성하는 4가지 하위영역인 학생 이해 역량, 학생 상담 역량, 학생 공감 역량, 학생 지도 역량을 회기의 주제로 삼아 집단상담을 운영할 것입니다. 이 집단상담 프로그램에 적극적으로 참여한다면 생활지도 역량이 향상되어 심리적 소진에 이르지 않고, 행복한 교직 생활을 할 수 있을 것입니다.

✎ **프로그램의 구성**

영역	회기	주제
프로그램 소개	1회기	가까워지는 우리
학생 이해 역량	2회기	행동 이면의 욕구
	3회기	가려진 너의 마음
학생 상담 역량	4회기	마음을 들여다보는 질문
	5회기	자세히 보아야 예쁘다
	6회기	존중 반응해 주기
학생 공감 역량	7회기	색안경 벗기
	8회기	너의 마음이 보여
학생 지도 역량	9회기	내 마음의 주인
	10회기	힘이 있는 선생님
	11회기	마음 심폐소생술
마무리	12회기	내가 만든 변화

1회기	시작하는 나와의 만남	별칭
활동 자료 1-②		

시작하는 나와 약속하고 다짐합니다

1. 나는 집단상담 시간에 늦거나 결석하지 않겠습니다.

2. 나는 집단상담에서 나눈 이야기는 비밀로 하겠습니다.

3. 나는 집단 활동과 논의에 적극적으로 참여하겠습니다.

4. 나는 집단원의 이야기를 경청하고 존중하겠습니다.

5. 활동 중 다른 행동(핸드폰 하기, 음식 섭취 등)을 하지 않겠습니다.

6. _____

7. _____

나는 이 프로그램에 적극적으로 참여하여,
나의 생활지도 역량 향상을 위해 노력할 것을 약속합니다.

20   년   월   일

이름: (서명)

1회기	개인목표 설정 및 별칭 짓기	별칭
활동 자료 1-③		

✎ 이 집단상담 프로그램을 통해 선생님의 생활지도에 어떤 변화가 일어나면 좋을 것 같나요?

• 내가 바라는 변화:

• 현재 점수: / 10

• 목표 점수: / 10

✎ 바라는 변화를 담아 불리고 싶은 별칭을 지어 보세요.

1회기	자기소개 하기	별칭
활동 자료 1-④		

✎ **짝꿍에게 자기소개를 해 주세요.**

◆ 나의 별칭과 이유

◆ 나의 현재 에너지 수준

1	2	3	4	5	6	7	8	9	10

◆ 집단상담에 어떻게 참여하게 되셨나요?

◆ 나는 _____ 교사다. 그 이유는?

• 나의 짝꿍(별칭):

• 짝꿍과 나의 공통점:

• 내가 찾은 짝꿍의 긍정적인 면:

✎ **집단원 모두에게 짝꿍을 소개해 주세요.**

활동회기	경험보고서	별칭

참여한 회기: [   ]

✎ 집단상담을 하면서 경험한 내용을 자유롭게 적어 주세요.

◆ 새롭게 알게 된 점

◆ 가장 기억에 남는 활동

◆ 아쉬웠던 점

◆ 기타

※ 다른 회기의 경험보고서로도 사용 가능

2회기	행동 이면의 욕구		
하위영역	학생 이해 역량		
활동목표	교사의 권위에 도전하는 학생의 욕구를 이해하여 적절히 대처할 수 있다.		
준비물	노트북, 마우스, 이어폰, 활동 자료, 경험보고서	시간 (분)	90분
단계	활동내용	시간 (분)	집단 구성
도입	◆ 나를 힘들게 했던 학생 - 나의 권위에 도전했던 학생을 지도하느라 힘들었던 경험을 공유하며, 그때 겪었던 마음의 상처와 심리적 어려움 나누기	20	모둠
전개	◆ 행동 이면의 욕구 〈활동 자료 2-①〉 - 윌리엄 글래서(William Glasser)가 제시한 학생 행동별 욕구 알아보기	5	전체
	◆ 행동의 목적 꿰뚫어 보기 〈활동 자료 2-②〉 - 나의 권위에 도전했던 학생의 욕구는 무엇이었을지, 어떤 마음이었을지 생각해 보기 - 문제행동에 대처하기 위한 스위니(Sweeney)의 CARE 단계 강의	5	전체
	◆ 나의 반응은? 〈활동 자료 2-③〉 - 권위에 도전하는 학생을 효과적으로 지도하는 데 효과가 있었던 경험 떠올려 보기 - 모둠원과 함께 나누면서 긍정적인 면 서로 찾아 주기 - 여러 반응들 중 CARE 단계 반응과 비슷한 점 찾아 보기 - 주어진 2개의 상황에서 CARE 단계를 참고하여 어떻게 반응할지 생각해 보고, 함께 좋은 방법 찾기	50	모둠
정리	◆ 소감 나누기 ◆ 경험보고서 작성	10	모둠
유의사항	- 지도자는 심리적으로 소진된 교사가 자신에게 도전하는 학생들을 짓누르려 하는 경향이 있을 수 있음을(조성진, 2017) 인지하고, 그 상황에서는 권위를 내세웠을 수 있다고 타당화해 줌으로써 부정적 경험을 안전하게 드러낼 수 있도록 돕도록 한다. - 모둠활동은 집단원들의 상호작용을 촉진할 수 있지만 집단원 간의 치료적 지지가 일어나지 않을 수도 있으므로 집단 지도자는 여러 모둠의 활동 상황을 면밀히 살펴서 필요시 개입하도록 한다.		

2회기	행동 이면의 욕구	별칭
활동 자료 2-①		

✏️ 미국의 정신과 의사였던 윌리엄 글래서(William Glasser)는 행동 이면의 욕구로 5가지를 제시했습니다. 지금 떠오르는 학생의 행동 이면에는 어떤 욕구가 있었을지 생각해 봅시다.

행동	욕구 유형
• 수시로 다음 수업 활동을 물어봄 • 다른 학생의 행동을 자기 기준으로 평가하고 공격함	생존
• 교사를 성가시게 행동함 • 강한 또래 그룹을 만들기 좋아하거나, 따돌림을 주도함	사랑
• 교사의 권위에 대하여 도전하거나 반항하기, 보복하기 • 모둠 활동 시, 자기가 모든 것을 주도하려고 함	힘
• 자기가 하고 싶은 대로만 하고, 싫으면 도망감 • '네.'라고 말하고 행동하지 않음	자유
• 수업 시간에 웃긴 말로 수업 분위기를 흐림 • 집중력이 떨어지고 산만하며, 진지한 것을 기피함	즐거움

2회기	행동의 목적 꿰뚫어 보기	별칭
활동 자료 2-②		

✏ 힘의 욕구가 높은 학생들이 선생님께 대들 때에는 어떤 마음일까요?

✏ Sweeney의 CARE 단계

• 학생의 문제행동에 대처하는 효과적인 절차를 스위니(Sweeney, 1998)는 다음과 같이 CARE 단계로 요약하고 있습니다.

C	Catch yourself: Don't act impulsively. 자제하라. 충동적으로 행동하지 말라.
A	Assess goals: What goals are served by the behavior? 목적을 평가하라. 그 행동에는 어떤 목적이 있는가?
R	Respond with consequences and encouragement. 자연적 · 논리적 결과와 격려로 반응하라.
E	Execute with consistency, friendliness, and respect. 일관성 있게, 우호적으로, 존중하면서 실행하라.

2회기	나의 반응은?	별칭
활동 자료 2-③		

✎ 선생님의 권위에 도전한 학생을 만났을 때, 학생과의 갈등을 줄이는 데 효과가 있었던 경험이 있으신가요? 모둠에서 함께 나누면서, 서로 긍정적인 부분을 찾아 줍시다.

✎ 이야기 나눈 내용 중 C-A-R-E 단계 반응과 비슷한 점이 있나요?

✎ 아래 상황에서 C-A-R-E 단계를 참고하여 어떻게 반응할 수 있을지 생각을 나누어 보고, 좋은 방법을 함께 찾아봅시다.

상황 1)
조례시간에 교실에서 학교에 가지고 오면 안 되는 물건(담배 등)을 여러 차례 가지고 온 학생이 오늘도 그 물건을 가지고 온 것을 보게 되었다. 보관했다가 하교 시 돌려주겠다고 했는데, 그 학생이 화를 내며 물건을 나에게 툭 던졌다.

상황 2)
종례시간에 교실에서 전달사항을 말하는데 가장 앞줄에 앉은 학생이 못 들었다. 그 학생이 옆자리 짝꿍에게 비속어를 쓰면서 "담임이 방금 뭐래?"라고 하는 걸 들었다.

3회기	가려진 너의 마음		
하위영역	학생 이해 역량		
활동목표	학업에 어려움을 겪는 학생의 마음을 이해할 수 있다.		
준비물	노트북, 마우스, 이어폰, 활동 자료, 경험보고서	시간 (분)	90분
단계	활동내용	시간 (분)	집단 구성
도입	◈ 변화에 관한 질문 - 집단상담 참여 중에 학교에서 경험한 변화 확인하기 ◈ 너를 보는 내 마음 〈활동 자료 3-①〉 - 학업에 어려움을 겪는 학생을 떠올리고, 그 학생을 볼 때 떠오르는 마음을 감정단어 목록에서 골라 보기 - 어떤 마음이 드는지 이야기 나누고, 공감하기	15	전체
전개	◈ 이런 마음이었구나 〈활동 자료 3-②〉 - '공부 못하는 아이로 산다는 것은'을 주제로 한 공모전에 출품된 학생들의 작품을 감상하고, 생각과 느낌 나누기 - 공부 상처를 경험한 학생들의 마음 이해하기	30	모둠
	◈ 감정이 뇌에 미치는 영향 〈활동 자료 3-③〉 - 변연계와 전두엽의 관련성 및 부정적 감정과 낮은 학습효과의 악순환 알아보기 - 공부로 인해 좌절한 학생에게 교사로서 해 줄 수 있는 것 토의하기	30	전체
정리	◈ 소감 나누기 ◈ 경험보고서 작성	15	모둠
유의사항	- 집단원들이 학생들의 학업을 돕는 방법에 관한 내용보다 그들의 마음을 이해하는 데 집중하여 상호작용할 수 있도록 유의한다. - 다양한 집단원들이 함께 상호작용할 수 있도록 사전에 매 회기 모둠 구성을 조금씩 바꾸어 계획한다. - 심리적으로 소진된 중등교사는 자신이 할 수 있는 일이 별로 없다고 인식하여 무력감을 느끼고 체념한 상태일 수 있다(이혜영, 2006; 정연홍, 2016). 따라서 집단 지도자는 집단원들이 끊임없이 긍정적인 측면에 초점을 맞추고, 작은 것이라도 할 수 있는 것을 찾을 수 있도록 격려하도록 한다.		

3회기	너를 보는 내 마음	별칭
활동 자료 3-①		

✎ 학업에 어려움을 겪는 학생들 중 나의 마음을 특히 힘들게 하는 학생이 있나요?

✎ 그 학생을 볼 때 나는 어떤 마음이 드는지 골라 보세요.

무관심하다	당황스럽다
걱정스럽다	괴롭다
귀찮다	어이없다
두렵다	미안하다
부끄럽다	불안하다
서운하다	슬프다
실망스럽다	우울하다
화난다	억울하다
수치스럽다	죄스럽다
무기력하다	짜증나다

✎ 어떤 마음이 드는지 함께 이야기 나누어 봅시다.

3회기	이런 마음이었구나	별칭
활동 자료 3-②		

✎ 다음은 '공부 못하는 아이로 산다는 것은'을 주제로 한 공모전에 출품된 학생들의 작품입니다. 작품을 보고 드는 생각이나 느낌을 모둠에서 나누어 봅시다.

이진영(고2) 作
〈이진영 이야기〉

문성진, 박상률, 김성현(고2~고3) 作
〈고한가〉

정용호, 이세리, 조수민(고3) 作
〈명찰〉

김경슬(고2) 作
〈빛과 그림자〉

출처: EBS 다큐프라임 〈공부 못하는 아이〉 中 1부 '공부 상처'

✎ 공부 상처를 경험한 학생은 어떤 마음이었을까요?

3회기	감정이 뇌에 미치는 영향	별칭
활동 자료 3-③		

뇌는 감정에 민감하다

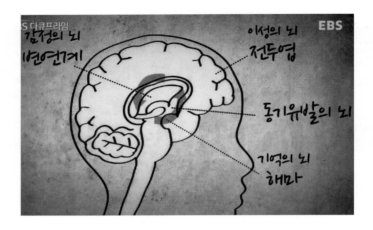

　'이성의 뇌'라 불리는 전두엽은 집중력과 관련이 있는 뇌이다. '감정의 뇌'라 불리는 변연계는 이성을 관장하는 전두엽 아래에 있다. 변연계에는 '해마'와 '편도체'가 포함되어 있다. '기억의 뇌'라 불리는 해마는 변연계의 중심에 자리하고 있고, '동기 유발의 뇌'로 불리는 편도체는 해마와 가까이 붙어 있다. 희로애락과 같은 정서를 관장하는 부위로, 청소년의 경우 편도체의 반응이 전두엽보다 빠르다.

　각각의 뇌는 서로에 영향을 미친다. 감정이 즐거우면 동기 유발의 뇌인 편도체를 자극해 기억을 잘할 수 있게 되고, 감정을 억제하면 기억의 뇌인 해마도 억제돼 기억력이 떨어진다.

　결국 아이들이 제 실력을 발휘하느냐 못하느냐는 공부할 때 어떤 마음인가에 달려 있는 것이다. 즐거운 기분일 때는 학습동기가 유발되고 전두엽 전체의 활동이 활발해지지만, 우울한 기분일 때는 동기 유발의 뇌와 기억의 뇌에까지 부정적 영향을 미쳐 좋은 학습효과를 기대할 수 없게 되는 것이다.

출처: EBS 다큐프라임 〈공부 못하는 아이〉 中 2부 '마음을 망치면 공부도 망친다'

✎ **공부로 인해 좌절한 학생에게 해 줄 수 있는 것에는 어떤 것이 있을지 토의해 봅시다. 아주 작은 것이어도 좋습니다.**

4회기	마음을 들여다보는 질문		
하위영역	학생 상담 역량		
활동목표	학생과 상담할 때 학생의 어려움을 파악할 수 있도록 질문할 수 있다.		
준비물	노트북, 마우스, 이어폰, 활동 자료, 경험보고서	시간 (분)	90분
단계	활동내용	시간 (분)	집단 구성
도입	◈ 해운대 소녀 영화 시청 〈활동 자료 4-①〉 - 독립영화 〈해운대 소녀〉(감독 이정홍)를 시청한 후 아이의 마음은 어때보였는지, 바람직하지 않은 질문을 들어 본 적이 있는지 이야기 나누기 - 학생에게 바람직하지 않은 질문을 해 본 적이 있는지와 학생들과 상담할 때 주로 어떤 질문을 자주 사용하는지 떠올려 보고, 집단 내에서 공유하기	20	전체
전개	◈ 어떤 질문이 좋을까? 〈활동 자료 4-②〉 - 질문의 효과를 높이기 위해 학생에게 어떤 질문을 하는 것이 좋을지 모둠에서 토의하기 - 집단원과 함께 모둠에서 역할 연습 방법을 통해 질문의 유형별로 해당 질문을 해 보고 들어 본 후, 각각 어떤 느낌이 드는지 나누기	30	모둠
	◈ 너에게 다가가는 질문 〈활동 자료 4-③〉 - 고민이 있는 학생이 상담을 요청한 상황에 할 수 있는 좋은 질문 반응을 생각해 보기 - 다른 집단원들과 공유하며 서로 피드백 하기 - 보다 나은 질문으로 수정해 보고, 평소 자신이 주로 사용하던 질문과 어떻게 다른지 알아보기	25	모둠
정리	◈ 소감 나누기 ◈ 경험보고서 작성	15	모둠
유의사항	- 유형별 질문의 특성을 이해하는 것보다 자신이 평소에 어떤 질문을 많이 하는지, 어떤 방식으로 질문하는지에 관해 돌아보고 깨달을 수 있도록 유도한다. - 교사들은 새로운 방식을 도입하기를 주저하거나 다소 소극적인 태도를 보이는 경향이 있을 수 있으므로(이혜영, 2006), 평소 자신의 반응에서 조금만 변화를 주는 것도 의미가 있다는 것을 집단원들이 깨달을 수 있도록 지원한다.		

4회기		별칭
활동 자료 4-①	**<해운대 소녀> 영화 시청**	

🖉 영화에서 아이의 마음은 어때 보였나요?

🖉 영화에서의 부모처럼 바람직하지 않은 질문을 들어 본 적이 있으신가요? 그때 어떤 마음이 들었나요?

🖉 혹시 학교에서 학생들에게 영화에서의 부모처럼 질문을 해 본 적이 있나요? 그때 어떤 마음이 들었나요?

🖉 학교에서 학생들과 상담할 때 어떤 질문을 자주 하나요? 집단원들과 함께 그 질문을 모아 봅시다.

4회기	어떤 질문이 좋을까	별칭
활동 자료 4-②		

✎ 효과적인 질문이 되려면 어떻게 물어보면 좋을지 생각해 봅시다.

유형	예시
폐쇄적 질문	"점심시간에 기분 나쁜 일이 있었니?"
개방적 질문	사고, 감정 등을 끌어내 관계를 촉진함. "점심시간에 _____?"
직접 질문	"그다음에 무슨 일이 일어났니?"
간접 질문	넌지시 물어보는 것으로, 부담스럽지 않음. "그다음에 _____."
이중 질문	어느 쪽에 답변을 해야 할지 몰라 혼란스러워짐. "반장이 너한테 뭐라고 말했고, 그때 수학선생님은 어떻게 하셨니?"
단일 질문	→ "_____?"
추상적 질문	묻는 것이 모호하여 구체적인 답변을 얻기가 힘듦. "학교가 재미가 없니?"
구체적 질문	→ "_____?"
왜 질문	"왜 너는 맨발로 다니니?"
이유 질문	비난하는 것이 아니며, 이유가 궁금하다는 것을 표현함. → "_____?"

✎ 질문을 하는 역할과 듣는 역할을 연습해 봅시다. 각각의 질문을 들었을 때 어떤 느낌이 드는지 나누어 봅시다.

| 4회기 | 너에게 다가가는 질문 | 별칭 |
| 활동 자료 4-③ | | |

✎ 우리 반 수빈이가 선생님께 찾아와 여러 가지 고민을 두서없이 늘어놓습니다. 어떤 질문을 해 주면 도움이 될까요?

"요즘 제 마음 알아주는 사람이 아무도 없어요. 그냥 돈이나 빨리 벌고 싶어요. 제가 다 받아 주는 성격이니 같이 다니는 애들은 저한테 너무 막 대해요. 제가 만만한가 봐요. 친구도 별로 없어요. 근데 요즘 집에서도 짜증나요. 엄마는 공부하라고만 하셔서 말이 안 통해요. 아빠랑은 원래 안 친해요. 꿈도 없고, 공부하기 싫고, 그냥 그만 살고 싶어요."

_____

_____

_____

_____

_____

✎ 작성한 질문을 집단원과 공유하고, 수정할 부분을 수정해 보세요. 평소에 내가 자주 질문하던 방식과 어떤 점이 다른지 찾아봅시다.

5회기	자세히 보아야 예쁘다		
하위영역	학생 상담 역량		
활동목표	학생과 상담할 때 학생과 좋은 관계를 형성하기 위해 긍정적인 표현을 해 줄 수 있다.		
준비물	노트북, 마우스, 이어폰, 참고 자료, 활동 자료, 경험보고서	시간 (분)	90분
단계	활동내용	시간 (분)	집단 구성
도입	◆ 텔레파시 게임 〈참고 자료 5-①〉 - 엄지손가락 방향에 따라 짝꿍이나 집단원과 얼마나 마음이 통하는지 확인하며 회기 초반에 친밀감 형성하기	10	전체
전개	◆ 장점과 소질 찾기 〈활동 자료 5-①〉 - 미운 학생과 상담할 때 친밀감을 형성하기 위해 어떤 방법이 있을지 떠올려 보고, 학생의 장점과 소질을 찾아 주는 것이 하나의 방법임을 확인하기 - 평범한 중학생의 하루가 나타난 영상을 통해 그 학생의 장점을 최대한 많이 찾아보고 공유하기 - 장점을 찾기 위해서는 자세히 관찰해야 하며, 장점을 찾기 위해 단점은 생각하지 않아야 함을 확인하기	30	모둠
	◆ 긍정의 한마디 〈활동 자료 5-②〉 - 평소에 학교에서 친밀감을 느끼기가 어려운 학생을 떠올려 보고, 그 학생과의 관계에 대해 이야기 나눈 후 학생의 장점을 바탕으로 긍정의 한마디 떠올려 보기 - 집단 내에서 그 학생처럼 느껴지는 집단원을 찾아 그 집단원에게 비언어적 표현에 유의하여 긍정적인 표현을 해 보는 연습하기 - 학생과 긍정적인 관계를 맺기 위해 어떻게 변화하고 싶은지에 관해 발견한 것 공유하기	35	전체
정리	◆ 소감 나누기 ◆ 경험보고서 작성	15	모둠
유의사항	- 심리적으로 소진된 교사는 학생들과의 접촉을 회피하는 경향이 있을 수 있고(조성진, 2017) 학생들과의 관계 형성에 어려움이 있을 수 있으므로(정유경 외, 2018), 실천할 수 있는 작은 변화를 찾아보는 것에 초점을 맞출 수 있도록 한다.		

5회기	텔레파시 게임
참고 자료 5-①	

✎ 텔레파시 게임

1) 모두 화면을 끄고 왼손을 준비합니다.

2) 왼손 엄지를 왼쪽, 오른쪽 중 한 방향으로 뻗고, 하나, 둘, 셋에 다 같이 화면을 켭니다.

3) 나와 같은 방향으로 엄지를 뻗은 사람이 있는지 확인합니다.

4) 총 5번을 해서 유난히 여러 번 마음이 통한 사람이 있는지 알아봅니다.

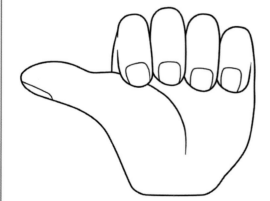 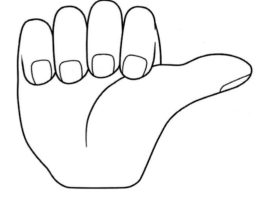

5회기	장점과 소질 찾기	별칭
활동 자료 5-①		

✎ 미운 학생과 상담할 때 친밀감을 형성하기 위해 어떤 방법이 있을까요?

✎ 장점과 소질 찾기

◆ 평범한 중학생의 하루가 담긴 영상을 보면서 학생의 장점 또는 소질을 최대한 많이 찾아보세요.
 (출처: 한 중학생의 브이로그 https://youtu.be/8MMeLRIKIRI)

✎ 다른 집단원이 찾은 학생의 장점 또는 소질을 확인해 보세요. 내가 발견하지 못한 점이 있나요?

5회기	긍정의 한마디	별칭
활동 자료 5-②		

✎ 학교에서 친밀감을 느끼기가 어려운 학생을 떠올려 보세요. 그 학생은 어떤 학생인가요? 선생님과의 관계는 어떤가요?

✎ 그 학생의 장점을 떠올려 보세요. 그 학생과 가까워지기 위해서 긍정의 한마디를 건넨다면, 어떤 말을 해 줄 수 있을까요?

✎ 집단 안에 혹시 그 학생처럼 보이는 집단원이 있나요? 그 학생을 바라보며 긍정의 한마디를 연습해 봅시다. 어떤 표정, 어떤 말투로 하면 효과적일지 생각하면서 연습해 보세요.

✎ 학생과의 관계가 더 가까워지기 위해 변화하고 싶은 점을 발견한 게 있나요?

6회기	존중 반응 해 주기		
하위영역	학생 상담 역량		
활동목표	학생과 상담할 때 학생에 대한 존중을 보여 줄 수 있다.		
준비물	노트북, 마우스, 이어폰, 활동 자료, 경험보고서	시간 (분)	90분
단계	활동내용	시간 (분)	집단 구성
도입	◆ 글자 게임 〈활동 자료 6-①〉 - 한 음절을 중심으로 단어가 되는 다른 음절을 상하좌우로 배치하고, 중심의 음절을 맞혀 키워드를 맞히는 게임 진행을 통해 흥미 유발하기 - 키워드의 정답: '존중' '반응'	10	전체
전개	◆ 나의 반응 들여다보기 〈활동 자료 6-②〉 - 학생이 퉁명스럽게 교사에게 말하는 상황을 제시하고, 평소에 어떻게 반응하는지 공유하기 - 평소에 자신이 보이는 반응에 학생에 대한 존중이 나타나는지 확인해 보고 그때 어떤 마음이었는지, 학생은 어떤 마음이었을지 이야기 나누기	25	전체
	◆ 존중 반응 역할 연습 〈활동 자료 6-③〉 - 존중 반응이 무엇인지 함께 확인하기 - 2~3명이 한 모둠이 되어 교사, 학생, 관찰자 역할을 맡아 주어진 세 가지 상황 중 한 가지를 선택하고 번갈아 가며 교사 역할 연습하기 - 학생 또는 관찰자 역할을 맡은 집단원은 교사의 반응에서 좋았던 점에 관한 피드백 제공하기 - 존중 반응 연습을 통해 학생에 대한 존중을 실천하기 위해 할 수 있는 것 1가지를 찾고, 실천 다짐하기	40	모둠
정리	◆ 소감 나누기 ◆ 경험보고서 작성	15	모둠
유의사항	- 심리적으로 소진된 중등교사는 감정적 소모가 크고(김은주, 2017) 학생들을 짓누르는 방식으로 반응해 왔을 수 있지만(조성진, 2017), 부정적 경험을 드러내는 것에는 소극적일 수 있다(유영애, 2020). 따라서 자신의 평소 반응을 긍정적으로만 나타내려 하는 모습이 보인다면 집단 지도자는 평소에 학생들에게 한 말이나 행동 중 후회되는 것이 있는지에 관해 직접적으로 질문함으로써 집단원의 통찰을 돕는 것이 효과적일 수 있다.		

6회기	글자 게임	별칭
활동 자료 6-①		

✏ 가운데에 들어갈 음절로 단어를 만들면 무엇이 될까요?

	공	
보	?	재
	경	

	마	
집	?	심
	요	

답: _____

	운	
위	?	찬
	대	

	호	
순	?	용
	원	

답: _____

6회기	나의 반응 들여다보기	별칭
활동 자료 6-②		

✎ 다음과 같이 말하는 학생이 있다면, 보통 선생님은 어떻게 반응하나요? 아래 반응의 예시를 참고해 보세요.

> "(퉁명스럽게) 선생님, 반장이 지각했을 땐 아무 말씀 안 하시더니
> 왜 저만 지각했다고 청소하라고 하세요? 청소하기 싫어요!"

걸림돌 반응	예시
명령, 지시	"시끄러워. 남아서 교실이랑 복도 청소해."
경고, 위협	"자꾸 그런 소리 하면 화장실 청소도 추가야."
교화, 설교	"지각했으면 벌을 받는 것은 당연한 거야."
충고, 해결	"지각을 안 하면 청소할 일이 없을 거야."
가르침	"벌 청소를 제대로 해 봐야 다시는 지각을 안 하지."
판단, 비난	"지각해서 청소하라는데, 너는 왜 그렇게 불만이 많니?"
조롱, 욕설	"야, 입이 이만큼 튀어나왔다. 지각한 X이 말이 많아?"
해석, 진단	"그렇게 말하면 오늘 청소 안 할 수 있을 것 같냐?"
칭찬, 긍정	"너는 힘이 세니까 청소도 잘 할 수 있을 거야."
동정, 지지	"너만 지각한 거 아니란다. ○○이랑 같이 청소하고 가."
조사, 심문	"반장이 지각을 했는데 내가 봐준 게 몇 월 며칠이니?"
풍자, 유머	"예~ 그럼 네가 선생님 하시죠."

✎ 평소에 그런 반응을 할 때, 선생님의 마음은 어떠한가요? 학생의 마음은 어땠을까요?

6회기	존중 반응 역할 연습	별칭
활동 자료 6-③		

✎ **학생에게 보여 주는 존중 반응이란?**

학생이 가치가 있고, 사고할 수 있으며, 자신을 나타낼 능력이 있고, 자유롭게 표현하고 느낄 수 있는 사람으로 인정하며 기계적인 반응을 하지 않고 적극적으로 관여하는 것

✎ **존중 반응을 연습해 보고, 좋다고 생각되는 점을 찾아 줍시다.**

1) 학생: (억울하다는 듯) 선생님, 왜 저한테만 뭐라고 하세요?

　　교사: _____

2) 학생: (지친 표정으로) 선생님, ○○이가 자꾸 같이 놀자고 하는데 저는 같이 놀기가 싫어요.

　　교사: _____

3) 학생: (아주 작은 목소리로) 선생님, 저 학교 다니기 싫어요.

　　교사: _____

순서	교사 별칭	학생, 관찰자의 피드백(좋았던 점)
1번째		
2번째		
3번째		

✎ **존중 반응을 실천하기 위해 할 수 있는 것 1가지는 어떤 것이 있을까요? 실천해 보고, 다음 회기에 공유해 주세요.**

7회기	색안경 벗기		
하위영역	학생 공감 역량		
활동목표	자신의 선입견을 점검하여 학생의 처지를 이해할 수 있다.		
준비물	노트북, 마우스, 이어폰, 활동 자료, 경험보고서	시간 (분)	90분
단계	활동내용	시간 (분)	집단 구성
도입	◆ 변화에 관한 질문 및 개인적 목표 중간 점검 - 지난 회기에서 학생에 대한 존중 반응을 실천하기로 한 것에 대해 실제로 이행했는지 함께 돌아보기 - 개인적 목표 달성 여부에 관한 중간 점검 실시 ◆ 내가 보기에는 〈활동 자료 7-①〉 - 관점에 따라 다르게 보이는 그림을 보고 어떤 것으로 보이는지 집단원들과 이야기 나누면서, 내가 보고 싶은 대로 먼저 보게 된다는 것을 확인하기	15	전체
전개	◆ 나에게도 선입견이? 〈활동 자료 7-②〉 - 교사가 학생에 대해 흔히 가질 수 있는 선입견 목록 20가지를 제시하고, 자신의 평소 생각과 일치하는 것에 표시하면서 자신의 선입견 확인해 보기 - 선입견이 통하지 않았던 예외 상황에 초점을 맞추어 자신의 경험에 관해 모둠 내에서 나누기	30	모둠
	◆ 빛을 찾아 주세요 〈활동 자료 7-③〉 - 나를 힘들게 하는 학생에게 가지고 있었던 선입견의 그림자를 거두고, 학생의 단점을 장점으로 바라볼 수 있도록 모둠 내에서 함께 생각 공유하기	30	모둠
정리	◆ 소감 나누기 ◆ 경험보고서 작성	15	모둠
유의사항	- 전체 회기의 절반이 지나 후반부에 진입하는 회기이므로, 집단에서 다룬 내용이 어떻게 영향을 미치고 있는지와 개인적 목표를 재점검하여 집단원들이 집단 참여 목적을 재확인할 수 있도록 한다. - 심리적으로 소진된 교사는 무능감과 좌절감에 빠져 있을 수 있으므로(정연홍, 2016), 집단지도자는 어떤 관점으로 학생을 바라볼지는 자신에게 달려 있으며 자신의 사고를 통제할 수 있는 것은 자기 자신임을 인식할 수 있도록 지원한다.		

7회기	내가 보기에는	별칭
활동 자료 7-①		

✎ 그림에서 어떤 것이 보이나요?

출처: https://m.blog.naver.com/kimunnha/20209885797

7회기	나에게도 선입견이?	별칭
활동 자료 7-②		

✎ 목록을 보고, 평소 내 생각과 유사한 것에 표시해 보세요.

번호	내용	표시
1	공부 잘하는 학생이 반장을 맡아야 반이 잘 돌아간다.	
2	같은 잘못을 해도 예쁘고 잘생긴 학생에게는 좀 너그럽게 대하게 된다.	
3	한부모 가정 학생들은 옷차림이 단정하지 못하다.	
4	교복바지를 입는 여학생은 남성성이 강할 것이다.	
5	부모의 사회적 지위가 높은 학생들은 대할 때 왠지 신경을 쓰게 된다.	
6	몸이 자주 아픈 학생들은 근성이 없고 불성실하다.	
7	머리 나쁜 학생들은 공부해 봐야 성적이 나아지지 않는다.	
8	힘없고 얌전한 학생들은 다른 학생의 들러리에 불과하다.	
9	뚱뚱한 학생들은 느릿느릿 답답하다.	
10	사회적 성공욕구가 강한 여학생은 결혼 후에 가정생활에 충실하지 않을 것이다.	
11	형제가 없는 학생들은 자기중심적이고 버릇이 없다.	
12	급식비 등을 못 내는 학생들은 부모의 영향을 받아 책임의식이 부족하다.	
13	부모의 교육수준이 낮으면 학생의 성적도 낮다.	
14	화장하는 여학생들은 행실이 바르다고 생각할 수 없다.	
15	재혼가정 학생들은 사랑받지 못해서 성격에 문제가 있을 것이다.	
16	할머니, 할아버지가 키운 학생들은 의사소통능력이 떨어질 것이다.	
17	키 작은 학생은 루저(loser)다.	
18	저돌적인 남성다움을 갖춘 남학생이 학교생활을 잘한다.	
19	사회계층이 낮은 학생들은 가정교육이 제대로 안 되어 있다.	
20	조직의 리더는 아무래도 남학생이 맡아야 한다.	

출처: 김기환(2012).

✎ 내가 생각했던 것과 실제가 달랐던 경우가 있었나요? 어떻게 알 수 있었나요?

7회기	빛을 찾아 주세요	별칭
활동 자료 7-③		

✎ 나를 힘들게 하는 학생의 모습은 내가 바라본 학생의 그림자였을 수도 있습니다. 이제 그 학생의 빛을 함께 찾아봅시다.

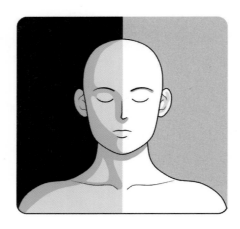

그림자	빛
○○이는 눈치가 없다	솔직하다, 당당하다, 주관이 뚜렷하다

8회기	너의 마음이 보여		
하위영역	학생 공감 역량		
활동목표	학생의 강점을 파악하여 적절하게 반응해 줄 수 있다.		
준비물	노트북, 마우스, 이어폰, 활동 자료, 참고 자료, 경험보고서 　　　시간(분)		90분
단계	활동내용	시간(분)	집단구성
도입	◆ 감정 출석부 〈활동 자료 8-①〉 - 현재의 감정에 집중해 보고 나의 감정을 나타내는 그림 칸에 줌(Zoom)의 주석 기능을 활용해 표시한 후 지금 그 감정이 느껴지는 이유에 대해 나누기	15	전체
전개	◆ 말속에 숨은 감정 〈활동 자료 8-②, 참고 자료 8-①〉 - 학생의 말을 듣고, 학생의 감정을 알아차리기 위해 시도해 본 것이 있는지 경험 나누기 - 말속에 숨은 감정을 이해하는 5단계 익히기 - 제시된 학생의 말속에 나타난 감정을 감정 목록을 활용하여 최대한 많이 찾아보기	15	모둠
	◆ 감정 읽어 주기 〈활동 자료 8-③〉 - 감정을 읽어 주는 대화를 하는 방법 확인하기 - 짝꿍 선생님에게 오늘 학교에서 가장 강렬한 감정을 일으켰던 일에 관해 이야기하며 감정을 읽어 주는 대화 나누기	30	모둠
	◆ 감정 반응 연습 〈활동 자료 8-④〉 - 주어진 학생의 말을 보고, 번갈아 가며 교사 역할을 맡아 감정을 읽어 주는 반응하기 - 나의 반응에 대해 관찰자 역할 집단원들에게 긍정적 피드백 받기	15	모둠
정리	◆ 소감 나누기 ◆ 경험보고서 작성	15	모둠
유의사항	- 심리적으로 소진된 교사는 지금-여기의 감정을 충분히 솔직하게 표현하는 것이 어려울 수 있으므로(장원진, 2020), 집단 내에서 감정을 인식하는 경험을 해 볼 수 있도록 촉진한다. - 학생들에게 할 수 있는 감정 반응 연습을 집단 내에서 미리 연습해 봄으로써 할 수 있다는 것을 충분히 느낄 수 있도록 격려한다.		

8회기	감정 출석부	별칭
활동 자료 8-①		

✎ 현재 어떤 감정인지 가만히 느껴 보세요. 현재의 감정에 집중해서 해당 감정 밑에 나를 표시해 봅시다.

✎ 지금 위의 감정이 느껴지는 이유에 대해 생각해 봅시다.

8회기	말속에 숨은 감정	별칭
활동 자료 8-②		

✎ 학생이 하는 말을 듣고, 학생이 어떤 감정을 느끼고 있는지 알아차리기 위해 어떤 것을 해 보았나요?

✎ **말속에 숨은 감정을 이해하는 5단계**

1) 긍정적인가? 부정적인가?
2) 상세한 느낌이 어떤가? (즐겁다 / 슬프다 / 불안하다 등)
3) 느낌의 강도는 어떤가? (강하다 / 보통이다 / 약하다)
4) 학생이 사용하는 느낌단어의 동의어는?
5) 학생이 사용하는 어휘범위 내에 있는 단어를 표현해 준다.

✎ **감정 목록을 참고하여 학생이 교사에게 하는 말속에 숨은 감정을 생각해 봅시다.**

• "제 친구들은 모두 담배를 피우지만 저는 담배를 안 피운다고 부모님께 말씀드리면 '그래 믿어 주지.' 라고 말씀만 하시고 그냥 저를 우습게만 여겨요."
  (숨은 감정:)
• "사람들은 제가 커서 뭐 할 건지 꼭 알고 싶어 해요. 제가 어떻게 알아요? 저도 몰라요."
  (숨은 감정:)
• (담임 선생님께) "선생님! 오늘 음악선생님께서 수업시간에 제가 제일 잘한다고 칭찬해 주셨어요."
  (숨은 감정:)
• "가끔 애들이 저에게 질문을 하면 저는 도와주고 싶지만 뭐라고 말해야 될지 모르겠어요."
  (숨은 감정:)
• "엄마가 학교에 오지 않으셨으면 좋겠어요."
  (숨은 감정:)

8회기				
참고 자료 8-①		**감정 목록**		

감격스럽다	걱정스럽다	고맙다	괜찮다	괴롭다
궁금하다	귀엽다	그립다	기쁘다	나쁘다
놀라다	다행스럽다	달콤하다	답답하다	당황스럽다
두렵다	따분하다	무겁다	무섭다	미안하다
믿다	반갑다	벅차다	보고 싶다	부끄럽다
부담스럽다	불쌍하다	불안하다	불쾌하다	불편하다
불행하다	뿌듯하다	사랑하다	산뜻하다	상쾌하다
상큼하다	서럽다	설레다	속상하다	슬프다
신기하다	신나다	심술 나다	쓸쓸하다	아프다
안쓰럽다	안타깝다	야속하다	어이없다	억울하다
얼떨떨하다	예쁘다	외롭다	용감하다	우습다
울적하다	원망하다	유쾌하다	자랑스럽다	정겹다
조마조마하다	좋다	즐겁다	짜증스럽다	찝찝하다
찡하다	창피하다	철렁하다	초조하다	통쾌하다
편안하다	평화롭다	행복하다	허무하다	허전하다
허탈하다	화나다	후련하다	훈훈하다	흐뭇하다
얄밉다	열받다	지겹다	못마땅하다	권태롭다
불편하다	지루하다	찝찝하다	떨떠름하다	심통 나다
씁쓸하다	괘씸하다	성질나다	약 오르다	언짢다
분하다	속상하다	불쾌하다	원망스럽다	신경질 나다
귀찮다	역겹다	더럽다	걱정스럽다	불만스럽다
세상이 싫다	메스껍다	따분하다	넌더리 나다	피하고 싶다
혐오스럽다	꼴 보기 싫다	부담스럽다	짜증스럽다	당황스럽다

8회기	감정 읽어 주기	별칭
활동 자료 8-③		

✎ **감정을 읽어 주는 대화를 하는 방법**

◆ 상대의 입장에서 주의 깊게 듣기
- 말하는 사람 쪽으로 몸을 기울이기, 팔짱 끼지 않기, 눈 맞추기
- 말속에 나타난 느낌을 반복하거나, 비슷한 나의 말로 반응하기

◆ 상대의 감정과 상황을 나타내는 적절한 말 찾기

◆ 상대의 말속에 나타난 욕구를 읽어 주고, 말로 표현해 주기
- 상대가 말한 여러 문장들을 조합하여 상대의 욕구를 조심스레 추측하여 물어보고, 반응 살피기

✎ **짝꿍과 감정을 읽어 주는 연습을 해 봅시다.**

말하는 사람	듣는 사람
오늘 학교에서 가장 강렬한 감정(긍정적 또는 부정적)을 불러일으켰던 일을 떠올리며, 어떤 상황에서 어떤 감정이 들었는지 짝꿍에게 말해 봅니다.	짝꿍의 이야기를 듣고, 감정을 읽어 주는 대화 방법을 참고하여 반응합니다. 비언어적 표현(끄덕임, 눈 맞춤 등)에 유의하며 최선을 다해 공감해 주세요.

✎ **감정을 읽어 주는 연습을 해 본 소감을 나누어 봅시다.**

8회기	감정 반응 연습	별칭
활동 자료 8-④		

✏️ **3명이 한 모둠이 되어, 반응 연습을 해 봅시다.**

> 1) A가 교사가 되어, 주어진 문장을 보고 학생의 감정을 읽어 주는 자신의 말로 반응해 봅니다.
> 2) B와 C는 관찰자가 되어 A의 반응에 대해 학생의 입장에서 어떤 느낌이 들지 좋았던 점 위주로 긍정적인 피드백을 합니다.
> 3) 역할을 바꾸어 봅니다.

◆ (1) "선생님, 옆 반은 지각을 3번 해야 청소하는데, 우리 반은 왜 1번만 지각하면 청소해요?"
　(감정: 　　　　　　　　　　)

→ "＿＿＿＿＿＿＿＿＿＿＿＿＿＿＿＿＿＿＿＿＿＿＿＿＿＿＿＿＿＿＿＿＿＿＿＿＿

＿＿

＿＿＿＿＿＿＿＿＿＿＿＿＿＿＿＿＿＿＿＿＿＿＿＿＿＿＿＿＿＿＿＿＿＿＿＿＿．"

◆ (2) "선생님, 점심시간에 주영이가 자꾸 새치기해요. 하지 말라고 말하기도 무섭고 제가 선생님한테 일렀다는 거 알면 저한테 또 뭐라고 할 거예요."
　(감정: 　　　　　　　　　　)

→ "＿＿＿＿＿＿＿＿＿＿＿＿＿＿＿＿＿＿＿＿＿＿＿＿＿＿＿＿＿＿＿＿＿＿＿＿＿

＿＿

＿＿＿＿＿＿＿＿＿＿＿＿＿＿＿＿＿＿＿＿＿＿＿＿＿＿＿＿＿＿＿＿＿＿＿＿＿．"

◆ (3) "선생님, 국어 선생님은 저만 싫어해요. 1주일에 4번이나 그 선생님을 봐야 되는데 너무 힘들어요."
　(감정: 　　　　　　　　　　)

→ "＿＿＿＿＿＿＿＿＿＿＿＿＿＿＿＿＿＿＿＿＿＿＿＿＿＿＿＿＿＿＿＿＿＿＿＿＿

＿＿

＿＿＿＿＿＿＿＿＿＿＿＿＿＿＿＿＿＿＿＿＿＿＿＿＿＿＿＿＿＿＿＿＿＿＿＿＿．"

9회기	내 마음의 주인			
하위영역	학생 지도 역량			
활동목표	학생 지도 상황에서 발생한 부정적인 감정을 스스로 다룰 수 있다.			
준비물	노트북, 마우스, 이어폰, 활동 자료, 참고 자료, 경험보고서	시간 (분)	90분	
단계	활동내용	시간 (분)	집단 구성	
도입	◆ 릴레이 스트레칭 〈활동 자료 9-①〉 - 개인별로 스트레칭 동작 만들기 - 추첨을 통해 스트레칭 주인공 역할 순서 정하기 - 주인공을 바라보면서 함께 스트레칭 하기	15	전체	
전개	◆ 부정적 감정 경험 나누기 〈활동 자료 9-②〉 - 부정적 감정을 유발하는 학생 행동이 나타난 영상 시청 후 경험 나누기 (https://youtu.be/GTUEjYXljiE) - 최근에 학교에서 강한 부정적 감정을 언제 느꼈는지, 그 상황에 어떻게 대처했는지 이야기 나누기 - 퇴근 후에도 부정적 감정이 남아 있을 경우에는 어떻게 대처하고자 했는지, 효과가 있었던 방법은 무엇인지에 관해 이야기 나누기	30	모둠	
	◆ 부정적 감정에 대처하는 방법 〈참고 자료 9-①〉 - 분노 조절에 효과적인 이완법과 명상 연습	15	모둠	
	◆ 나만의 감정 조절법 〈활동 자료 9-③〉 - 주로 선택하는 효과적인 감정 조절법 생각해 보기 - 부정적 감정을 유발하는 상황에 앞으로 어떻게 대처할지 생각해 보기	15	모둠	
정리	◆ 소감 나누기 ◆ 경험보고서 작성	15	모둠	
유의사항	- 집단 지도자는 심리적으로 소진된 교사들이 스트레스 및 불안으로 인한 감정적 소모가 크다는 점을 감안하고(김은주, 2017), 충분히 수용적 태도를 취하도록 한다. - 집단원들이 부정적인 감정이 유발된 상황에 관해 이야기하면서 그 감정에 매몰되기보다 적극적으로 대처하고자 하는 자세를 가질 수 있도록 격려한다.			

9회기	릴레이 스트레칭	별칭
활동 자료 9-①		

✎ 릴레이 스트레칭

01

한 손으로 서서히
머리 당겨 주기(좌우)

02

한쪽 팔을 머리 뒤로 구부려
반대 팔로 늘려 주기(좌우)

03

한쪽 팔을 머리 뒤로
구부려 손목 당기기(좌우)

04

한쪽 팔을 몸 쪽으로 굽혀
반대 팔로 당겨 주기(좌우)

05

손바닥 펴서
서로 밀어 주기

06

팔 벌려 등 쪽으로
상체 펴 주기

07

목 뒤로 깍지 끼어
몸통 뒤로 젖히기

08

양손 머리 위로 올려
고개 숙이기

1) 그림 자료를 참고하여 집단원들은 각자 자신만의 스트레칭 동작을 만듭니다.

2) 추첨을 통해 순서를 정한 후, 스트레칭 주인공 역할을 돌아가면서 합니다.

3) 주인공을 바라보면서 동작을 따라 합니다.

4) 모두가 주인공 역할을 할 때까지 반복합니다.

9회기	부정적 감정 경험 나누기	별칭
활동 자료 9-②		

✎ 영상 속 장면들과 비슷한 일을 겪은 적이 있나요? 그때 선생님의 감정은 어땠나요?

영상 출처: 한국교육개발원 교육활동 침해예방 동영상③ https://youtu.be/GTUEjYXljiE

✎ 학교에서 부정적 감정을 느꼈을 때는 어떤 상황이었나요? 그 상황에 어떻게 대처하였나요?

✎ 퇴근 후에도 부정적 감정이 남아 있을 때, 어떻게 대처하려고 했나요? 효과가 있었던 방법이 있나요?

9회기	부정적 감정에 대처하는 방법
참고 자료 9-①	

✎ **분노 감정을 조절하기 위한 이완법을 연습해 봅시다.**

1. 먼저 눈을 감고 편안한 자세를 취하고, 깊게 규칙적으로 숨을 내쉰다.
2. 양손 주먹을 꼭 쥔다. 긴장을 풀고 이완되는 것을 느껴 본다. 두 느낌을 비교한다.
3. 양팔을 들어 굽힌 후 힘을 준다. 양팔의 힘을 빼고 힘없이 팔이 아래로 떨어지도록 한다. 두 느낌을 비교한다.
4. 두 다리를 모아 들고 힘을 준다. 다시 천천히 풀어 준다. 두 느낌을 비교한다.
5. 아랫배 근육에 힘을 주어 홀쭉하게 만들고 가만히 있는다. 다시 천천히 풀어 주고 두 느낌을 비교한다.
6. 위와 같은 방법으로 '가슴 → 어깨 → 목 → 입 → 코 → 눈 → 눈썹 → 이마' 순으로 긴장과 이완을 반복하며 긴장과 이완의 느낌을 비교한다.
7. 마지막으로 천천히 복식호흡을 하면서 편안한 침대에 누워 있는 상상을 한다. 포근한 이불 감촉, 따뜻한 침대 바닥, 꽃향기 나는 바람, 조용한 가운데 빛나는 밤하늘의 별 등을 생생하게 그려 본다.

✎ **지도자의 진행에 맞추어 명상을 해 봅시다.**

✎ **명상을 하고 나니, 어떤 느낌이 드나요?**

9회기	나만의 감정 조절법	별칭
활동 자료 9-③		

✏️ **부정적 감정을 조절하기 위한 방법에는 아래와 같은 것들이 있습니다.**

화난 장소 떠나 있기	기도하기	근육 이완하기
심호흡하기	명상하기	긴장된 곳 두드리기
음악 듣기	악기 연주하기	재미있는 영상 보기
노래 부르기	수다 떨기	쇼핑하기
산책하기	즐거운 상상하기	맛집 찾아보기
독서하기	혼잣말하기	통화하기
운동하기	생각 돌아보기	잠자기

✏️ **위의 방법 중 선생님이 주로 선택하는 방법이 있나요? 어떤 방법을 주로 사용하는지, 효과가 있는지를 집단원들과 함께 나누어 봅시다. 새로운 방법을 찾아보아도 좋습니다.**

✏️ **앞으로 학교에서 부정적 감정이 느껴지는 상황에서 어떻게 대처할 수 있을까요?**

10회기	힘이 있는 선생님		
하위영역	학생 지도 역량		
활동목표	학생을 지도할 때 교사로서 발휘할 수 있는 나의 강점이 무엇인지 알고 활용할 수 있다.		
준비물	노트북, 마우스, 이어폰, 활동 자료, 경험보고서	시간 (분)	90분
단계	활동내용	시간 (분)	집단 구성
도입	◆ 짝꿍 선생님, 대단해요! - 지금까지 집단에서 알게 된 짝꿍의 강점에 대해 서로 이야기 나누기	15	모둠
전개	◆ 성격 강점 검사 〈활동 자료 10-①〉 - VIA 성격 강점 검사 실시 - 검사 결과지를 통해 자신의 대표 강점 5가지 확인하기 - 모둠에서 나의 강점이 학생 생활지도에 어떻게 발휘되었는지와 긍정적 피드백을 받은 경험에 대해 나누기	40	전체
	◆ 강점 나누기 〈활동 자료 10-②〉 - 모둠원의 강점에 관해 긍정적으로 지지해 주고, 서로 가지고 싶은 강점 주고받기 - 나눔 받은 강점을 왜 가지고 싶은지, 생활지도 장면에서 어떻게 활용할 것인지 계획하기	20	전체
정리	◆ 소감 나누기 ◆ 경험보고서 작성	15	모둠
유의사항	- 심리적으로 소진된 교사인 집단원들은 과거에 생활지도의 한계에 부딪히며 자신의 능력범위를 넘어섰다고 느낄 수 있다(정연홍, 2016). 따라서 집단 지도자는 집단원들이 과거의 성공 경험을 떠올릴 수 있도록 유도한다. - 중등교사는 서로의 교육활동에 대해 간섭하지 않고 경계를 유지하는 경향이 있으므로(이혜영, 2006), 지금까지 집단원들은 자신의 강점을 인식하지 못했을 수 있다. 집단 지도자는 집단 안에서 자신의 장점을 충분히 확인할 수 있도록 지원한다.		

10회기	성격 강점 검사	별칭
활동 자료 10-①		

✎ **온라인 성격 강점 검사를 실시합니다.**

• VIA 성격 검사 링크:

  https://www.viacharacter.org/Survey/Account/Register

✎ **검사 결과, 선생님의 강점 5가지는 무엇인가요?**

창의성   열정   용감성   리더십   호기심

용서와 자비   희망   영성   시민의식   사회성

심미안   겸손과 겸양   인내   학구열   감사

사랑   친절   자기조절   통찰   판단력

공정성   진실성   신중성   유머

✎ **선생님의 강점이 학생 생활지도에 어떻게 발휘되었나요?**

✎ **학생이나 학부모 또는 관리자로부터 나의 강점에 대해 들어 본 적이 있나요?**

10회기	강점 나누기	별칭
활동 자료 10-②		

✎ 다른 모둠원에게 그 강점에 대해 긍정적으로 지지해 주는 말을 건네 줍시다.

✎ 앞으로 교사로서 내가 꼭 가지면 좋겠다고 생각하는 강점을 생각해 보세요. 왜 그 강점이 필요한
  지 이유를 말하고, 가진 사람에게 강점 1가지를 나누어 달라고 요청합니다. 누군가 나에게 강점을
  나누어 달라고 하면, 나도 나누어 줄 수 있습니다.

✎ 나눔 받은 강점을 앞으로 생활지도에서 어떻게 활용할 수 있을까요? 계획해 봅시다.

11회기	마음 심폐소생술		
하위영역	학생 지도 역량		
활동목표	무기력한 모습을 보이는 학생들을 효과적으로 지도할 수 있다.		
준비물	노트북, 마우스, 이어폰, 활동 자료, 참고 자료, 경험보고서	시간 (분)	90분
단계	활동내용	시간 (분)	집단 구성
도입	◆ 무기력한 학생 경험 나누기 〈활동 자료 11-①〉 - 무기력한 아이들의 모습이 드러난 영상을 보고, 지금까지 그런 아이들의 지도를 어떻게 했는지 이야기 나누기(영상제목: 무기력한 아이 이해하고 돕기 프로젝트)	15	전체
전개	◆ 무기력한 아이를 돕는 전략 〈참고 자료 11-①〉 - 참고 자료를 통해 무기력한 아이를 돕는 전략에 대해 알아보기 - 참고 자료에 제시된 내용 중 무기력한 아이들 지도에 사용해 본 것이 있는지, 효과가 있었던 경험은 어떤 것인지 나누기 - 무기력한 아이를 지도하기 위해 교사들이 어떻게 하는 것이 좋을지 토의하기	40	모둠
	◆ 실천 계획 세우기 〈활동 자료 11-②〉 - 조례시간, 점심시간, 종례시간, 방과 후 등 시간대별로 무기력한 학생들을 돕기 위해 해 줄 수 있는 말과 행동을 생각해 보고 계획하기 - 다른 집단원들과 함께 공유하고, 계획 수정해 보기	20	모둠
정리	◆ 소감 나누기 ◆ 경험보고서 작성	15	모둠
유의사항	- 심리적으로 소진된 교사들은 통제감이 낮을 수 있으므로(권재원, 2017), 작고 사소한 것이더라도 실천할 수 있는 것에 집중할 수 있도록 돕는다. - 생활지도 측면에서 무기력한 학생 지도에 관해 중점적으로 다루도록 하고, 집단원들이 수업시간 태도 및 교과지도 측면에서의 이야기에 너무 많은 비중을 두지 않도록 유의한다.		

11회기	무기력한 학생 경험 나누기	별칭
활동 자료 11-①		

✎ 영상 속 장면을 보고 떠오르는 경험이 있나요?

영상 출처: 무기력한 아이 이해하고 돕기 프로젝트 https://www.youtube.com/watch?v=AcNrxLdYQGo

✎ 무기력한 아이들을 이해하고 보살피려다가도 순간순간 분노하게 되고, 덩달아 무기력해진 적이 있나요?

✎ 무기력한 아이들을 볼 때 선생님은 어떻게 하였나요?

| 11회기 |
| 참고 자료 11-① |

무기력한 아이를 돕는 전략

🖉 잠자는 거인을 깨우는 법

1) 역설과 긍정
혼내거나 무시하지 않고 진심을 다해서 대해 주기

2) 환대, 참여, 존중
등교 시 반겨 주고, 역할을 부여하고, 존중하는 태도 보여 주기

3) 격려
지속적으로 도전할 만한 용기를 가질 수 있도록 격려하기

4) 유형별 방법

결핍형	"나는 무능해요."	– 좋아하는 것을 하며 행복할 수 있게 돕기 – 미지근해도 꾸준한 사랑 주기
과잉 열망형	"기대가 부담돼요."	– 무시하지 않고 방향 설정 돕기 – 답답함을 막는 우산 되어 주기
만성형	"난 원래 이래요."	– 시작하려 하면 천천히 할 수 있게 돕기 – 와주는 것만으로도 고마움 표현하기

5) 전략
① 회복탄력성 발휘하도록 돕기
한 명의 따뜻한 어른이 되어 숨겨진 힘과 재능 찾기

② 관계를 통해 도약하기
수용해 주고, 상처와 아픔을 다르게 해석해 주고, 살아갈 힘 주기

③ 성취감이라는 기름 붓기
작은 목표를 통해 성취는 자주, 성공은 크게 축하해 주기

출처: 김현수(2016).

11회기	실 천 계 획 세 우 기	별칭
활동 자료 11-②		

✎ 생각나는 무기력한 학생 1명에게 어떻게 도움을 줄 수 있을지 생각해 봅시다. 아주 작고 사소한 것부터 시작해 봅시다.

조례시간			점심시간
종례시간			방과 후

✎ 집단원들과 공유해 보고, 자신의 계획을 수정해 봅시다.

12회기	내가 만든 변화		
하위영역	프로그램 마무리		
활동목표	프로그램을 마무리하며 개인적 목표 달성 여부를 점검하고 변화를 확인할 수 있다.		
준비물	노트북, 마우스, 이어폰, 활동 자료, 경험보고서, 사후검사지	시간 (분)	90분
단계	활동내용	시간 (분)	집단 구성
도입	◆ 변화 알아차리기 〈활동 자료 12-①〉 - 주어진 상황에 제시된 생활지도가 필요한 사례를 읽고, 나라면 어떻게 지도할 것인지 이야기 나누기 - 프로그램 참여 전과 후에 조금이라도 달라진 부분이 있는지 알아차려 보고, 집단원과 나누기	20	모둠
전개	◆ 선생님 덕분에 〈활동 자료 12-②〉 - 집단원들을 바라보며 서로 칭찬하고 고마운 점 표현하기 - 끝까지 열심히 참여한 자기 자신에게도 격려의 말 해 주기	15	전체
	◆ 프로그램 돌아보기 〈활동 자료 12-③〉 - 1회기에 세운 개인적 목표 달성 여부를 척도질문을 통해 점검하기 - 도움이 되었던 점, 아쉬웠던 점 등을 생각해 보면서 프로그램 전체 과정을 평가하기 - 집단 마무리에 대한 소감 나누기 - 사후검사 실시	40	전체
정리	◆ 경험보고서 작성	15	개별
유의사항	- 지도자는 개인적 목표 달성 및 변화를 이루어낸 것은 집단원 자신임을 강조하며 프로그램을 통해 깨달은 것을 현장에서 적극적으로 실천할 수 있도록 격려한다. - 편안한 마음으로 사후검사를 실시할 수 있도록 안내한다.		

12회기	변화 알아차리기	별칭
활동 자료 12-①		

✎ **다음은 학교에서 접할 수 있는 상황입니다.**

현주는 평소 지각이 잦고 복장과 관련된 교칙을 자주 어긴다. 성적은 하위권이고, 별다른 관심 있는 분야도 없는 것으로 보인다. 수업시간에는 엎드려 있기만 하고, 깨우는 교과 선생님들에게는 짜증난다는 표현을 서슴지 않는다. 쉬는 시간이나 점심시간에는 다른 반 친구들과 다니고, 반 안에서는 친한 친구가 딱히 없으며, 자기가 하고 싶은 대로만 하려고 한다. 담임으로서 몇 번 지도하려 했지만, 효과는 없어 보인다. '좀 더 다가가야지.' 하다가도 '나로 인해 아이가 바뀔까? 이런 애들은 어차피 답이 없어. 가정교육부터 잘못됐지.' 라는 생각에 그냥 올해만 무사히 버티자는 생각으로 하루하루를 보낸다.

◆ 현주가 선생님 반 학생이라면, 어떻게 하겠습니까? 모둠 안에서 이야기해 봅시다.

◆ 프로그램 참가 전과 후의 선생님의 반응에 나타난 변화가 있을까요?

12회기	선생님 덕분에	별칭
활동 자료 12-②		

✎ **집단원들을 바라보고, 고마운 점을 떠올려 봅시다.**

◆ 나의 이야기를 잘 들어 주었던 집단원은 누구인가요?

◆ 나에게 응원과 지지를 보내 주었던 집단원은 누구인가요?

◆ 내가 이야기를 잘 할 수 있게 질문을 잘 해 주었던 집단원은 누구인가요?

✎ **'선생님 덕분에' 릴레이**

◆ 한 사람이 고마움을 전하고 싶은 집단원에게 '선생님 덕분에'로 시작하는 말로 마음을 전합니다.

◆ 마음을 전달받은 선생님은 다른 집단원에게 위와 같은 방식으로 마음을 전합니다.

◆ 자기 자신에게도 격려의 말을 해 줍시다.

12회기	프로그램 돌아보기	별칭
활동 자료 12-③		

✎ **1회기에 선생님이 원하셨던 변화가 얼마나 일어났나요?**

- 내가 바랐던 변화 :

- 1회기의 점수: / 10

- 현재 점수: / 10

✎ **집단에서 가장 도움이 되었던 점이나 좋았던 점은 무엇인가요?**

✎ **혹시 집단에서 미처 다루지 못한 것이 있나요? 아쉬웠던 점은 무엇인가요?**

✎ **집단이 마무리되는 지금, 어떤 마음인가요?**

제11장

긍정심리자본 향상 프로그램

1. 프로그램 개발 절차

　본 프로그램은 심리적으로 소진된 중등교사의 긍정심리자본(psychological positive capital)을 향상하기 위해 개발된 화상(온라인) 집단상담 프로그램이다. 본 프로그램에서는 Luthans 등(2007)의 정의에 따라 긍정심리자본을 개개인이 발전을 추구하는 긍정적 심리상태로 정의하며 구성 요소로 자기효능감(self-efficacy), 희망(hope), 낙관성(optimism), 탄력성(resilience)이 있다고 본다. 즉, 도전적인 과업에 성공하기 위해서 모든 노력을 쏟는 자신감인 자기효능감, 목표를 향해 인내하고 필요한 순간에는 경로를 재설정하는 목표 의식인 희망, 현재나 미래의 성공에 대한 긍정적 귀인인 낙관성, 문제나 역경에 직면했을 때 절망하지 않고 참고 견뎌 원래의 상태로 되돌아오거나 그것을 뛰어넘는 의지인 탄력성으로 구성된 긍정심리자본을 향상하여 교사의 심리적 소진을 예방하거나 회복하도록 돕는 데 프로그램의 목적이 있다. 본 프로그램은 박인우(1955)의 집단상담 프로그램 개발 모형을 바탕으로 조사, 분석, 설계, 구안, 적용의 과정을 거쳐 개발되었다. 일련의 연구절차를 도식화하면 [그림 11-1]과 같다.

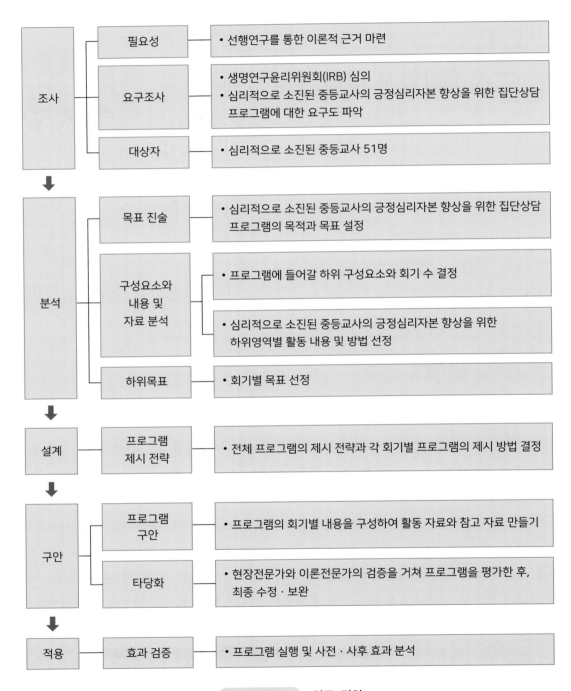

🔧 그림 11-1 **연구 절차**

2. 프로그램의 목표

프로그램의 목표
심리적으로 소진된 중등교사의 긍정심리자본 향상

프로그램의 하위영역별 목표
첫째, 나의 과거 경험에서 나의 자원을 발견하고 나만의 스트레스 대처법을 개발하여 현재 직장에서 힘든 일을 극복할 수 있다. 둘째, 나의 교직 생활을 긍정적으로 평가하고 앞으로 교직 생활 목표에 대한 목표 의식을 회복할 수 있다. 셋째, 직장에서 결과가 예측되지 않거나 힘든 일을 경험하더라도 긍정적으로 기대하는 태도를 가질 수 있다. 넷째, 오랜 기간 해결되지 않은 문제를 분석하고 직무 분야에 대한 구체적이고 달성 가능한 목표를 설정할 수 있다.

하위영역	회기	회기별 목표
사전	1	프로그램의 의미를 이해하고, 집단원 간 친밀감을 형성할 수 있다.
탄력성	2	나의 과거 경험에서 발견한 자원을 통해 현재 힘든 일에 대처할 수 있다.
	3	직장에서 경험하는 스트레스를 극복하는 나만의 방법을 개발할 수 있다.
	4	교직 생활에서 겪게 되는 어려움에 다양한 방식으로 대처할 수 있다.
자기 효능감	5	오랜 기간 해결되지 않은 문제의 원인과 양상을 분석할 수 있다.
	6	직무 분야에서 구체적이고 달성 가능한 목표를 설정할 수 있다.
낙관성	7	업무 중 힘든 일을 마주할 때 좋은 일도 있다는 기대를 가질 수 있다.
	8	결과가 예측되지 않는 업무에서도 긍정적 기대를 가질 수 있다.
희망	9	지금까지의 교직 생활을 돌아보며 긍정적으로 평가할 수 있다.
	10	직장에서 경험하는 어려움을 해결할 수 있는 다양한 방안들을 생각할 수 있다.
	11	직장에서의 목표를 달성하기 위한 나의 열정을 회복할 수 있다.
마무리	12	프로그램을 정리하면서 자신의 변화된 모습을 평가하며, 일상생활에서 변화된 모습을 적용할 수 있다.

그림 11-2 프로그램의 목적과 하위영역별·회기별 목표

3. 최종 프로그램

📑 표 11-1   **최종 프로그램**

영역	회기	프로그램 제목	회기별 목표	활동내용
프로그램 소개	1	만나서 반갑습니다!	프로그램의 의미를 이해하고, 집단원 간 친밀감을 형성할 수 있다.	• 프로그램 소개 • (짝꿍과) 긍정 자기소개 • (짝꿍을 집단 전체에게) 긍정 자기소개 • 과제(○○에게 긍정 자기소개하기)
탄력성	2	나를 있게 한 대상들	나의 과거 경험에서 발견한 자원을 통해 현재 힘든 일에 대처할 수 있다.	• 나를 있게 한 대상들 표현하기 • 대상들에게 받은 영향을 구체적으로 떠올리고 한 대상에게 감사 문자 표현하기 • 과제(감사 표현하기)
탄력성	3	스트레스 대응 전략 개발	직장에서 경험하는 스트레스를 극복하는 나만의 방법을 개발할 수 있다.	• 내가 받는 스트레스 분석하기 • 나만의 스트레스 대처전략 수립하기 • 스트레스 대처전략 실습(감사일기) • 과제(스트레스 대처 전략 실행하기)
탄력성	4	나의 강점은	교직 생활에서 겪게 되는 어려움에 다양한 방식으로 대처할 수 있다.	• 나의 강점과 성공 경험을 찾아서 • 짝꿍에게 강점 선물하기 • 강점 활용 계획 세우기 • 과제(강점 활용 일기 쓰기)
자기 효능감	5	나의 교직 인생	오랜 기간 해결되지 않은 문제의 원인과 양상을 분석할 수 있다.	• 교직 인생 곡선과 성공 및 실패 경험 표현하기 • 실패 경험들의 공통점 찾고 명명하기 • 긍정 피드백 주고받기 • 과제(공통점이 일상에서 나타나는 경험 분석하기)
자기 효능감	6	SMART한 목표 세우기	직무 분야에서 구체적이고 달성 가능한 목표를 설정할 수 있다.	• 목표를 세우는 SMART한 방법 이해하기 • SMART 원칙을 따르며 나의 교직 생활 목표 세우기 • 목표의 장애물 분석하고 대안 공유하기 • 과제(1단계 시작이 반인 나 실천하기)
낙관성	7	같은 상황을 다르게 바라보기	업무 중 힘든 일을 마주할 때 좋은 일도 있다는 기대를 가질 수 있다.	• 학교 상황에서의 ABC 찾기 • 긍정이와 부정이 역할 연습 • 과제(ABC 일기 쓰기)
낙관성	8	다양하게 생각하기	결과가 예측되지 않는 업무에서도 긍정적 기대를 가질 수 있다.	• 나의 설명양식 확인하기 • 나의 설명양식 다양화하기 • 교직 생활에서 성공 경험과 실패 경험에 대한 설명양식 다양화하기 • 과제(일상에서 설명양식 바꾸기)
희망	9	교직 생활 최고의 순간	지금까지의 교직 생활을 돌아보며 긍정적으로 평가할 수 있다.	• 성공 경험 TMI 게임 • 교직 생활 최고의 순간 떠올리고 표현하기 • 최고의 순간이 나의 교직 생활에 미친 영향 알아보기 • 교직 생활 다시 평가하기 • 과제(최고의 순간 추억하기)
희망	10	문제해결 방안 경매	직장에서 경험하는 어려움을 해결할 수 있는 다양한 방안들을 생각할 수 있다.	• 강점을 활용하는 문제해결 기술 이해하기 • 문제해결 방안 경매 게임 • 낙찰받거나 마음에 드는 방안을 어떻게 적용할지 나눠 보기 • 과제(경매에서 낙찰받거나 마음에 드는 해결방안을 실제 상황에 적용하기)
희망	11	나의 교직 생활, 나의 비전	직장에서의 목표를 달성하기 위한 나의 열정을 회복할 수 있다.	• 교직 생활에 대한 나의 비전이 어떻게 변화했고 왜 변했는지 회상하기 • 비전 선언문 작성 및 선언하기 • 긍정 피드백 주고받기 • 과제(나의 비전 ○○에게 선언하기)
마무리	12	자본이 있는 사람	프로그램을 정리하면서 자신의 변화된 모습을 평가하며, 일상생활에 변화된 모습을 적용할 수 있다.	• 긍정심리자본 활용 계획 짜기 • 칭찬하기

4. 프로그램 효과 검증

이 프로그램의 효과검증을 위하여 혼합변량분석(Mixed ANOVA)을 사용하였으며, 유의수준 .05에서 검증한 결과 유의한 효과가 있는 것으로 밝혀졌다($F=34.742$, $p < .001$).

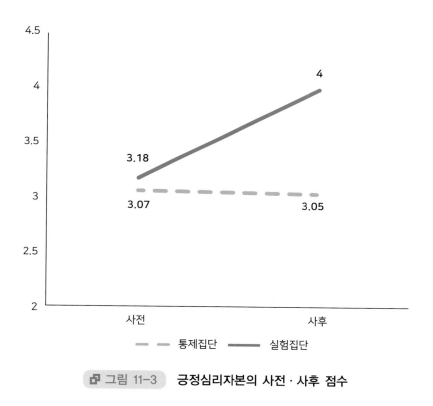

□ 그림 11-3　**긍정심리자본의 사전·사후 점수**

다음으로 긍정심리자본의 변화를 구성 요소별로 검증하기 위해 혼합변량분석을 반복해서 사용한 결과, 긍정심리자본의 4가지 하위요인인 희망, 자기효능감, 낙관성, 탄력성에서 유의한 변화가 나타났다. 따라서 심리적으로 소진된 중등교사의 긍정심리자본 향상을 위한 집단상담 프로그램은 효과가 있는 것으로 검증되었다.

프로그램 개발 및 효과검증에 관한 자세한 내용은 김하민(2023)에서 확인할 수 있다.

5. 프로그램의 실제

1회기	만나서 반갑습니다!			
하위영역	프로그램 소개			
활동목표	프로그램의 의미를 이해하고, 집단원 간 친밀감을 형성할 수 있다.			
준비물	PPT, 참고 자료, 활동 자료, 필기구	시간 (분)	90분	
단계	활동내용	시간 (분)	집단 구성	
도입	◆ 프로그램 소개 - 프로그램 의미와 목적 안내 〈활동 자료 1-①, 참고 자료 1-①, ②〉 - 프로그램 일정 및 참여 시 유의사항 안내 - 집단 규칙 안내 및 서약서 작성 〈활동 자료 1-②〉	15	전체	
전개	◆ 별칭 짓기 - 다른 사람에게 불리고 싶은 나만의 별칭 짓고 소개하기	5	전체	
	◆ (짝꿍과) 긍정 자기소개 〈활동 자료 1-③〉 - 강점 카드를 둘러보며 자신이 갖고 있다고 여겨지는 강점을 바탕으로 자기소개하기. 이때 사용할 수 있는 미완성된 문장을 6개 미리 제안하여 생각해 보고 자기소개하기	15	모둠	
	◆ (짝꿍을 집단 전체에게) 긍정 자기소개 〈활동 자료 1-③〉 - 내 옆 사람의 강점을 바탕으로 한 소개를 듣고 이를 전체 집단원 앞에서 옆 사람을 소개하기 - 긍정 자기소개했을 때와 일반 자기소개했을 때의 차이점 나누기	45	전체	
정리	◆ 집단상담 소감 나누기 - 오늘의 집단상담 경험에 대한 소감 나누기, 경험보고서 작성 〈활동 자료 1-④〉 ◆ 오늘의 과제 - 가까운 사람에게 긍정 자기소개하기	10	전체	
유의사항	- 프로그램 설명 시 참고 자료를 활용하여 집단원의 이해를 돕는다. - 줌(zoom)의 소회의실을 통해 짝과 긍정 자기소개하여 집단원의 친밀감을 높인다. 이때 첫 회기임을 감안하여 자신을 긍정적으로 소개할 수 있도록 예시를 충분히 들어 설명한다. 예시는 우문식(2017)의 강점 카드를 활용할 수 있다. - 가까운 사람에게 긍정 자기소개 경험(과제)을 개방할 때 자신 이외의 다른 집단원의 이야기를 말해 비밀보장 원칙을 어기지 않도록 충분히 설명한다.			

1회기	긍정심리자본이란	별칭
활동 자료 1-①		

🖋 심리적으로 소진된 중등교사의 긍정심리자본 향상을 위한 집단상담 프로그램의 목적

본 집단상담 프로그램의 목적은 긍정심리자본을 향상함으로써 심리적 소진을 극복하고, 예방하는 데 있습니다. 긍정심리자본은 개개인이 발전을 추구하는 긍정적 심리상태로서 탄력성, 자기효능감, 낙관성, 희망의 네 가지 긍정심리 수용력을 통합하는 상위 개념입니다. 본 집단상담 프로그램에서는 긍정심리자본의 하위영역인 탄력성, 자기효능감, 낙관성, 희망의 4개 영역을 회기의 주제로 삼아 집단상담을 운영할 것입니다. 이 집단상담 프로그램에 적극적으로 참여한다면, 소진의 보호요인이자 더 높은 업무 수행과 연관이 큰 긍정심리자본이 향상될 수 있으며, 이를 통해 심리적 소진을 예방하거나 회복하며 행복한 교직 생활을 하는 데 도움이 될 것입니다.

🖋 프로그램의 구성

영역	회기	주제
사전	1회기	만나서 반갑습니다!
탄력성	2회기	나를 있게 한 대상들
	3회기	스트레스 대응 전략 개발
	4회기	나의 강점은
자기 효능감	5회기	나의 교직 인생
	6회기	SMART한 목표 세우기
낙관성	7회기	같은 상황을 다르게 바라보기
	8회기	다양하게 생각하기
희망	9회기	교직 생활 최고의 순간
	10회기	문제해결 방안 경매
	11회기	나의 교직 생활, 나의 비전
종결	12회기	자본이 있는 사람

1회기	긍정심리자본이란
참고 자료 1-①	

✎ 긍정심리자본이란?

◆ 긍정심리자본(Positive Psychological Capital) (Luthans et al., 2004)

- 긍정심리자본이란 개개인이 발전을 추구하는 긍정적 심리상태
- 자기효능감(self-Efficacy), 희망(Hope), 낙관성(Optimism), 탄력성(Resilience)의 네 가지 긍정 심리 수용력을 통합하는 상위 개념
- 미국의 심리학자이자 경영학자 Luthans는 기존의 자본의 개념을 확장하여 긍정심리자본의 개념을 제안합니다. 그동안 조직의 성공에 있어 경제적 자본과 인적 자본의 중요성이 대두되었으나 내가 누구인지 제대로 아는 것(긍정심리자본)이 근로자의 더 높은 생산성과 업무 수행에 긍정적 영향을 줄 수 있다고 봅니다.

◆ 긍정심리자본의 수준이 높은 사람(Luthans et al., 2015)

- 생활 스트레스 수준이 낮음
- 생활 적응 수준이 높음
- 조직에서 직면하는 어려움을 견딜 가능성이 큼
- 더 높은 업무 수행
- 업무 스트레스나 불안, 소진과 같은 결과와 부적 상관

◆ 긍정심리자본과 교사의 심리적 소진의 관계(Demir, 2018; Ferradás et al., 2019)

- 높은 긍정심리자본의 수준을 보이는 교사는 낮은 수준의 소진을 경험함
- 자기효능감 ↑ → 교직 생활에 대한 자신감 증가로 소진 극복
- 희망 ↑ → 교직 생활의 목표를 달성할 수 있는 동기와 방법 습득으로 소진 극복
- 낙관성 ↑ → 교직 생활에 대한 긍정적인 기대와 설명으로 소진 극복
- 탄력성 ↑ → 교직 생활에서 경험하는 힘들고 어려운 일에 대한 대처로 소진 극복

1회기
참고 자료 1-②

긍정심리자본이란

✎ 긍정심리자본의 구성 요소와 향상 방안

◆ 자기효능감(Self-Efficacy)

- 주어진 상황에서 특정한 과업을 성공적으로 수행하는 데 필요한 동기부여와 인지적 자원, 그리고 행동의 방향을 동원할 수 있는 능력에 대한 확신(자신감)
- 향상 방안 1. 직무 분야에서 구체적이고 달성 가능한 목표 설정 훈련
- 향상 방안 2. 오랜 기간 해결되지 않은 문제의 원인과 양상을 분석하기

◆ 희망(Hope)

- 목표를 향한 에너지와 성공적인 경로인 목적 달성을 위한 계획이 상호작용하여 파생된 인지에 기반을 둔 긍정적 동기부여 상태
- 향상 방안 1. 지금까지의 교직 생활을 돌아보며 긍정적으로 평가하기
- 향상 방안 2. 교직에서 목표를 달성하기 위한 나의 열정 회복하기
- 향상 방안 3. 직장에서 경험하는 어려움을 해결할 수 있는 다양한 방안 생각하기

◆ 낙관성(Optimism)

- 미래에 나쁜 일보다는 좋은 일이 일어날 거라는 미래에 대한 긍정적인 신념이나 태도, 사고방식
- 향상 방안 1. 결과가 예측되지 않는 업무에서도 긍정적으로 기대하는 태도 가지기
- 향상 방안 2. 업무 중 힘든 일을 마주할 때 좋은 일도 있다고 기대하는 태도 가지기

◆ 탄력성(Resilience)

- 역경, 마찰, 실패를 긍정적 사건, 진보, 증가한 책임감으로 다시 일어나고 회복할 수 있는 능력
- 향상 방안 1. 나의 과거 경험에서 발견한 자원을 통해 현재 힘든 일에 대처하기
- 향상 방안 2. 직장에서 경험하는 스트레스를 극복하는 나만의 방법 개발하기
- 향상 방안 3. 교직 생활에서 겪게 되는 어려움에 다양한 방식으로 대처하기

1회기	시작하는 나와의 만남	별칭
활동 자료 1-②		

시작하는 나와 약속하고 다짐합니다

1. 나는 집단상담 시간에 늦거나 결석하지 않겠습니다.

2. 나는 집단상담에서 나눈 이야기는 비밀로 하겠습니다.

3. 나는 집단 활동과 논의에 적극적으로 참여하겠습니다.

4. 나는 집단원의 이야기를 경청하고 존중하겠습니다.

5. 활동 중 다른 행동(핸드폰 하기, 음식 섭취 등)을 하지 않겠습니다.

6. _____

7. _____

나는 이 프로그램에 적극적으로 참여하여,
나의 긍정심리자본의 향상을 위해 노력할 것을 약속합니다.

20   년   월   일

이름: (서명)

1회기	긍정 자기소개	별칭
활동 자료 1-③		

✎ 지금부터 자기소개를 해 봅시다. 활동 자료에 먼저 간략하게 기록해 보고 짝에게 자기를 소개해 봅니다. 나를 소개하되 되도록 나를 긍정적으로 표현해 봅시다. 짝꿍과 소개를 주고받은 후 내 짝꿍을 내가 집단 전체에 소개해야 합니다. 잘 듣고 간단히 메모해 봅시다.

◆ 나의 별칭과 그 이유는?

◆ 내가 생각하는 나의 강점은?

◆ 내가 이런 강점이 있다는 것을 알게 된 때는?

◆ 내가 이 프로그램에 참여하는 이유는?

◆ 일반 자기소개와 조금은 다른 긍정 자기소개를 하면서 드는 생각이나 느낌은?

활동 회기	경험보고서	별칭

참여한 회기: [   ]

✎ 집단상담을 하면서 경험한 내용을 자유롭게 적어 주세요.

◆ 새롭게 알게 된 점

◆ 가장 기억에 남는 활동

◆ 아쉬웠던 점

◆ 기타

※ 다른 회기의 경험보고서로도 사용 가능

2회기	나를 있게 한 대상들		
하위영역	탄력성		
활동목표	나의 과거 경험에서 발견한 자원을 통해 현재 힘든 일에 대처할 수 있다.		
준비물	PPT, 활동 자료, 필기구	시간 (분)	90분

단계	활동내용	시간 (분)	집단 구성
도입	◆ Check-in 질문 - 지난주 과제 점검(○○에게 긍정 자기소개하기), 그때의 느낌 나누기 - 두 사람이 나누는 대화: '오늘 어떤 마음으로 집단에 참여하나요?' '내가 좋아하는 사람은?'	10	전체 전체 모둠
전개	◆ 나를 있게 한 대상들 표현하기 - 지금까지 나의 교직 생활에서 나를 있게 한 대상들을 글, 이미지, 사진, 도구 등으로 자유롭게 표현하기 〈활동 자료 2-①〉 - 나를 있게 한 대상들에게 과거 특정 순간에 어떤 도움을 받았는지 작성하고 짝꿍과 나누기 〈활동 자료 2-②〉 - 현재 내가 당면한 문제의 주제를 쓰고 나를 있게 한 대상들로부터 어떤 도움을 구할지 계획 작성하고 짝꿍과 나누기 ◆ 나를 있게 한 대상 중 한 대상에게 감사 문자 쓰고 표현하기 - 나를 있게 한 대상 중 한 대상에게 감사 문자 작성하기 〈활동 자료 2-③〉 - 집단원 중 희망하는 집단원은 감사 문자를 전체 앞에서 표현하기 - 활동 후 느낀 점 나누기	55 15	모둠 전체
정리	◆ 집단상담 소감 나누기 - 오늘의 집단상담 경험에 대한 소감 나누기, 경험보고서 작성 ◆ 오늘의 과제 - 나를 있게 한 대상에게 감사 표현하기	10	전체
유의사항	- 심리적으로 소진된 교사는 나를 있게 한 대상들을 찾기 어려워할 수 있다. 이때 자신에게 도움이 되었던 대상을 꼭 사람에 한정하지 않고 반려 동식물, 책이나 영화, 드라마, 인형 등 모든 대상이 될 수 있음을 한 번 더 강조할 필요가 있다. 또한 정말 찾기 어려워한다면 나에게 오히려 방해된 대상들을 표현하도록 하되, 그 방해로 인해 내가 성장한 부분을 찾도록 유도한다.		

2회기	나를 있게 한 대상들	별칭
활동 자료 2-①		

✏ 지금까지 나의 교직 생활을 떠올려 보면서, 지금의 나를 있게 한 대상들을 표현해 봅시다. 대상은 나를 도와주고 지지해 준 사람일 수도, 반려 동식물일 수도, 책이나 영화, 드라마, 인형 같은 사물일 수도 있습니다. 어떤 대상은 나에게 큰 힘이 되었고, 어떤 대상은 내게 방해된 대상도 있습니다. 지금 여기에는 나에게 긍정적인 영향을 준 대상을 떠올리고 그 대상을 이미지나 그림이나 글, 사진, 도구 등 어떤 것으로든 표현해 봅시다.

2회기	나를 있게 한 대상들	별칭
활동 자료 2-②		

◆ 나를 있게 한 대상들을 좀 더 자세히 들여다봅시다. 나는 그들에게 어떤 순간에 어떻게 도움을 받았나요?

◆ 현재 나의 교직 생활에서 당면한 어려움은 무엇인가요?

◆ 나를 있게 한 대상 중 현재 나의 교직 생활에서 당면한 어려움을 도와줄 수 있는 대상이 있나요? 있다면 어떻게 도움을 요청할 수 있을지 계획을 세워 봅시다. 현재 도와줄 수 있는 대상이 없다면 도움을 요청할 대상이 있나요? 그 대상에게 어떻게 도움을 요청할 수 있을까요?

2회기	감사합니다	별칭
활동 자료 2-③		

◆ 나를 있게 한 대상 중 한 대상에게 감사를 표하는 문자메시지를 작성해 봅시다. 또한 그 대상에게 도움이 필요하다면 도움을 요청해 봅시다. 도움을 요청하기 어렵다면 내가 앞으로 어려움을 어떻게 해결해 나갈 수 있을지에 대한 계획을 담아 메시지를 작성해 봅시다. 또한, 내가 감사 메시지를 전했을 때 그 대상은 어떤 답장을 보내 올지 혹은 어떤 말이 듣고 싶은지도 작성해 봅시다.

3회기	스트레스 대응 전략 개발		
하위영역	탄력성		
활동목표	직장에서 경험하는 스트레스를 극복하는 나만의 방법을 개발할 수 있다.		
준비물	PPT, 활동 자료, 필기구	시간 (분)	90분
단계	활동내용	시간 (분)	집단 구성
도입	◆ Check-in 질문 - 지난주 과제 점검(나를 있게 한 대상에게 감사 표현하기), 그때의 느낌 나누기 - 두 사람이 나누는 대화: '오늘 어떤 마음으로 집단에 참여하나요?' '이번 주 내가 받은 스트레스는?'	10	전체 모둠 전체
전개	◆ 내가 받는 스트레스 분석하기 〈활동 자료 3-①〉 - 교사가 소진을 경험할 수 있는 각 영역에서 최근 내가 경험하는 스트레스 작성해 보기 - 스트레스의 구체적인 모습과 증상 분석하기	25	모둠
	◆ 나만의 스트레스 대처전략 수립하기 〈활동 자료 3-②〉 - 이미 내가 활용하고 있는 나만의 스트레스 대처 전략 기록하기 - 기존의 스트레스 대처법 평가하기 - 스트레스에 적용할 수 있는 나의 무기(강점과 자원) 점검하기 - 나의 강점과 자원을 바탕으로 한 행동 전략 수립하기	25	모둠
	◆ 스트레스 대처전략 실습 〈활동 자료 3-③〉 - 개인적 차원에 관한 대처전략 실습(감사일기) - 활동 후 느낀 점 나누기	20	전체
정리	◆ 집단상담 소감 나누기 - 오늘의 집단상담 경험에 대한 소감 나누기, 경험보고서 작성 ◆ 오늘의 과제 - 스트레스 대처 실행하기, 강점 검사(VIA) 미리 받아 오기	10	전체
유의사항	- 심리적으로 소진된 교사는 자신의 스트레스의 원인을 잘 파악하지 못하거나 대처전략 수립에 어려움을 겪을 수 있다. 따라서 참고 자료를 활용하여 대처전략에 대한 예시를 제시할 필요가 있으며 집단 내에서 이를 실습해 보고 과제로 제안하는 것이 필요하다. - 스트레스 영역별 나의 스트레스를 작성하고 이를 모둠 내에서 나눌 때 같은 영역에서 어려움을 느끼는 집단원이 같은 모둠에 들어갈 수 있도록 소집단을 운영한다. - 강점 검사(VIA)는 viacharacher.org에서 실시할 수 있다. 링크를 집단원에게 문자로 안내한다.		

3회기	내가 받는 스트레스는	별칭
활동 자료 3-①		

◆ 다음은 교사가 소진을 경험할 수 있는 영역이라고 합니다. 각 영역에 선생님이 경험하는 스트레스를 작성해 볼까요?

학생 및 학부모와의 대인관계 영역	
동료 및 관리자와의 대인관계 영역	
학생 생활지도 영역	
행정업무 영역	

◆ 앞의 네 가지 스트레스 영역 중 가장 다루고 싶은 스트레스 영역은 _____입니다. 이 상황을 좀 더 자세히 살펴볼까요?

이때 내가 원했던 것은?	
내가 선택한 스트레스 해소 방법은?	
해소 방법 평가 도움이 되었다면 왜? 도움이 되지 않았다면 왜?	

3회기		나만의 스트레스 대처 전략	별칭
활동 자료 3-②			

◆ 가장 다루고 싶은 스트레스에 대한 나만의 스트레스 분석과 대처 전략 짜기

스트레스의 원인	스트레스의 구체적 모습	
스트레스 증상분석	신체	
	정서	
	인지	
	행동	
스트레스 관리 장애물		
스트레스 자원 점검	나의 강점	
	나의 자원	
스트레스 관리 행동 전략 수립	개인적 차원 (나의 **강점** 활용)	예) 감사하기(일기),
	사회적 차원 (나의 **자원** 활용)	
학교에서 적용해 볼 수 있는 스트레스 대처 전략은?		

3회기	스트레스 관리를 위한 개인 차원 전략	별칭
활동 자료 3-③	-집단상담의 제안	

◆ 감사일기 쓰기

감사하기는 긍정성 향상에 있어서 가장 강력하고도 지속적인 효과를 나타냅니다. 매일 밤 자기 전 그날 있었던 일을 돌이켜 보며 감사한 일 세 가지를 쓰고, 왜 그런 일이 일어났는지 생각해 봅시다. 그것이 일어나도록 하기 위해 스스로 뭔가 했나요? 아니면 다른 누군가 이 좋은 일이 일어나도록 했나요? 단지 운인가요? 삶에서 일어난 감사한 일에 대해 생각해 보는 것은 긍정 정서를 더 잘 느끼도록 하고, 감사와 낙관성 같은 강점을 기르는 동시에 만족스러운 삶을 살도록 돕습니다.

〈연습〉 시간	감사한 일	감사한 일이 일어난 이유

시간	감사한 일	감사한 일이 일어난 이유

4회기	나의 강점은		
하위영역	탄력성		
활동목표	교직 생활에서 겪게 되는 어려움에 다양한 방식으로 대처할 수 있다.		
준비물	PPT, 활동 자료, 필기구, 감정 카드	시간 (분)	90분
단계	활동내용	시간 (분)	집단 구성
도입	◆ Check-in 질문 - 지난주 과제 점검(스트레스 대처 실행하기, VIA 강점 검사 받기), 그때의 느낌 나누기 - 두 사람이 나누는 대화: '오늘 어떤 마음으로 집단에 참여하나요?' '강점 검사를 받기 전과 후 나의 강점이 어떻게 다르게 느껴지나요?'	10	전체 모둠 전체
전개	◆ 나의 강점과 성공 경험을 찾아서 〈활동 자료 4-①〉 - 나의 강점 5순위 및 순위에 없지만 활용하고 싶은 강점 작성 - 자신의 강점을 언제 어떻게 활용하는지 나누기	10	모둠
	◆ 짝꿍에게 강점 선물하기 〈활동 자료 4-②〉 - 짝꿍을 떠올리며 선물하고 싶은 강점 선물하기	20	모둠
	◆ 강점 활용 계획 세우기 〈활동 자료 4-③〉 - 이번 주 내가 학교에서 당면한 어려운 과제 작성하기 - 강점 5순위 또는 집단원에게 선물 받은 강점을 활용하는 계획 세우기 - 활동 후 느낀 점 나누기	40	전체
정리	◆ 집단상담 소감 나누기 - 오늘의 집단상담 경험에 대한 소감 나누기, 경험보고서 작성 ◆ 오늘의 과제 - 강점 활용 일기 쓰기	10	전체
유의사항	- 4회기 이전에 자신의 강점을 말하는 회기가 있는데, 강점 검사를 받고 강점활용 경험을 다루는 등 강점에 관한 이해가 달라진 후 자신의 강점이 어떻게 달라졌고, 어떻게 느껴지는지 다룰 필요가 있다. - 집단원에게 서로 강점을 선물할 때 해당 집단원에게 그것이 왜 강점이라고 생각하는지 충분히 설명하는 과정이 들어갈 수 있도록 유도한다. - 강점에는 어떤 것이 있는지 잘 모를 수 있는 집단원을 위해 강점 카드를 준비하며, 온라인 상담 시 강점 카드를 미리 참고 자료로 받을 수 있도록 제작한다. - 지난주 과제(강점 검사 받기)를 하지 못한 집단원을 위해 간이 강점 검사를 미리 준비하여 최대한 자신의 강점을 발견하도록 지원한다.		

4회기	나의 강점과 활용 경험	별칭
활동 자료 4-①		

◆ 나의 VIA 강점 5순위를 써 봅시다.

1순위	
2순위	
3순위	
4순위	
5순위	
순위에는 없지만 활용하고 싶은 강점	

◆ 앞의 다섯 가지 강점 중 가장 자주 사용하는 강점이 있나요? 언제, 어디서 어떻게 활용했나요?

강점	언제, 어디서, 어떻게 활용했나요?

◆ 앞의 다섯 가지 강점 중 의외라고 여겨진 강점이 있나요? 그리고 그 강점을 활용한 경험이 있다면 나눠 봅시다.

강점	언제, 어디서, 어떻게 활용했나요?

4회기	너에게 주고 싶은 강점	별칭
활동 자료 4-②		

◆ 다른 사람에게 긍정적인 강점과 자원을 언급해 주면, 그 사람의 강점은 더욱 두드러질 수 있다고 합니다 (Snyder et al., 1991). 다른 집단원에게 선물해 주고 싶은 강점이 있나요? 다른 집단원에게 강점을 선물해 봅시다.

_____님에게 선물하고 싶은 강점	
강점의 이름	그 이유는

〈강점카드 목록을 참고하세요! 다른 사람에게 이미 있는 강점도 선물할 수 있습니다!〉

4회기	강점 활용 계획과 강점 일기	별칭
활동 자료 4-③		

◆ 다음 주에 학교에서 예상되는 어려움은?

◆ 나의 강점 5순위 혹은 선물 받은 강점 중 다음 한 주 학교에서 예상되는 어려움에 적용하고 싶은 강점을 쓰고, 이를 행동으로 옮기는 방법을 계획해 봅시다.

강점	행동으로 옮기는 나의 계획

◆ 강점 활용 일기(강점을 활용하고 난 후 작성해 보세요.)

내가 활용한 강점은?	
강점을 행동으로 옮길 때 기분이 어땠나요?	
활동 계획을 세우거나 실행하는 데 어려움에 직면했나요? 어떤 어려움이 있었고 어떻게 극복했나요?	
행동 계획을 실행하는 동안 혹은 실행한 뒤 긍정 정서를 경험했나요? 긍정 정서가 언제 일어났고 어떤 내용이었는지 써 봅시다.	

5회기	나의 교직 인생		
하위영역	자기효능감		
활동목표	오랜 기간 해결되지 않은 문제의 원인과 양상을 분석할 수 있다.		
준비물	PPT, 활동 자료, 필기구, 경험보고서	시간 (분)	90분
단계	활동내용	시간 (분)	집단 구성
도입	◆ Check-in 질문 - 지난주 과제 점검(강점 활용 일기 쓰기), 그때의 느낌 나누기 - 두 사람이 나누는 대화: '오늘 어떤 마음으로 집단에 참여하나요?' '인생은 ○○○다.'	10	전체 모둠 전체
전개	◆ 교직 인생 곡선과 성공 및 실패 경험 표현하기 - 교직 인생 곡선을 그리고 인생 안에 들어있는 나의 성공 경험과 실패 경험 떠올리고 그려 보기 〈활동 자료 5-①〉 - 성공 경험과 실패 경험 자세히 들여다보기 〈활동 자료 5-②〉 ◆ 교직 인생 곡선과 실패 경험 표현하기(모둠) - 짝꿍에게 교직 인생 곡선 및 성공, 실패 경험 표현해 보기 - 교직 인생 곡선에 대해 짝꿍과 긍정적 피드백 주고받기 ◆ 교직 인생 곡선과 실패 경험 표현하기(집단 전체) - 자신의 교직 인생 곡선에 대해 집단 전체에서 말하기를 희망하는 집단원을 선정하여 표현하게 함 - 자신의 고질병에 관해 이야기하고 이를 처음 듣는 집단원과 두 번째 듣는 짝꿍의 긍정 피드백 촉진하기	20 20 30	모둠 모둠 전체
정리	◆ 집단상담 소감 나누기 - 오늘의 집단상담 경험에 대한 소감 나누기, 경험보고서 작성 ◆ 오늘의 과제 - 이름 붙인 공통점이 일상에서 나타나는 경험 찾아 분석하기	10	전체
유의사항	- 교직 인생 곡선과 실패 경험 명명하기 활동에서 집단원들이 긍정적인 피드백을 주고받을 수 있는 분위기 조성을 위해 집단원과 집단원을 연결하는 작업을 지속해야 할 것이다. - 실패 경험을 이야기하는 과정을 통해 집단 내에서 처음으로 소진에 관한 주제가 다뤄질 수 있다. 따라서 집단이 안전한 곳으로 느껴질 수 있는 지속적인 구조화와 규칙에 대한 강조가 필요하며, 동시에 충분한 공감해 주는 분위기 조성이 필요하다. - 몇 개의 실패 경험에서 공통점을 찾지 못하는 경우 활동 자료(5-②. Ver. 2)를 활용하여 가장 어려웠던 경험에 대해 이야기할 수 있도록 한다.		

교직 인생 곡선 그리기

5회기
활동 자료 5-①

별칭

	15	16	17	18	19	20	21	22	23	24	25	26	27	28	29	30	31	32	33	34	35	36	37	38	39	40	41	42	43	44	45	46	47	늘
+10																												나		수	정	가		
+9																												이						
+8																																		
+7																																		
+6																																		
+5																																		
+4																																		
+3																																		
+2																																		
+1																																		
-1																																		
-2																																		
-3																																		
-4																																		
-5																																		
-6																																		
-7																																		
-8																																		
-9																																		
-10																																		

5회기	나의 인생 분석하기(Ver. 1)	별칭
활동 자료 5-②		

◆ 이번에는 내 교직 생활에서 가장 점수가 높은 순간을 좀 더 자세히 들여다볼까요?

1. 가장 점수가 높은 경험은?	
2. 그때 무슨 일이 있었나요?	
3. 이 경험이 나에게 주는 영향은?	

◆ 이번에는 내 교직 생활에서 어려웠던 순간들의 공통점을 찾아봅시다.

1. 점수가 −___점 이하인 경험은 몇 가지가 있나요?	
2. 반복된 경험들에서 공통적인 어려움이 있다면?	
3. 공통점에 이름이나 별칭을 붙인다면 뭐라고 붙일 수 있을까요?	
4. 공통점이 나에게 미치는 영향은 무엇인가요?	
5. 공통점이 나에게 미치는 영향에 대해 어떤 입장인가요?(어떤 생각과 느낌이 드나요?)	
6. 공통점들의 유지요인은 무엇인가요?	

5회기	나의 인생 분석하기(Ver. 2)	별칭
활동 자료 5-②		

◆ 이번에는 내 교직 생활에서 가장 점수가 높은 순간을 좀 더 자세히 들여다볼까요?

1. 가장 점수가 높은 경험은?	
2. 그때 무슨 일이 있었나요?	
3. 이 경험이 나에게 주는 영향은?	

◆ 〈공통점이 없다고 느껴질 때〉 이번에는 내 교직 생활에서 가장 어려웠던 순간을 자세히 들여다봅시다.

1. 가장 점수가 낮은 때는 어떤 사건이 있었나요?	
2. 당시 내가 원했던 것은 무엇인가요?	
3. 그때의 어려움에 이름이나 별칭을 붙인다면 뭐라고 붙일 수 있을까요?	
4. 그 어려움이 나에게 미치는 영향은 무엇인가요?	
5. 그 어려움이 나에게 미치는 영향에 대해 어떤 입장인가요?(어떤 생각과 느낌이 드나요?)	

6회기	SMART한 목표 세우기			
하위영역	자기효능감			
활동목표	직무 분야에서 구체적이고 달성 가능한 목표를 설정할 수 있다.			
준비물	PPT, 참고 자료, 활동 자료, 필기구	시간 (분)	90분	
단계	활동내용	시간 (분)	집단 구성	
도입	◆ Check-in 질문 - 지난주 과제 점검(이름 붙인 공통점이 일상에서 나타나는 경험 찾아 분석하기), 그때의 느낌 나누기 - 두 사람이 나누는 대화: '오늘 어떤 마음으로 집단에 참여하나요?' '우리 학교의 교육목표는?'	10	전체 모둠 전체	
전개	◆ 목표를 세우는 SMART한 방법 - Specific, Measurable, Attainable, Realistic or Relevant, Time-limited 한 목표를 세우는 방법 익히기 〈참고 자료 6-①〉 - SMART 원칙을 따르며 나의 교직 생활 목표 세우기 〈활동 자료 6-①〉	20	전체	
	◆ 목표 세분화하기 〈활동 자료 6-②〉 - 내가 세운 목표를 결과지점에 적기 - 목표를 생각하고 그 목표가 이루어졌다고 상상하기 - 목적지에서 현재를 보며 도착하기까지 시간 예상하여 단계 나누고 한 단계씩 역순으로 목표 적어 보기 - 나의 SMART 목표와 세분화된 목표를 모둠과 전체 집단에서 나누고 긍정 피드백 주고받기	25	전체	
	◆ 목표의 장애물 분석하기 〈활동 자료 6-③〉 - 단계별 예상되는 어려움이나 장애물 분석하기 - 장애물에 대한 집단원의 대응 방안 공유하기 - 활동 후 느낀 점 나누기	25	전체	
정리	◆ 집단상담 소감 나누기 - 오늘의 집단상담 경험에 대한 소감 나누기, 경험보고서 작성 ◆ 오늘의 과제 - 1단계 시작이 반인 나 실천하기	10	전체	
유의사항	- 개인이 SMART한 기술을 적용한다면 그 목표가 어떤 것이든 관계없이 존중하는 분위기를 조성할 필요가 있다. 교직 생활에 대한 개인의 목표는 다 다를 수 있기 때문이다.			

6회기	SMART 목표 익히기
참고 자료 6-①	

✎ **목표를 세우는 SMART한 방법은?** SMART한 목표는 보통의 목표를 세우는 것보다 더 많은 시간과 노력이 듭니다. 하지만 이를 통해 명확한 커뮤니케이션이 가능하며, 성공의 기준이 명확해지고, 목표를 이루기 위한 동기가 생깁니다.

◆ Specific. SMART한 목표는 구체적이고 명확해야 합니다. 목표가 지나치게 광범위한 경우 오히려 달성이 어렵다고 합니다. 누구의 목표인지, 무엇이 목표이고 어떤 목적이 있는지 드러나야 합니다.

(×) 나는 남은 교직 생활에 <u>도움이 되는</u> 자격증을 <u>딸</u> 것이다.

(○) 나는 남은 교직 생활에서 생활지도에 도움이 되는 <u>청소년 상담사 2급 자격증</u>을 <u>6월부터 C 출판사 책으로</u> 공부할 것이다.

◆ Measurable. SMART한 목표는 정량화되고 측정되어야 합니다. 목표는 성공과 실패를 측정할 수 있는 객관적인 수단이 있어야 합니다. 이는 마감일, 수치, 퍼센트, 기타 측정 가능한 요소 등이 될 수 있습니다.

(×) 나는 남은 교직 생활에서 <u>성공할</u> 것이다.

(○) 나는 남은 교직 생활 <u>15년 내에 2개의 표창</u>을 받을 것이다.

◆ Attainable. SMART한 목표는 달성 가능해야 합니다. 목표 수준과 기간뿐 아니라 본인의 기술, 능력, 태도, 비용까지 고려해야 합니다. 목표에 대한 수단을 고민하는 것은 목표에 더 다가가게 합니다.

(×) 나는 남은 교직 생활을 위해 10kg을 감량할 것이다.

(○) 나는 남은 교직 생활을 위해 2달간 1.5kg의 지방을 감량할 것이다.

◆ Realistic or Relevant. 목표는 현실적 또는 관련 있어야 합니다. R은 A와 긴밀하게 연결되어 있습니다. 달성 가능하더라도 현실적으로 불가능한 목표도 있습니다. 또한 목표는 내가 원하는 모습과 관련 있어야 합니다.

(×) 나는 건강한 내가 되기 위해 10kg을 감량할 것이고 이를 위해 바나나만 먹겠다.

(○) 나는 건강한 내가 되기 위해 2달간 1.5kg을 감량할 것이고, 이를 위해 매끼 식사에서 밥을 한 숟가락씩 덜 먹겠다.

◆ Time-limited. SMART한 목표는 시간의 제한이 있어야 합니다. 기간이 정해져 있지 않은 목표는 큰 의미가 없습니다.

(×) 나는 <u>최대한 빨리</u> 심리적 소진 상태에서 벗어나겠다.

(○) 나는 <u>2024년 이내에</u> 심리적 소진을 주제로 공부하고, 다음 달 중으로 긍정심리자본 집단상담을 신청하겠다.

George T. Doran (1981).

6회기	SMART한 목표는?	별칭
활동 자료 6-②		

◆ 나의 교직 생활 목표 세우기(SMART 각 요소를 고려한 목표 세우기)

SMART 목표 중 포함된 요소 체크해 보기(☑ 포함, ☐ 미포함, 모두 포함되지 않아도 됩니다.)

☐ Specific 구체적인 (예. 자격증 → 청소년 상담사 자격증)

☐ Measurable 측정 가능한 (예. 성공적인 → 15년간 2개 표창)

☐ Attainable 달성 가능한 (예. 10kg 감량 → 2달간 1.5kg 지방 감량)

☐ Realistic or Relevant 현실적인 또는 관련 있는(예. 바나나만 → 한 숟가락씩 덜 먹기)

☐ Time-limited 시간 제한이 있는(예. 최대한 빨리 → 2024년 이내)

6회기	SMART한 목표와 목표 세분화	별칭
활동 자료 6-②		

◆ 내가 세운 목표 중 가장 중요하다고 생각되는 목표 한 가지를 정해 목표지점에 적어 봅시다. 보통 현재에 서 4단계로 가려면 어떻게 해야 할까를 고민하죠. 우리는 거꾸로 4단계에서 3단계로, 2단계로, 1단계까 지의 과정에서 무엇을 할 수 있을지 계획해 봅시다.

4단계 목표를 이룬 나	목표를 이미 이루셨군요. 4단계의 목표를 이룬 나는 어떤 모습인가요?
3단계 목표에 근접한 나	3단계의 나는 목표에 거의 가까이 왔군요. 4단계로 가려면 무엇을 해야 할까요?
2단계 성장하는 나	목표를 향해 성장하고 있군요. 3단계로 가려면 뭘 하면 될까요?
1단계 시작이 반인 나	목표에서 거꾸로 내려오셨군요. 오늘 집단상담을 마치고 뭘 할 수 있을까요?

6회기		목표와 예상되는 어려움	별칭
활동 자료 6-③			

◆ 다음으로 세분화된 목표들을 실천하는 데 있어 예상되는 어려움을 적어 보고 함께 대안을 고민해 봅시다.

3단계 목표에 근접 한 나	예상되는 어려움	
	대안	
2단계 성장하는 나	예상되는 어려움	
	대안	
1단계 시작이 반인 나	예상되는 어려움	
	대안	

7회기	같은 상황을 다르게 바라보기		
하위영역	낙관성		
활동목표	업무 중 힘든 일을 마주할 때 좋은 일도 있다는 기대를 가질 수 있다.		
준비물	PPT, 참고 자료, 활동 자료, 필기구	시간 (분)	90분
단계	활동내용	시간 (분)	집단 구성
도입	◆ Check-in 질문 - 지난주 과제 점검(목표 1단계 실천하기), 그때의 느낌 나누기 - 두 사람이 나누는 대화: '오늘 어떤 마음으로 집단에 참여하나요?', 다소 경직된 생각 찾기 〈활동 자료 7-①〉	10	전체 모둠 전체
전개	◆ ABC 이해하기 〈참고 자료 7-①, 활동 자료 7-②〉 - ABC 이론의 A(adversity), B(belief), C(consequences) 이해하기 - PPT의 내용에 따라 은수와 지은이의 ABC 찾기 활동	20	전체
	◆ 긍정이와 부정이의 상황에 따른 역할 연습 〈활동 자료 7-③〉 - 상황 1. 학생이 복도에서 나를 빤히 보고 지나갔을 때 - 상황 2. 은수와 지은이의 상황 - 긍정이가 된 집단원은 긍정이의 입장을 대변하고, 부정이가 된 집단원은 부정이의 입장을 대변하여 역할 연습에 참여함	20	전체
	◆ ABCDE 실습하기 〈활동 자료 7-④〉 - 자기 생각을 붙잡고 비합리적인 신념을 발견하기 위한 ABC 상황을 써 보고 논박해 보기 - 특히 최근 학교 상황에서 경험하는 힘든 일에 대한 ABC 적어보고 논박하기 - 활동 후 느낀 점 나누기	30	모둠 전체
정리	◆ 집단상담 소감 나누기 - 오늘의 집단상담 경험에 대한 소감 나누기, 경험보고서 작성 ◆ 오늘의 과제 - ABC 일기 쓰기	10	전체
유의사항	- 역할 연습에서 평소 학교에서 경험하는 집단원의 생활 상황이 나올 수 있도록 유도한다. 즉, 대본이나 상황이 지나치게 얽매이지 말고 집단원들이 실제 경험할 수밖에 없는 어려움들이 나오는 상황이 실제 상황극에 나올 수 있도록 유도한다. - 집단원이 ABC의 각 개념에 대해 잘 이해할 수 있도록 다양한 예시를 준비하며 특히 논박이 잘 이루어질 수 있도록 논박의 기술에 대한 예시를 준비한다.		

7회기	다소 경직된 생각 찾기	별칭
활동 자료 7-①		

◆ 다음은 교사가 학교에서 가질 수 있는 다소 경직된 생각입니다. 다음의 다소 경직된 생각 중 평소 내가 가진 생각에 체크해 보고, 어떨 때 그런 생각이 드는지 옆 사람과 나눠 봅시다.

번호	내용	체크(V)
1	나는 교사로서 모든 사람으로부터 항상 인정, 칭찬을 받아야 한다.	
2	가치 있는 교사가 되기 위해서는 모든 일을 완벽하게 처리할 수 있는 능력이 필요하다.	
3	나쁜 학생들은 반드시 처벌받아야 한다.	
4	교사로서의 일을 뜻대로 하지 못하는 것은 파멸이다.	
5	나는 스트레스 없이 늘 편안해야만 한다.	
6	어려운 일이 생기면 해결하기보다 이를 피하는 것이 더 편하다.	
7	교사는 다른 사람에게 의지해야만 하고 의지할 강한 누군가가 있어야 한다.	
8	나의 과거 사건들이 현재의 행동을 결정한다.	
9	학교의 모든 문제는 완전한 해결책이 있고, 만약 그 해결책을 발견할 수 없다면 이는 끔찍한 일이다.	
10	행복이란 외부 사건들에 의해 결정되며, 우리는 통제할 수 없다.	

7회기	**ABC 이해하기**
참고 자료 7-①	

◆ 앨버트 엘리스(Albert Ellis)와 아론 벡(Aaron Beck)은 ABC 모델이라는 인지치료를 만들었습니다. 인지치료는 사람의 생각이 정서와 행동에 영향을 미친다고 봅니다. 이제 ABC 모델의 각 구성 요소를 살펴볼까요?

◆ ABC 모델의 A는 역경(Adversity)입니다. 역경이라 함은 망친 방학, 친한 동료교사와의 다툼, 사랑하는 사람의 죽음 같은 모든 부정적인 사건을 의미합니다.

A(역경)	➡	B(생각)	➡	C(결과)

◆ ABC 모델의 B는 자신의 생각이자 신념(Beliefs)입니다. 많은 사람은 역경은 곧바로, 그리고 자동적으로 결과로 이어진다고 생각합니다. 하지만 엘리스는 A에 대한 생각이 특별한 결과를 만든다고 봅니다. 우리는 흔히 자기 파괴적인 행동을 하게 되는 비합리적 신념에 익숙해져 있습니다. 비합리적 신념의 종류는 대표적으로 다음의 4가지가 있습니다.

첫째, 당위적인 사고(나는 교사로서 모든 사람으로부터 항상 인정, 칭찬을 받아야 한다.)

둘째, 과장적 사고(교사로서의 일을 뜻대로 하지 못하는 것은 파멸이다.)

셋째, 자기비하적 사고(이것 하나 제대로 하지 못하다니, 얼마나 바보 같은가?)

넷째, 좌절에 대한 낮은 인내심(나는 교사라는 직업이 아니면 살아갈 수가 없다.)

◆ ABC 모델의 C는 결과(Consequences)입니다. 역경(A)이 있은 후 역경에 대한 생각(B)의 결과로 나타나는 행동이나 감정입니다.

◆ ABC 모델을 이해하기 위한 예시

> 은수와 지은이는 같은 학교에서 근무하는 교사입니다. 둘은 과목은 달랐지만, 서로 연배가 비슷하고 학교에 온 시기도 비슷해서 친하게 지낼 수 있었습니다. 은수와 지은이는 지역 교육청에서 운영하는 선도학교 사업에 선정된 사업을 맡아 2년간 함께 진행하고 있었습니다.
> 그동안 은수와 지은의 학교 관리자는 선도학교 사업을 맡아서 운영하는 두 사람의 공로를 인정하고 내년에는 두 명이 맡은 선도학교 사업에 신청하지 않기로 약속했습니다. 그래서 은수와 지은이는 많이 힘들었지만, 올해만 더 버텨 보자는 생각으로 꼼꼼히 업무를 처리했습니다.
> 그러던 어느 날, 퇴근 시간에 맞춰 퇴근을 한 두 사람에게 각각 관리자로부터 연락이 왔습니다. 관리자는 학교 내에서 선도학교 사업에 신청할 목록이 부족하므로, 두 사람이 맡은 선도학교 사업을 가장 낮은 순위로 해서 신청 목록에만 올리자는 연락이었습니다. 두 사람은 신청하지 않는 것이 좋겠다는 생각이었지만, 관리자의 개별적인 전화에 어쩔 수 없이 승낙하게 됐습니다.
> 몇 달 뒤, 은수와 지은은 학교에서 깜짝 놀랐습니다. 신청 목록에만 올리자는 선도학교 사업이 지역 교육청에서 선정되어 공문으로 내려온 것입니다. 심지어 모범학교로 지정되기까지 했습니다.
> 처음에는 둘 다 무척 속상해했습니다. 시간이 지나면서 둘은 전혀 다른 반응을 보였습니다. 처음에는 공문을 보고 둘 다 화난 상태였지만, 몇 시간이 지나자 지은은 화가 누그러졌고 오히려 싱긋 웃기 시작했습니다. "은수쌤, 이 정도면 우리가 너무 사업을 잘한 건가? 싶어. 신청만 했는데 어떻게 이게 되는지 웃기네. 3년 연속이라는 게 참 신기해. 우리 애들은 참 좋겠다."라며 지은이는 지난 사업에서 아쉬웠던 부분을 이야기하며 분위기를 좋게 가져가려고 했습니다. 하지만 은수는 속상하고 화가 난 마음이 풀리지 않았으며, 지은이가 웃을수록 점점 더 시무룩해졌고, 자리를 피했습니다. "뭐가 그렇게 웃긴 건지. 내년에도 사업을 해야 하다니 망했어. 이번 학교에선 대체 나를 왜 이렇게 못살게 구는 거야."

7회기	ABC 이해하기	별칭
활동 자료 7-②		

✎ PPT에 나오는 지은쌤과 은수쌤의 예시를 보고 ABC를 찾아봅시다.

◆ 지은쌤의 ABC

A(역경)	
B(생각)	
C(결과)	

◆ 은수쌤의 ABC

A(역경)	
B(생각)	
C(결과)	

7회기	긍정이와 부정이	별칭
활동 자료 7-③		

✎ 선생님은 학교에서 어려운 일을 경험할 때 그 일을 긍정적으로 생각하는 긍정이인가요? 아니면 부정적으로 생각하는 부정이인가요? 평소 내 모습과 관계없이 한 번은 긍정이가 되어, 한 번은 부정이가 되어 봅시다. 세 명이 한 팀이 되어 한 명은 긍정이, 다른 한 명은 부정이, 나머지 한 명은 관찰자가 되어 봅시다. 같은 상황에 대해 긍정이와 부정이가 어떻게 다르게 반응하는지 살펴봅시다. 약 5분간 진행됩니다.

◆ 상황 1. 업무분장에는 없는 업무에 관한 공문 2건이 긍정이와 부정이에게로 각각 배정되었습니다.

긍정이: 엇, 수업에 다녀왔더니 나이스에 공문이 배정됐네요.

부정이: 흠 저도 그렇군요. 선생님 원래 업무인가요?

긍정이: 흠, 제 업무분장과는 별 상관없는 업무인데, _____

_____

부정이: 안 그래도 할 일이 많은데 새로운 업무까지 오다니 이번 학기는 정말 망했어요.

_____

◆ 상황 2. 오늘 복도에서 어떤 학생이 긍정이와 부정이를 각각 빤히 보고 지나갔습니다.

부정이: 저 학생은 왜 저렇게 날 노려보는 거죠? 다른 학생들에게 사랑받는 게 너무나 어렵네요.

_____

긍정이: _____

_____

◆ 상황 3. 긍정이와 부정이가 학교에서 경험할 수 있는 상황을 하나 정하고, 그 상황에 대해 긍정이와 부정이로써 자유롭게 말해 봅시다.

긍정이: _____

부정이: _____

◆ 역할 연습을 마치고 긍정이를 맡았을 때의 생각과 느낌은 어땠나요? 반대로, 부정이를 맡고 난 후 생각과 느낌은 어땠나요? 관찰을 맡은 선생님은 긍정이와 부정이에게서 어떤 것을 관찰할 수 있었나요?

7회기	ABCDE 논박 연습	별칭
활동 자료 7-④		

◆ 최근 학교에서 경험한 힘든 일에 대한 나의 ABC를 발견해 보고 이에 대해 도전해 봅시다.

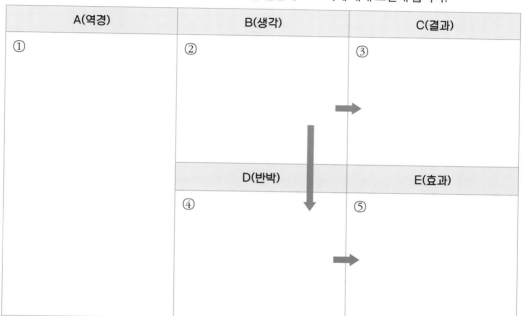

A(역경)	B(생각)	C(결과)
①	②	③
	D(반박)	E(효과)
	④	⑤

★ 작성 순서

① 최근 학교에서 경험한 힘든 일을 작성합니다.

② 힘든 일에 대한 나의 자동적이고 다소 경직된 생각을 작성합니다.

③ 나의 경직된 생각으로 인해 내가 느끼는 감정이나 하게 되는 행동을 작성합니다.

④ 나의 경직된 생각을 반박해 봅시다. 아래 반박의 기술을 참고하여 내 생각을 좀 더 유연한 생각
   으로 바꿔서 작성해 봅시다.

⑤ 바뀐 생각으로 인한 나의 감정 또는 행동을 작성해 봅시다. 어떤 점이 달라질 수 있나요? 그 차
   이는 ③의 결과와 크지 않을 수 있습니다. 그러나 한 번의 사건에서 생긴 작은 차이가 하루, 일
   주일, 한 달씩 이어진다면 어떤 변화가 일어날까요?

★ 다소 경직된 내 생각을 바꾸는 데 도움이 되는 반박의 기술

– 이런 생각의 근거는?

– 이 상황을 달리 볼 수 있는 방법은?

– 이 사건이 진정 의미하는 것은?

– 이 결과가 내가 생각하는 것만큼 부정적인가?

– 이런 생각을 유지하는 것이 얼마나 유익한가?

8회기	다양하게 생각하기			
하위영역	낙관성			
활동목표	결과가 예측되지 않는 업무에서도 긍정적 기대를 가질 수 있다.			
준비물	PPT, 참고 자료, 활동 자료, 필기구		시간 (분)	90분
단계	활동내용		시간 (분)	집단 구성
도입	◈ Check-in 질문 - 지난주 과제 점검(ABC 일기 쓰기), 그때의 느낌 나누기 - 두 사람이 나누는 대화: '오늘 어떤 마음으로 집단에 참여하나요?', 물컵을 보고 대화 나누기 〈참고 자료 8-①〉		10	전체 모둠 전체
전개	◈ 설명양식 이해하기 〈참고 자료 8-②〉 - 어떤 사건에 대해 내가 가지는 설명양식(영구성, 파급성, 책임의 주체) 확 인하기		10	전체

	◈ 나의 설명양식 확인하기 〈활동 자료 8-①, ②, ③, ④〉
	- ABC 만화 읽어 보며 B와 C 부분을 완성하기
	- 평소 학교에서 긍정적인 사건에 대해서는 일시적이고 개인 외적으로 생각
	  하며, 부정적인 사건에 대해서는 영구적이고 개인적으로 생각하던 경험에
	  대해 함께 나누기
	- 상황에 대한 나의 설명양식을 작성하며 나의 설명양식은 어떠한지 확인하기
			20	모둠

	◈ 나의 설명양식 다양화하기 〈활동 자료 8-⑤, ⑥〉
	- 나의 교직 생활에서 성공 경험(긍정적인 사건)에 대한 설명양식을 낙관적
	  인 사고방식(영구적, 포괄적, 개인적)으로 설명양식 다양화하기
	- 나의 교직 생활에서 실패 경험(부정적인 사건)에 대한 설명양식을 낙관적
	  인 사고방식(일시적, 부분적, 개인 외적)으로 설명양식 다양화하기
	- 활동 후 느낀 점 나누기
			40	모둠
				전체

정리	◈ 집단상담 소감 나누기 - 오늘의 집단상담 경험에 대한 소감 나누기, 경험보고서 작성 ◈ 오늘의 과제 - 일상에서 설명양식 바꾸기(논박하기)		10	전체
유의사항	- 낙관성에 대해 강조하며, 낙관주의자가 되기 위한 설명양식의 변화를 강조하되, 비관성의 장 점인 예리한 현실감각을 유지해 준다는 것이 퇴색되지 않도록 유의한다. 또한 집단원에게 반 드시 생각을 바꿔야만 한다는 압력으로 전해지지 않도록 생각의 다양성을 강조한다.			

8회기
참고 자료 8-①

물컵에 물이 절반…

◆ 다음 그림을 보고 선생님은 상황을 어떻게 설명하나요? 각자가 가지는 시각에는 정답이 없습니다. 시각이 다를 뿐 틀린 것이 아닙니다. 평상시 선생님이 어떤 상황을 바라보는 시각이 어떠한지 옆 사람과 함께 나눠 봅시다.

8회기	설명양식이란
참고 자료 8-①	

◆ 긍정심리학을 이끌었던 셀리그먼(Seligman, 2007)은 각 사람이 어떤 사건들의 관계에서 원인과 결과를 설명하는 개인적인 특성이 있다고 봤고, 이를 설명양식(Explanatory style)이라고 불렀습니다. 한 사람의 설명양식은 어릴 때부터 발달하며, 특별한 계기가 없다면 평생 지속된다고 합니다. 즉, 설명양식이란 각 사람이 자신에게 어째서 좋은 혹은 나쁜 일이 일어났는지 그 원인을 설명하는 방식입니다.

◆ 설명양식의 종류
1) 영구성 : 원인의 지속 정도 : 일시(종종) vs. 영구(항상)
영구성은 그 일(좋은 일 또는 나쁜 일)의 원인이 영구적인 이유인지 일시적인 이유인지를 설명합니다. 비관적인 사람은 좋은 일의 원인을 일시적 설명을, 나쁜 일의 원인을 영구적으로 설명하며, 낙관적인 사람은 좋은 일의 원인을 영구적으로, 나쁜 일의 원인을 일시적으로 설명합니다.

좋은 일이 일어났을 때		나쁜 일이 일어났을 때	
일시적(비관적)	영구적(낙관적)	일시적(낙관적)	영구적(비관적)
이번 연구 발표 대회에서 상을 받은 것은 이번에 내가 열심히 했기 때문이야.	나는 늘 수업 준비를 열심히 하기 때문에 이번 대회에서도 상을 받을 수 있었어.	새로 옮긴 학교에서 친한 동료교사를 사귀려면 원래 시간이 좀 걸려.	새로 옮긴 학교에서 나랑 친하게 지내고 싶은 교사는 한 명도 없을 거야.

2) 파급성 : 영향을 미치는 범위 : 일부(부분) vs. 전체(포괄)
파급성은 일의 원인을 부분적인 것으로 보는지, 포괄적으로 보는지의 차이입니다. 비관적인 사람은 좋은 일의 원인은 부분적으로, 나쁜 일의 원인은 포괄적으로 설명하며, 낙관적인 사람은 좋은 일의 원인은 포괄적으로, 나쁜 일의 원인은 부분적으로 설명합니다.

좋은 일이 일어났을 때		나쁜 일이 일어났을 때	
부분적(비관적)	포괄적(낙관적)	부분적(낙관적)	포괄적(비관적)
나는 지난 공개 수업에서 지도를 잘해서 학교 대표가 됐어.	나는 수업과 생활지도 등 다방면으로 재능이 많아서 학교 대표가 됐어.	교장 선생님은 날 좋아하지 않아.	아무도 날 좋아해 주지 않아.

3) 책임의 주체 : 외부(네 탓 혹은 주변) vs. 내부(내 탓 혹은 내부)
책임의 주체는 누구의 탓으로 돌리느냐에 관한 것입니다. 비관적인 사람은 좋은 일의 원인은 다른 사람(외부)의 덕으로, 나쁜 일의 원인은 자기 탓(내부)으로 설명하며, 낙관적인 사람은 좋은 일의 원인은 내 덕(내부)으로, 나쁜 일의 원인은 다른 사람 탓(외부)으로 설명합니다.

좋은 일이 일어났을 때		나쁜 일이 일어났을 때	
외부(비관적)	내부(낙관적)	외부(낙관적)	내부(비관적)
이번에 합격할 수 있었던 것은 운이 좋았어.	이번에 합격할 수 있었던 것은 내가 준비를 잘했기 때문이야.	우리 팀은 콜 플레이가 되지 않아요. 서로를 배려해야 해요.	우리 팀이 진 건 나 때문이에요. 내가 공을 치면 매번 엉망이네요.

8회기	설명양식 이해하기	별칭
활동 자료 8-①		

✎ 어떤 일의 원인을 설명할 때 그 일이 변하지 않는 이유 때문인지, 일시적인 이유인지에 따라 다른 결과가 나타난다고 합니다. 다음 상황에 대한 영구적인 생각이나 일시적인 생각을 채워 봅시다.

◆ 상황: 관리자와의 관계. 나의 업무에서 틀린 부분을 지적하는 상황 (부정적인 상황)

8회기	설명양식 이해하기	별칭
활동 자료 8-②		

🖉 또한 어떤 일이 나에게 미치는 영향이 부분적인지, 포괄적인지 설명하는 양식에 따라 다른 결과가 나타난다고 합니다. 다음 상황에 대한 부분적인 생각과 포괄적인 생각을 채워 봅시다.

◆ 상황: 복도에서 사복을 입고 다니는 학생에게 교복이나 체육복을 입도록 생활지도 함. 이후 그 학생이 복도에서 날 볼 때 웃으며 지나감.

8회기	설명양식 이해하기	별칭
활동 자료 8-③		

✎ 또한 어떤 일에 대한 책임의 주체를 어디에 두느냐에 따라서도 다른 결과가 나타납니다. 다음 상황에 대한 '나 때문'이라는 생각이나 '다른 사람 혹은 다른 이유 때문'이라는 생각을 채워 봅시다.

◆ 상황: 체육 교사와 관계가 좋지 않은 우리 반 지현이에 대해 체육 수업 후 체육 교사에게 전화가 온 상황

8회기	설명양식 이해하기	별칭
활동 자료 8-④		

🖊 **다음 상황을 읽고 선생님은 어떤 설명양식을 갖는지 확인해 봅시다.**

◆ 사건 1: 지원은 오늘 학교 행사로 야근해야 하고, 남편(아내)은/는 그렇지 않기 때문에, 남편이 버스 터미널로 우리 엄마를 모시러 가기로 했다. 그런데 엄마가 도착할 시간을 두 시간 앞두고 남편이 회사 일이 길어져서 못 간다고 이야기했고 엄마는 버스 터미널에서 기다려야만 했다.

➡ 내가 만약 지원이라면 어떤 설명양식을 할 수 있을까?

나의 설명양식은?

영구성	☐ 일시적	☐ 영구적	☐ 나타나지 않음 혹은 모르겠음
파급성	☐ 부분적	☐ 포괄적	☐ 나타나지 않음 혹은 모르겠음
책임의 주체	☐ 내부	☐ 외부	☐ 나타나지 않음 혹은 모르겠음

◆ 사건 2: 담임 교사인 윤희는 얼마 전 진우(우리 반 학생)가 2달간 다른 학교 학생에게 학교폭력을 당했다는 것을 알게 되었다. 그것도 다른 학교 상담 선생님을 통해 알게 됐다.

➡ 내가 만약 윤희라면 어떤 설명양식을 할 수 있을까?

나의 설명양식은?

영구성	☐ 일시적	☐ 영구적	☐ 나타나지 않음 혹은 모르겠음
파급성	☐ 부분적	☐ 포괄적	☐ 나타나지 않음 혹은 모르겠음
책임의 주체	☐ 내부	☐ 외부	☐ 나타나지 않음 혹은 모르겠음

8회기	나의 설명양식 다양화하기	별칭
활동 자료 8-⑤		

✎ 다양한 설명양식은 선생님이 경험하는 결과에 영향을 줄 수 있다고 합니다. 그렇다면 이제는 선생님의 설명양식을 좀 더 다양하게 만들어 봅시다. 지금까지 선생님의 교직 생활에서 긍정적인 사건과 부정적인 사건을 떠올려 보며, 각 경험에 대한 설명양식을 더욱 다양화해 봅시다.

◆ 성공 경험(긍정적인 사건)

어떤 상황이었나요?	
원래 내가 했던 설명양식	**설명양식을 다양하게 해 본다면?**
일시적인 생각	영구적인 생각
부분적인 생각	포괄적인 생각
다른 사람 혹은 다른 이유 때문이라는 생각	내 덕분이라는 생각

8회기	나의 설명양식 다양화하기	별칭
활동 자료 8-⑥		

◆ 실패 경험(부정적인 사건)

어떤 상황이었나요?

원래 내가 했던 설명양식	설명양식을 다양하게 해 본다면?
영구적인 생각	일시적인 생각
포괄적인 생각	부분적인 생각
나 때문이라는 생각	다른 사람 혹은 다른 이유 때문이라는 생각

◆ 선생님이 경험하는 어려운 일 혹은 결과가 예측되지 않는 일의 다양한 원인을 찾는 것은 선생님의 기분
   이나 문제해결 혹은 앞으로의 행동에 어떤 영향을 줄 수 있나요?

9회기	교직 생활 최고의 순간		
하위영역	희망		
활동목표	지금까지의 교직 생활을 돌아보며 긍정적으로 평가할 수 있다.		
준비물	PPT, 활동 자료, 필기구	시간 (분)	90분
단계	활동내용	시간 (분)	집단 구성
도입	◆ Check-in 질문 - 지난주 과제 점검(일상에서 설명양식 바꾸기(논박하기)), 그때의 느낌 나누기 - 나의 교직 생활은 평가한다면 어떤 점수를 줄 수 있는지 평가하기, 평가 이유를 집단원과 함께 나누기 〈활동 자료 9-①〉	10	모둠
전개	◆ 성공 경험 TMI 게임 〈활동 자료 9-②〉 - 인생에서(교직 생활 제외) 떠오르는 아주 사소한 성공 경험 2가지를 쓰고 집단원이 함께 그 사람이 누구인지 찾아내는 게임	20	전체
	◆ 교직 생활 최고의 순간을 떠올리고 표현하기 〈활동 자료 9-③〉 - 교직 생활을 떠올려 보며 최고의 순간을 회상해 보기 - 그 순간을 글, 사진, 이미지, 도구 등 어떤 것으로든 표현하기 - 강점 카드를 참고하여 최고의 순간으로 알 수 있는 나의 강점 작성하기 - 최고의 순간이 나의 교직 생활에 미친 영향 알아보기	35	모둠 전체
	◆ 교직 생활 다시 평가하기 〈활동 자료 9-④〉 - 최고의 순간이 교직 생활에 미친 영향을 고려하여 다시 평가해 보기 - 평가 결과가 점수가 올랐다면 그 이유는? 점수가 그대로라면 그 이유는? 점수가 내려갔다면 그 이유는? - 활동 후 느낀 점 나누기	15	모둠 전체
정리	◆ 집단상담 소감 나누기 - 오늘의 집단상담 경험에 대한 소감 나누기, 경험보고서 작성 ◆ 오늘의 과제 - 최고의 순간 추억하기(그때 그 사람과 연락하기나 사진이나 글 찾아보기 등 최고의 순간을 추억하는 행동하기)	10	전체
유의사항	- 심리적으로 소진된 교사는 자신의 교직 생활 최고의 순간을 잘 떠올리지 못할 수도 있으므로 성공 경험 TMI 게임을 통해 작고 사소한 경험이라도 떠올릴 수 있도록 격려와 지지하는 분위기를 조성한다. 또한 집단원이 자신의 교직 생활을 긍정적으로 평가할 수 없다고 하더라도 이에 충분히 공감하며 인정하며, 왜 그럴 수밖에 없는지에 대해 수용하는 분위기를 조성한다.		

9회기	나의 교직 생활 평가하기	별칭
활동 자료 9-①		

✎ 지금까지 선생님의 교직 생활을 떠올려 봅시다. 만약 선생님의 교직 생활을 학점처럼 A+, A0, B+ 등으로 평가한다면 어떤 등급을 줄 수 있다고 생각하나요? 그리고 그 이유는 무엇인가요?

◆ 평가

◆ 평가 이유

9회기	성공 경험 TMI 게임	별칭
활동 자료 9-②		

◆ 성공 경험은 쉽게 말해 성취감이 들었던 경험입니다. 대회에 나가 상을 받는 것도, 다이어트에 성공한 것도, 가정을 꾸린 것도, 집을 치우는 것도 누군가에겐 성공 경험일 수 있습니다. 성공 경험에는 좋고 나쁨이 없으며 개인에게 성취감이 드는 모든 경험이 성공 경험이 될 수 있습니다.

◆ TMI는? Too Much Information의 줄임 말로 '너무 과한 정보'를 의미하는 말입니다.

◆ 내 인생에서 아주 사소한 성공 경험을 기억하나요? 다른 사람에게는 사소하면서 너무 과한 정보일지 모르겠지만, 나에게는 작은 성공이었던 경험을 떠올려 볼까요? 아주 작은 사소한 성공 또는 보람찬 경험, 나의 행동으로 마음이 따뜻해진 경험도 좋습니다.

1. _____

_____

_____

2. _____

_____

_____

◆ 다 작성한 선생님은 내용을 오픈 카톡방에 작성하거나 사진 촬영해서 올려 주세요. 제출된 성공 경험이 누구의 것인지 맞혀 봅시다!

9회기	교직 생활 최고의 순간	별칭
활동 자료 9-③		

◆ 앞에서 살펴본 성공 경험 TMI는 작고 사소하지만 소중한 경험입니다. 이번에는 교직 생활을 떠올려 봤을 때 최고의 순간이라고 할 만한 경험을 회상해 봅시다. 그리고 그 순간을 집단원과 함께 느끼기 위해 그림이나 글, 사진, 인형, 도구 등 어떤 것으로든 표현해 봅시다.

◆ 최고의 순간을 좀 더 자세히 들여다볼까요?

1. 이 순간이 성공 경험인 이유는 뭔가요?	
2. 이 순간 어떤 어려움이 있었고 어떻게 극복했나요?	
3. 최고의 순간을 통해 알게 된 나의 강점은 무엇인가요?	
4. 그렇게 알게 된 나의 강점은 교직 생활에서 어떤 모습으로 나타났나요?	

9회기	교직 생활 최고의 순간	별칭
활동 자료 9-④		

◆ 심리학의 거장 알프레드 아들러(Alfred Adler)는 희망이 없다고 느껴질 때, 또는 한계에 다다랐다고 느껴질 때 좌절하기보다는 그 경험이 자기 삶의 목적에 있어서 어떤 긍정적인 의미를 주었는지 찾아낼 줄 알아야 한다고 말합니다. 이는 긍정적이고 성공적인 경험에 대한 것도 마찬가지입니다.

◆ 선생님의 교직 생활 최고의 경험은 선생님의 교직 생활에 어떤 영향을 주었나요? 그리고 선생님이 발견하신 강점은 선생님의 교직 생활에서 어떻게 활용되었나요?

◆ 다시 처음으로 돌아가서 다시 한번 교직 생활을 평가한다면 어떤 등급을 줄 수 있을까요? 평가 결과 점수가 올랐다면 그 이유는 무엇이고, 변화가 없다면 그 이유는 무엇이고, 오히려 내려갔다면 그 이유는 무엇인가요?

이유

10회기	문제해결 방안 경매		
하위영역	희망		
활동목표	직장에서 경험하는 어려움을 해결할 수 있는 다양한 방안들을 생각할 수 있다.		
준비물	PPT, 활동 자료, 필기구	시간 (분)	90분
단계	활동내용	시간 (분)	집단 구성
도입	◆ Check-in 질문 - 지난주 과제 점검(최고의 순간 추억하기), 그때의 느낌 나누기 - 두 사람이 나누는 대화: '오늘 어떤 마음으로 집단에 참여하나요?' '이번 주 학교에서 경험했던 어려운 일과 내가 선택한 해결방안은?'	10	모둠
전개	◆ 강점을 활용하는 문제해결 기술의 원리 〈활동 자료 10-①〉 - 현재 교직 생활의 각 영역에 해당하는 나의 어려움 회상하고 어려움 나누기 - 많은 집단원이 어려움을 경험하는 영역을 정하고 해당 영역에 관한 이야기 나누기 - 나의 강점 회상하기 - 각 영역에 적합한 강점을 활용하는 문제해결 방안 도출하기	20	전체
	◆ 문제해결 방안 경매게임 〈활동 자료 10-②,③〉 - 교직 생활에서 경험할 수 있는 어려움에 대해 내가 도출한 해결방안 경매 부치기 - 총 100만 원을 활용해 경매에 나온 해결방안 중 내가 중요하다고 생각하는 순위를 매기고 입찰 금액을 정하기 - 실제 경매를 진행하면서 내가 원하는 해결방안을 낙찰받아 보기 - 낙찰받은 방안 혹은 마음에 드는 방안을 어떻게 적용할지 나눠 보기 - 활동 후 새롭게 알게 된 해결방안 등 느낀 점 정리	50	전체
정리	◆ 집단상담 소감 나누기 - 오늘의 집단상담 경험에 대한 소감 나누기, 경험보고서 작성 ◆ 오늘의 과제 - 경매에서 낙찰받은(또는 마음에 드는) 해결방안 실제 생활에 적용하기	10	전체
유의사항	- 자칫 게임에 지나치게 집중되어 진행될 수 있다. 이에 경매게임을 통해 낙찰받거나 새롭게 알게 된 방안을 어떻게 활용할 수 있는지 도출하는 것에 초점을 맞추고 진행할 필요가 있다.		

10회기	나의 어려움과 나의 해결방안	별칭
활동 자료 10-①		

◆ 지금까지 선생님을 소진되게 했던 교직 생활에서 경험할 수 있는 어려움을 영역으로 나눠 봅시다.

학생 및 학부모와의 대인관계 영역	
동료 및 관리자와의 대인관계 영역	
학생 생활지도 영역	
행정업무 영역	
그 외 영역	

◆ 집단원이 가장 많이 경험하는 어려움은 _____ 영역입니다. 이 영역에 대해 선생님의 강점을 활용하여 해결하는 방안을 떠올려 봅시다.

영역	적용할 수 있는 강점	강점을 바탕으로 하는 해결방안

10회기	해결방안 경매게임	별칭
활동 자료 10-②		

◆ 다음은 우리 집단에서 공통으로 경험하는 어려움의 영역과 강점을 바탕으로 하는 해결방안의 목록입니다. 이 목록을 보고 선생님이 선호하는 방안에 대해 할당 금액을 미리 써 둔 뒤 경매에 참여해 봅시다.

	해결방안	나의 할당 금액	낙찰액
1			
2			
3			
4			
5			
6			
7			
8			
9			
10			
11			

10회기	해결방안 경매게임	별칭
활동 자료 10-③		

◆ 해결방안 경매게임을 통해 느낀 점을 정리해 봅시다.

내가 낙찰받은 해결방안은?	
낙찰받은 해결방안에 해당하는 강점은?	
낙찰받은 해결방안을 적용하는 데 예상되는 어려움은?	
낙찰받은 해결방안 또는 마음에 드는 해결방안을 실생활에 어떻게 적용할 수 있을까?	
경매게임을 통해 새롭게 알게 된 해결방안과 내 삶에서 적용할 수 있는 부분은?	

11회기	나의 교직 생활, 나의 비전		
하위영역	희망		
활동목표	직장에서의 목표를 달성하기 위한 나의 열정을 회복할 수 있다.		
준비물	PPT, 활동 자료, 필기구	시간 (분)	90분
단계	활동내용	시간 (분)	집단 구성
도입	◈ Check-in 질문 - 지난주 과제 점검(해결방안 실제 생활에 적용하기), 그때의 느낌 나누기 - 두 사람이 나누는 대화: '오늘 어떤 마음으로 집단에 참여하나요?' '나의 교직 생활 첫 순간과 그때 되고 싶었던 교사의 모습은?'	10	모둠
전개	◈ 교직 생활에 대한 나의 비전은? 〈활동 자료 11-①〉 - 교직 생활 첫 순간을 회상하며 내가 처음 가졌던 비전을 회상하기 - 처음 가졌던 비전이 시간이 지나면서 어떻게 변화했고 왜 바뀌게 되었는지 회상하기	15	모둠
전개	◈ 비전 선언문 선언식 - 현재 내가 바라는 교사의 모습 및 이를 반영하는 SMART 목표, 목표를 이룰 수 있는 증거이자 방법(나의 강점, 자원, 스트레스 대처전략, 낙관적인 생각 등)을 포함하는 비전 선언문 초안 작성하기 〈활동 자료 11-②〉 - 초안을 바탕으로 비전 선언문 작성하기 〈활동 자료 11-③〉 - 비전을 전체 집단 앞에서 선언하기 - 각 집단원의 비전 선언문을 듣고 해당 집단원에게 긍정 피드백하기 〈활동 자료 11-④〉	55	전체
정리	◈ 집단상담 소감 나누기 - 오늘의 집단상담 경험에 대한 소감 나누기, 경험보고서 작성 ◈ 오늘의 과제 - 나의 비전 ○○에게 선언하기(2회기 나를 있게 한 대상들 또는 개인에게 의미 있는 사람)	10	전체
유의사항	- 리더는 현재까지 작성한 활동 자료를 개인별로 미리 나누어 주어 집단원이 비전 선언문 초안을 작성하는 데 참고하도록 한다. - 비전 선언문의 초안을 작성할 때 집단원이 자신의 교직 생활을 시작하며 꿈꿨던 교사의 모습과 현재 바라는 모습이 어떻게 달라졌는지 충분히 설명하도록 유도한다. 또한 집단원이 비전 선언문을 선언하면, 다른 집단원들은 그 집단원이 왜 비전을 수정했는지에 대해 충분히 공감하며, 구체적으로 어떤 부분 때문에 그 집단원이 비전을 달성할 수 있을 것 같은지에 대한 긍정 피드백을 활발히 주고받도록 유도한다.		

11회기	나의 교직 생활 첫 순간	별칭
활동 자료 11-①		

◆ 선생님의 교직 생활 첫 순간은 언제고, 그때 어떤 교사가 되어야겠다는 비전을 갖고 있었나요? 이를 한번 떠올려 봅시다.

나의 교직 생활 첫 순간은 언제인가요?	
그때 내가 되고 싶었던 교사의 모습은 어떤 것인가요? 글이나 그림으로 표현해 봅시다.	
처음 가졌던 교사에 대한 비전 (나는 ~ 교사가 되고 싶다.)	
현재 내가 바라는 교사의 모습은 어떤 것인가요? 바뀌었다면 어떤 모습이 어떻게, 왜 바뀌게 되었나요?	

11회기	비전 선언문 초안	별칭
활동 자료 11-②		

◆ 선생님이 처음 가졌던 비전은 수많은 교직 경험을 거치면서 많이 달라졌을 것 같습니다. 또한 변화된 시대상에 맞춰 바뀌어야 할 부분도 있고, 더욱 구체적으로 나타나야 할 부분도 있습니다. 앞으로 교직 생활에서 가지고 갈 새로운 비전을 기록하고 선언해 봅시다.

현재 내가 바라는 교사의 모습		
교사의 모습을 반영하는 SMART 목표		
목표를 이룰 수 있는 증거이자 방법	나의 강점	목표를 이루기 위해 나의 강점을 어떻게 활용할 수 있나요?
	나를 있게 한 대상들	나를 있게 한 대상들은 내 목표와 내 모습을 보고 어떤 응원을 해 줄까요?
	스트레스	그 과정에서 경험하는 스트레스를 어떻게 대처할 수 있나요?
	ABC와 낙관적인 설명양식	교직 생활에서 내 생각에서의 변화가 있나요?
	목표 세분화	목표를 이루기 위한 1단계 과정 목표 오늘 집단상담을 마치고 뭘 할 수 있나요?
앞으로의 다짐		
이외에 쓰고 싶은 내용		

11회기	비전 선언문(예시)	별칭
활동 자료 11-③		

교사 _____의 비전 선언문

이름 _____

교사 _____는 다음의 교사의 모습을 꿈꾸며, 다음과 같은 목표와 목표를 이룰 수 있는 증거를 가지고 살아갈 것을 선언합니다.

(1. 내가 바라는 교사의 모습)
(예시) 나 ○○는 교사로서 할 일을 놓치지 않고, 동시에 나의 삶을 놓치지 않는 교사가 되고 싶다.

(2. 1번을 반영하는 나의 SMART 목표)
(예시) 나는 2022년 2학기 동안 주 1회 '당신이 있다.'는 독서 모임에 출석하겠습니다.

(3. 목표를 이룰 수 있는 증거) (증거 중 쓰고 싶은 내용을 씁니다.)
(예시) 친절함. 나는 다른사람에게 친절할 뿐 아니라 나 자신에게 친절함을 베풀고 나는 잘 하고 있다고 잘 할 수 있다고 스스로 응원할 수 있습니다.
(예시) 목표를 이루는 데 항상 스트레스가 있을 수 있음을 지각하고 스트레스를 받을 때 좋은 음악과 산책을 하며, 감사 일기를 통해 좋은 생각을 많이 하여 대처하겠습니다.

(4. 이를 위한 나의 다짐)
(예시) 힘들고 어려울 때 혼자 고민하기보다 나의 자원인 사람들을 활용하고 상담을 받으며 적극적으로 치유하고 노력하겠습니다.

20 　년　 월　 일

비전 선언자: _____(인)　　비전 경청자: _____(인)

11회기	비전 선언문	별칭
활동 자료 11-④		

교사 _____의 비전 선언문

이름_____

교사 _____는 다음의 교사의 모습을 꿈꾸며, 다음과 같은 목표와 목표를 이룰 수 있는 증거를 가지고 살아갈 것을 선언합니다.

(1. 내가 바라는 교사의 모습)

(2. 1번을 반영하는 나의 SMART 목표)

(3. 목표를 이룰 수 있는 증거) (증거 중 쓰고 싶은 내용을 씁니다.)

(4. 이를 위한 나의 다짐)

20   년   월   일

비전 선언자: _____(인)   비전 경청자: _____(인)

11회기	동료를 위한 긍정 피드백	별칭
활동 자료 11-⑤		

◆ 다른 집단원에게 강점을 선물했던 4회기를 기억하나요? 내 선물을 받았고 함께 집단상담에 참여했던 동료교사이자 집단원들이 자신의 비전을 선언합니다. 집단원의 비전을 듣고 그 비전이 왜 성공할 수밖에 없는지를 설명하여 집단원을 지지해 봅시다.

＿＿＿＿＿＿＿님이 성공할 수밖에 없는 이유 또는 선물하고 싶은 메시지

＿＿＿＿＿＿＿님이 성공할 수밖에 없는 이유 또는 선물하고 싶은 메시지

12회기	자본이 있는 사람		
하위영역	마무리		
활동목표	프로그램을 정리하면서 자신의 변화된 모습을 평가하며, 일상생활에 변화된 모습을 적용할 수 있다.		
준비물	PPT, 참고 자료, 활동 자료, 필기구	시간 (분)	90분
단계	활동내용	시간 (분)	집단 구성
도입	◈ Check-in 질문 - 지난주 과제 점검(나의 비전 ○○에게 선언하기), 그때의 느낌 나누기 - 두 사람이 나누는 대화: '오늘 어떤 마음으로 집단에 참여하나요?' '앞으로 나는 어떤 교사일까?'	10	모둠
전개	◈ 긍정심리자본 활용 계획 짜기 〈활동 자료 12-①〉 - 긍정심리자본의 4가지 구성 요소 중 나의 교직 생활에서 도움이 될 수 있을 것 같은 요소를 고르고 앞으로 어떻게 활용할 수 있을지에 대한 계획 짜기	15	모둠
	◈ 칭찬하기 - 첫 회기와 비교하여 무엇이 얼마나 달라졌는지와 긍정심리자본 활용 계획 집단 전체 앞에서 나누기 - 각 집단원의 내용을 듣고 집단원의 강점과 기억나는 모습, 하고 싶은 이야기 등으로 긍정 피드백하기 〈참고 자료 12-①, 활동 자료 12-②〉 - 가장 마음에 드는 피드백을 읽고 감사의 인사 나누기	55	전체
정리	◈ 집단상담 소감 나누기 - 오늘의 집단상담 경험에 대한 소감 나누기, 경험보고서 작성	10	전체
유의사항	- 집단을 마무리하며 그동안 집단상담을 정리해 볼 수 있는 분위기를 조성한다. - 첫 회기와 비교하여 무엇이 얼마나 달라졌는지 판단하기 이전에 지난 집단에서 어떤 활동들이 있었고 집단의 목표가 무엇이었는지를 미리 회상할 수 있도록 집단상담자가 요약하여 제공한다. - 서로에게 긍정 피드백을 쓰기 전 2~3분간의 명상의 시간을 마련하여 자기 해당 집단원에게 하고 싶은 이야기와 칭찬의 요소를 충족하는 긍정 피드백이 전해질 수 있도록 유의한다. - 마지막 회기에 관한 아쉬움이나 부정적인 감정이 남을 수 있으므로 이를 충분히 다루며 집단을 마무리한다.		

12회기	자본이 있는 사람	별칭
활동 자료 12-①		

◆ 자본은 생산의 밑거름이 되는 수단이라고도 합니다. 경제적 자본, 인적 자본 이상의 의미인 긍정심리자본 중 선생님께 도움이 될 것 같은 긍정심리자본을 활용할 수 있는 계획을 작성해 봅시다.

내가 선택한 긍정심리자본은?	
위의 긍정심리자본을 선택한 이유는?	
위의 긍정심리자본이 특히 효과를 발휘할 수 있는 영역은 어디인가?	
위의 긍정심리자본에 대해 나는 얼마나 보유하고 있나? (1점 매우 빈약, 10점 풍부)	
이를 1점 상승시키기 위해 내가 할 수 있는 SMART 한 일은 뭘까?	
그리고 이를 실생활에 적용한다면 오늘 집에서 무엇을 할 수 있을까?	

12회기	칭찬하기
참고 자료 12-①	

◆ 칭찬하는 사람에게 나타나는 효과
1) 대인관계에서 자신감이 생깁니다.
2) 적극적인 인생관을 갖게 됩니다.
3) 선한 마음으로 변합니다.
4) 상대방을 이해하게 됩니다.
5) 마음의 여유가 생깁니다.
6) 삶이 행복해집니다.

◆ 칭찬하는 사람에게 나타나는 효과
1) 칭찬받은 행동을 더 잘할 수 있습니다.
2) 문제 해결 능력이 향상됩니다.
3) 자신감을 갖습니다.
4) 상대방을 칭찬합니다.
5) 상처받은 마음에 도움이 됩니다.
6) 자원을 최대로 활용할 수 있게 합니다.

◆ 효과적인 칭찬 방법
1) 간결하게 합니다. 간결하고 진지하게 칭찬하는 것이 더 깊은 인상을 줄 수 있습니다.
2) 구체적으로 합니다. 모호한 칭찬은 왜 칭찬받는지 알기 어렵습니다. 구체적인 칭찬은 상대를 감동시킵니다.
3) 과정과 노력을 칭찬합니다. 이전과 나아진 결과, 특히 집단상담 초반에 내가 느낀 집단원의 모습과 달라지고, 달라지기 위해 노력한 모습을 칭찬합니다.
4) 상대방에 따라 칭찬의 내용이나 방법을 다르게 합니다.
5) 작고 사소한 것을 칭찬합니다. 사람들은 스스로 알지 못하는 잠재력을 지니고 있습니다. 상대방이 미처 알지 못하는 작고 사소한 것을 칭찬해 주는 것은 아주 중요합니다.

12회기	칭찬하기	별칭
활동 자료 12-②		

◆ 지금까지 함께한 집단원들 앞에서 긍정심리자본을 어떻게 활용할 수 있을지에 대한 계획을 말해 봅시다. 또한 그런 다짐을 이야기하는 집단원에게 긍정 피드백(칭찬)을 마지막으로 선물합시다. 본 활동 자료를 옆으로 한 칸씩 넘기면서 집단원들에게 마지막 메시지를 전합니다.

나의 별칭: _____

참고
문헌

강문실, 송병식(2008). 정서노동자의 직무스트레스 결정요인, 결과요인 그리고 조절 요인에 관한
연구. 한국인사관리학회 하계학술대회, 1-28.

강진아(2010). 초등학교 담임교사의 심리적 소진이 학생의 학교생활적응과 학업적 자기효능
감에 미치는 영향. 한남대학교 석사학위논문.

강진령(2020). 학교상담과 생활지도. 학지사.

강혜미(2008). 대학생의 유머감각과 유머스타일이 자기효능감에 미치는 영향. 명지대학교 석
사학위논문.

경기도교육연구원(2014). 경기도 교권침해 피해 교사치유 방안. 정책연구 2014-06.

곽경련(2001). 사회적 기술향상 집단상담이 아동의 공감능력, 자기노출 및 대인관계에 미치는
효과. 부산교육대학교 석사학위논문.

고윤희(2023). 심리적으로 소진된 중등교사의 학생 및 학부모와의 대인관계능력 향상을 위한 집
단상담프로그램 개발. 한국교원대학교 석사학위논문.

구본용, 김영미(2014). 중등교사의 직무스트레스와 심리적 소진 및 교사효능감의 관계. 청소년학
연구, 21(7), 275-306.

구효민(2020). 비폭력대화 모델을 활용한 통합적 의사소통능력 증진 프로그램의 개발 및 효과.
삼육대학교 석사학위논문.

권재원(2017). "중등교사의 소진에 대한 진단과 과제"에 대한 토론문 2, 한국교원교육학회 제72차 학술대회자료집, 117-121.

김기환(2012). 교사의 권위주의와 자기애 성향이 학생에 대한 편견에 미치는 영향. 한국교원대학교 석사학위논문.

김다윤(2019). 교류분석 집단상담프로그램이 보호관찰 위기청소년의 자아상태와 분노조절에 미치는 효과. 호남대학교 사회융합대학원 석사학위논문.

김미경(1998). 공감 훈련 프로그램이 상담자의 공감 반응 수준 및 내담자의 지각된 공감에 미치는 영향. 계명대학교 석사학위논문.

김민지, 김현욱(2020). 초등 저경력 교사의 직무 스트레스가 심리적 소진에 미치는 영향. 학습자중심교과교육연구, 20(19), 195-219.

김병섭(1990). 심리적 탈진감: 척도와 구성적 타당도. 한국행정학보, 24(3), 1455-1473.

김보람, 박영숙(2012). 초등교사의 직무환경과 직무열의 및 심리적 소진의 관계에서 직무스트레스 대처방식의 조절효과. 스트레스연구, 20(3), 199-208.

김연옥(2012). 유아교사의 소진척도 개발 및 타당화. 경성대학교 박사학위논문.

김예슬(2015). 사회적 효능감 향상을 위한 긍정정서확장 프로그램 효과 검증. 조선대학교 석사학위논문.

김유덕(2016). 군 병사의 관계적 공격성 감소를 위한 게슈탈트 집단상담 프로그램 개발 및 효과. 홍익대학교 박사학위논문.

김은주(2017). 교사소진의 원인과 대안모색. 교육의 이론과 실천, 22(1), 1-36.

김은주(2017). 교사소진의 원인과 대안 모색. 교육의 이론과 실천, 22(1), 1-38.

김장섭(2004). 고등학교 교사의 소진 경험과 귀인성향과의 관계 연구. 고려대학교 석사학위논문.

김주영(2010). 초등학교 교사의 교직선택동기 및 교직관과 소진경험과의 관계. 경인교육대학교 석사학위논문.

김지은(2006). 직무수행에 대한 학교조직문화와 교사의 문화성향의 관계. 한국교원교육연구, 23(1), 51-79.

김철희(2017). 사회복지전담공무원의 직무스트레스와 우울과의 관계에서 사회적 지지의 효과. 한국케어매니지먼트 연구, 24, 139-166.

김현수(2016). 무기력의 비밀. 에듀니티.

김하민(2023). 심리적으로 소진된 중등교사의 긍정심리자본 향상을 위한 집단상담 프로그램 개발. 한국교원대학교 석사학위논문.

김현정(2023). 심리적으로 소진된 중등교사의 생활지도 역량 향상을 위한 집단상담 프로그램 개발. 한국교원대학교 석사학위논문.

김혜숙, 최은영, 김성민(2011). 호남 지역 일부 직장인의 직무스트레스와 스트레스 대처방식의 관계. 스트레스연구, 19(2), 147-154.

김혜순(2017). 초등교사의 자아탄력성 증진을 위한 집단상담 프로그램 개발. 한국교원대학교 석사학위논문.

김호선(2017). 성인학습자의 완벽주의와 심리적소진의 관계에서 스트레스 대처방식의 매개효과. 아주대학교 석사학위논문.

김화성(2014). 초등학교 고학년 다문화가정 학생의 대인관계능력 향상을 위한 집단상담 프로그램 개발. 한국교원대학교 석사학위논문.

김효정(2018). 초등교사의 직무 스트레스가 소진에 미치는 영향-사회적지지, 직업 정체성, 회복탄력성의 조절효과와 매개효과를 중심으로. 경기대학교 박사학위논문.

류승민(2010). 부모-자녀간 의사소통이 아동의 공감능력 및 친구간 갈등해결전략에 미치는 영향. 숙명여자대학교 석사학위논문.

민하영(2010). 유아교육기관 교사의 우울 및 동료교사/원장의 정서적 지지가 직무소진에 미치는 영향: 정서적 지지의 주효과와 완충효과를 중심으로. 아동학회지, 31(4), 1-14.

박강희(2014). 중학생의 언어폭력 개선을 위한 영상매체 활용 집단상담 프로그램 개발. 한국교원대학교 석사학위논문.

박경희(2009). 대학생용 대인관계조화 프로그램 개발. 경북대학교 박사학위논문.

박대준, 최수찬(2015). 교사가 지각한 학급 내 학생의 문제행동이 교사의 소진에 미치는 영향: 감정노동의 매개효과를 중심으로. 초등교육연구, 28(2), 77-102.

박민아(2021). 중등교사의 온라인교수자 역할 수행 스트레스와 심리적 소진의 관계에서 긍정심리자본의 매개효과. 아주대학교 석사학위논문.

박선하(2017). 대학생의 대인관계능력 향상을 위한 해결중심 집단상담 프로그램 개발. 한국교원대학교 석사학위논문.

박영순(2008). 의사소통훈련이 초등학생의 대인 간 갈등해결에 미치는 영향. 부산교육대학교 석사학위논문.

박인우(1995). 효율적인 집단상담 프로그램을 위한 체계적 모형. 지도상담, 20, 19-40. 계명대학교 학생생활연구소.

박지환(2012). 고등학생의 대인관계능력 향상을 위한 학급단위 집단상담 프로그램 개발. 한국교원대학교 석사학위논문.

백서희(2021). 아동양육시설 생활지도원을 위한 소진예방 집단상담 프로그램 개발. 동신대학교 박사학위논문.

송미경, 양난미(2015). 한국 초등학교 교사 소진척도 개발 및 타당화. 상담학연구, 16(3), 196-214.

심미란(2008). 대인관계향상 프로그램이 청소년의 의사소통능력과 갈등 해결방식에 미치는 효과. 고신대학교 석사학위논문.

오란희, 임선아(2020). 의미연결망 분석을 활용한 교사-부모 의사소통 인식 탐색. 한국교육학회, 58(3), 145-170.

오정선(2017). Adler식 민주적 교사 역할 훈련 프로그램 개발 및 효과. 목포대학교 박사학위논문.

유이, 정선화(2011). 가족치료와 물고기 가족화의 해석. 이담북스.

우문식(2017). 긍정심리 팔마스 성격(인성) 강점 카드북. 물푸레.

유영애(2020). 중학교 교사의 심리적 소진 감소를 위한 연구-저널테라피 중심 문학치료 프로그램의 적용-. 경북대학교 박사학위논문.

윤아랑, 정남운(2011). 상담자 소진: 개관. 한국심리학회지: 상담 및 심리치료, 23(2), 231-256.

이봉주(2017). 교사소진척도(TBS) 타당화 연구. 안양대학교 박사학위논문.

이영만(2013). 교사의 심리적 소진에 관한 연구동향. 초등교육연구, 26(2), 134-142.

이정영(2012). 초등교사가 지각하는 학교 구성원에 대한 신뢰, 심리적 소진과 직무열의의 관계. 이화여자대학교 석사학위논문.

이혜영(2006). 중등학교 교직문화의 현황과 발전 방향. 한국교원교육학회 제47차 학술대회자료집, 65-99.

임성택, 어성민, 이영민, 김나연(2012). 학부모의 교육지원이 교사의 심리적 소진에 미치는 영향: 교사효능감의 매개효과. 한국교원교육연구, 29(2), 149-173.

임주영(2022). 긍정적인 리더의 유머사용: 조망수용의 매개역할 및 유머사용의 상황조건. 경상국립대학교 박사학위논문.

장원진(2020). 교사의 소진 회복 경험. 단국대학교 석사학위논문.

장인규(2014). 영상매체를 활용한 집단상담 프로그램이 고등학생의 자아존중감과 대인관계능력에 미치는 효과. 경성대학교 석사학위논문.

정경진(2011). 직장인 의사소통 프로그램이 대인관계 및 대인관계 스트레스와 직무만족에 미치는 효과. 숙명여자대학교 석사학위논문.

정보용(2018). 초등교사가 지각한 사회적 지지가 소진에 미치는 영향: 교사 효능감의 매개 효과. 아주대학교 석사학위논문.

정송, 노언경(2020). 한국형 교사소진 척도(MBI-ES) 타당화. 한국교원대학교 교육연구원, 36(2), 271-292.

정연홍(2016). 교사의 심리적 소진 측정도구 개발 연구. 한국교원대학교 박사학위논문.

정연홍, 유형근(2016). 교사의 심리적 소진 측정도구 개발. 아시아교육연구, 17(3), 303-326.

정연홍, 유형근(2020). TBI 교사 심리적 소진 검사 전문가 지침서. 학지사.

정유경, 선혜연, 오정희, 김영빈(2018). 교사의 심리적 소진 극복 경험에 관한 합의적 질적 연구. 학습자중심교과교육연구, 18(6), 895-917.

조민아, 이정화, 송소원, 장석진(2010). 교사의 발달 단계에 따른 교사 효능감, 적응 유연성, 심리적 소진의 차이. 교원교육, 26(1), 93-111.

조병금(2008). TA 이론에 기초한 고등학생의 자기존중감 및 대인관계 향상을 위한 집단상담 프로그램 개발. 한국교원대학교 석사학위논문.

조성연(2005). 보육교사의 직무만족도와 자기효능감. 교육과학연구, 36(1), 81-104.

조성진(2017). "중등교사의 소진에 대한 진단과 과제"에 대한 토론문 1. 한국교원교육학회 제72차 학술대회자료집, 109-116.

조환이, 윤선아(2014). 교사소진 연구 동향 분석. 뇌교육연구, 13, 77-100.

조환이, 윤선아(2017). 직무요구와 초등교사소진과의 관계에서 긍정심리자본의 조절효과. 인문사회21, 8(3), 1295-1318.

최혜영(1994). 사회사업가들의 Burnout에 영향을 미치는 요인 연구: 복지관과 병원을 중심으로. 연세대학교 석사학위논문.

한광현(2008). 교사의 자원과 대처전략 그리고 소진의 관계. 경영교육연구, 49, 327-349.

한선아(2013). 상담자의 성격특성과 심리적소진간의 관계: 공감능력의 매개효과. 단국대학교 석사학위논문.

함정민, 고휘진, 이진주(2019). 공부 못하는 아이. 해냄출판사.

허승환(2020). 허쌤의 비접촉놀이. 꿀잼교육연구소.

현미정(2014). 교사효능감 향상을 위한 집단상담 프로그램 개발 및 효과. 강남대학교 박사학위논문.

홍석기(2013). 초등학교 교사의 생활지도 효능감과 대인관계 관련변인 간의 관계. 아주대학교 박사학위논문.

홍우림(2015). 초등학교 초임교사의 심리적 소진에 대한 연구. 초등교육연구, 28(3), 255-280.

황경자(2009). 중등교사의 사회적지지 기술 훈련 프로그램 개발. 한국교원대학교 석사학위논문.

Bakker, A. B., Schaufeli, W. B., Demerouti, E., Janssen, P. P., Van Der Hulst, R., & Brouwer, J. (2000). *Using equity theory to examine the difference between burnout and depression.*

Beck, A. T., Steer, & Garbin. (1988). *Psychometric properties of the BDI.*

Brouwers, A., & Tomic, W. (2000). A longitudinal study of teacher burnout and perceived self-efficacy in classroom management. *Teaching and Teacher Education, 16,* 239-253.

Cherniss, C. (1980). *Professional burnout in the human services organizations.* Praeger Publishers.

Corey, M. S., Corey, G., & Corey, C. (2019). 집단상담 과정과 실제[*GROUPS Process and Practice* (10th ed.)]. 김진숙, 유동수, 전종국, 한기백, 이동훈, 권경인 공역. 센게이지러닝 코리아. (원저는 2018년에 출판).

Demir, S. (2018). The Relationship between Psychological Capital and Stress, Anxiety, Burnout, Job Satisfaction, and Job Involvement. *Eurasian Journal of Educational Research, 75,* 137-153.

Doran, G. T. (1981). There's a SMART way to write management's goals and objectives. *Management review, 70*(11), 35-36.

Ferradás, M. d. M., Freire, C., García-Bértoa, A., Núñez, J. C., & Rodríguez, S. (2019). Teacher Profiles of Psychological Capital and their Relationship with Burnout.

Sustainability, 11(18), 5096.

Freudenberger, H. J. (1974). *Staff burn-out. Journal of Social Issue, 30*(1), 159-165.

Hill, C. E. (2012). 상담의 기술(*Helping Skills: Facilitating Exploration, Insight, and Action*). 주은선 역. 학지사. (원저는 1999년에 출간).

Humphreys, T. (2011). 선생님의 심리학(*A Different Kind of Teacher*). 안기순 역. (주)다산북스. (원저는 1996년에 출판).

Jackson, S. E., Schwab, R. L., & Schuler, R. S. (1986). Toward an understanding of the burnout phenomenon. *Journal of applied psychology, 71*(4), 630.

Jones, J. W. (1980). *A measure of staff burnout among health professionals.* Paper presented at the annual convention of the APA.

Khamisa, N., Oldenburg, B., Peltzer, K., & Ilic, D. (2015). Work related stress, burnout, job satisfaction and general health of nurses. *International journal of environmental research and public health, 12*(1), 652-666.

Kyriacou, C. (2001). Teacher Stress: Directions for Future Research. *Educational Review, 53,* 27-35.

Lazarus, R. S., & Folkman, S. (1984). *Stress, appraisal, and coping. Springer publishing company.*

Leiter, M. P. (1990). The impact of family resources, control coping, and skill utilization on the development of burnout: A longitudinal study. *Human relations, 43*(11), 1067-1083.

Leiter, M. P. (1993). "Burnout as a developmental process: Consideration of models", 237-250 in Professional Burnout: *Recent Development in Theory and Research*, edited by Schaufeli et al., Taylor and Francis.

Luthans, F., Luthans, K. W., & Luthans, B. C. (2004). Positive Psychological Capital: Beyond Human and Social Capital. *Business Horizons, 47*(1), 45-50.

Luthans, F., Youssef, C. M., & Avolio, B. J. (2015). *Psychological Capital and Beyond.* Oxford University Press.

Maslach, C., & Jackson, S. E. (1981). *Maslach burnout inventory manual.* Consulting Psychologist Press.

Maslach, C., Jackson, S. E., & Leiter, M. P. (1996). *Maslach burnout inventory* (3rd ed.). Consulting Psychologist Press.

Maslach, C., Schaufeli, W. B., & Leiter, M. P. (2001). Job burnout. *Annual Review of Psychology, 52*, 397-422.

Seidman, S. A., & Zager, J. (1987). The teacher burnout scale. *Educational Research Quarterly, 11*(1), 26-33.

Seligman, M. E. (2007). *The Optimistic Child*. Mariner Books.

Snyder, C. R., Harris, C., Anderson, J. R., Holleran, S. A., Irving, L. M., Sigmon, S. T., Yoshinobu, L., Gibb, J., Langelle, C., & Harney, P. (1991). The Will and the Ways: Development and Validation of an Individual-Differences Measure of Hope. *Journal of Personality and Social Psychology, 60*(4), 570.

Sweeney, T. J. (1998). *Adlerian Counseling: A Practitioner's Approach* (4th ed.). Accelerated Development.

Whitaker, T. (2015). 훌륭한 교사는 무엇이 다른가(*What great teacher do differently*). 송형호 역. 지식의날개. (원저는 2002년에 출간).

세모테. DISC 검사. http://aiselftest.com/disc/index.html

에듀니티(2015. 4. 13.). 무기력한 아이 이해하고 돕기 프로젝트: 잠자는 거인을 깨우는 법. https://youtu.be/AcNrxLdYQGo

한국교육개발원(2021. 8. 13.). 교육활동 침해예방 동영상자료③ 중학교 고학년~고등학교용. https://www.youtube.com/watch?v=GTUEjYXljiE

한국교육신문(2017. 11 .21.).https://www.hangyo.com/news/article.html?no=83392

이정홍. 영화 〈해운대 소녀(2021)〉.

장유정. 영화 〈정직한 후보(2020)〉.

소확성 드라마 〈관계도 반품이 됩니다-거절하지 못하는 나, 비정상인가요?(2020)〉.

채널A 〈오은영의 금쪽상담소(2022)〉

채널A 〈요즘 가족 금쪽수업(2021)〉.

EBS 다큐프라임 〈공부 못하는 아이(2019)〉.

tvN 드라마 〈블랙독(2019)〉.

tvN 드라마 〈응답하라 1997(2012)〉.

☞ **유형근**(Yu Hyungkeun)
한국교원대학교 대학원 교육학(상담심리 전공) 석사 · 박사
한국교원대학교 학교생활상담센터 상담원, 한국청소년상담원 상담교수 역임
현 한국교원대학교 교육학과 교수

〈주요 저서〉
중학생을 위한 학교상담 프로그램(공저, 학지사, 2009)
고등학생을 위한 학교상담 프로그램(공저, 학지사, 2009)
초등학교 저학년을 위한 학교상담 프로그램 Ⅰ(공저, 학지사, 2004)
초등학교 고학년을 위한 학교상담 프로그램 Ⅱ(공저, 학지사, 2004)
교사의 심리적 소진 측정 도구 개발(공동, 2016)
TBI 교사 심리적 소진검사: 전문가 지침서(공저, 인싸이트, 2020) 외 다수 논문

☞ **고윤희**(Ko Younhee)
한국교원대학교 대학원 교육학(상담심리 전공) 석사
전문상담교사(1급)
현 각라중학교 교사

〈주요 논문〉
심리적으로 소진된 중등교사의 학생 및 학부모와의 대인관계능력 향상을 위한 집단상담
프로그램 개발(2023)

⋑ **김하민**(Kim Hamin)

한국교원대학교 대학원 교육학(상담심리 전공) 석사

전문상담교사(1급), 청소년상담사(2급), 한국상담심리학회 상담심리사(2급)

현 진영장등중학교 교사

〈주요 논문〉

심리적으로 소진된 중등교사의 긍정심리자본 향상을 위한 집단상담 프로그램 개발(2023)

⋑ **김현정**(Kim Hyunjeong)

한국교원대학교 대학원 교육학(상담심리 전공) 석사

전문상담교사(1급)

현 학남고등학교 교사

〈주요 논문〉

심리적으로 소진된 중등교사의 생활지도 역량 향상을 위한 집단상담 프로그램 개발(2023)

⋑ **오승욱**(Oh Seungwook)

한국교원대학교 대학원 교육학(상담심리 전공) 석사

전문상담교사(1급)

현 천안제일고등학교 교사

〈주요 논문〉

심리적으로 소진된 중등교사의 동료 및 관리자와의 대인관계 능력 향상을 위한 집단상담
프로그램 개발(2023)

중등교사의 심리적 소진 회복을 위한
집단상담 프로그램
-TBI를 활용한 회복 프로그램
Group Counseling Program to Recover from Burnout for Secondary School Teachers

2023년 9월 20일 1판 1쇄 인쇄
2023년 9월 30일 1판 1쇄 발행

지은이 • 유형근 · 고윤희 · 김하민 · 김현정 · 오승욱
펴낸이 • 김진환
펴낸곳 • (주) **학지사**
          04031 서울특별시 마포구 양화로 15길 20 마인드월드빌딩
대표전화 • 02)330-5114   팩스 02)324-2345
등록번호 • 제313-2006-000265호

홈페이지 • http://www.hakjisa.co.kr
인스타그램 • https://www.instagram.com/hakjisabook

ISBN 978-89-997-2986-7 93180

정가 20,000원

출판미디어기업 **학지사**
간호보건의학출판 **학지사메디컬** www.hakjisamd.co.kr
심리검사연구소 **인싸이트** www.inpsyt.co.kr
학술논문서비스 **뉴논문** www.newnonmun.com
교육연수원 **카운피아** www.counpia.com